近世日本の対朝鮮外交

古川祐貴著

吉川弘文館

目次

第二部　対朝鮮外交と対馬宗家

第三部　対馬宗家の対幕府交渉

凡例

一、年月日は和暦（陰暦）を基本とし、（ ）で西暦年のみ補った。改元がなされた際は改元後の和暦を優先した。

一、数字は原則として一、一〇、一〇〇、一〇〇〇のように表した。

一、旧字体・異体字等は可能な限り常用漢字に改めた。

一、傍点及びルビは全て著者が付した。

一、引用史料及び引用文献は「 」、ないし文頭を二字分落とすかたちで表記した。読みやすさを考慮して読点（、）や並列点（・）を加える一方で、誤植に関しては（ママ）（—カ）を併記、あるいは適宜修正を行った箇所もある。

一、引用中の〈 〉は割注、〔 〕（ ）は著者による補足や推定、三点リーダー（…）は省略を表す。

一、繰り返しは漢字の場合（々）、ひらがなの場合（ゝ）、カタカナの場合（ヽ）、二字以上の場合（〳〵）とした。

一、虫損・破損などで判読できない文字は字数分（■）で表現し、字数が判明しない場合は［ ］で表した。

一、闕字・平出・擡頭は可能な限り配慮したが、「 」での引用の際には一律に表現しなかった。

一、図に関して、九州国立博物館、長崎県対馬歴史研究センター、齋藤和興氏から掲載許可を得たもの以外は全て著者が作成した。

序章　近世日朝関係と江戸幕府・対馬宗家

本書は江戸幕府と対馬宗家との関係性を考察することで、近世日本の対朝鮮外交がどのように担われていたのかを構造的に明らかにしようとするものである。本論に入る前に、①近世日朝関係を扱うことの意味、②その中で幕府―対馬宗家関係を取り上げることの理由、③幕府―対馬宗家関係の何が問題なのか、について触れておきたい。

一　近世日朝関係を扱うことの意味

(1)　近世日本の対外関係の〝中心〟

近世日本の対外関係を考えるうえで「通信之国」「通商之国」といった概念は欠かすことができない。「通信之国」とは〝信を通ずる〟国、すなわち幕府と書簡の往来があることを意味し[1]、朝鮮王朝や琉球王国がこれに該当した。東アジア世界で交わされる書簡は皇帝文書・官文書とも異なって[2]、相手との対等性を示し得たから[3]、対等関係にあった徳川将軍と朝鮮国王間で用いられたのである。同様に幕府老中と琉球国王間においても書簡が使用された[4]。一方で「通商之国」とは〝商を通ずる〟国のことであり、貿易関係にあるオランダや清朝中国が該当した。〝商を通ずる〟のだから当然幕府との間に書簡の往来はない。オランダ国王ウィレム二世が弘化元年（一八四四）に「開国勧告」した際、幕府老中が「阿蘭陀国政府諸公閣下」宛てに返書したのは、まさにこのような事情に基づいている[5]。「通信之国」

ではないオランダに対して幕府が書簡を往来させることはなかったのである。

こうした概念規定は江戸時代初期から存在したものではなかった。一八世紀末期にネモロ（根室）に来航したアダム・ラクスマンへの「異国人に被諭御国法書」において松平定信（幕府老中）は初めて「通信」「通商」といった概念を提示した。(6) その後、長崎に来航したニコライ・レザノフへの「御教諭御書付」では「唐山・朝鮮・琉球・紅毛」といった「国名」が列挙され、(7) 鎖国祖法観が成立することとなるが、(8)「通信」「通商」との対応関係は未定であった。こうした中で文化露寇事件、ゴロヴニン事件が勃発し、鎖国祖法観は確立を見る。「通信」「通商」と「唐山・朝鮮・琉球・紅毛」との対応関係が示されたのは、先に触れた「阿蘭陀国政府諸公閣下」宛て幕府老中返書においてである。すなわち、「海外諸邦、通信貿易、固無一定、及後、議定通信之国、通商之国、通信限朝鮮琉球、通商限貴国〔オランダ〕与支那、此外則一切不許新為交通」であり、(9)「通信之国」＝朝鮮・琉球、「通商之国」＝オランダ・清朝中国とされた。それまでの「通信」「通商」の実態に基づくかたちで概念規定されたことに鑑みれば、(10)「通信之国」「通商之国」が江戸時代初期から存在したものでなかったことが明らかであろう。(11)

しかし、和親条約を締結する段階に至って新たな問題が生じた。アメリカをはじめとする条約締結国をいかに位置付けるのか、といった問題である。幕府は書簡の往来を旨とする「通信之国」との関係性こそが重要であると認識していたが、近代国家間においては「和親」こそが「基本的な政治外交関係」であった。(12) 最終的に幕府は「仁政」「憐恤」を理念とする「和親」を「通信」「通商」に次ぐ新たな概念として設定し、条約締結に踏み切ることとなる。このとき対外関係が再編されたことは言うまでもない。すなわち、「通信」は朝鮮・琉球、「通商」は清朝中国、「通商・和親」はオランダ、「和親」はアメリカ・イギリス・ロシアといった具合である。オランダが「和親」の要素を持つに至ったが、条約締結国を「和親」と位置付けることで、これまでの対外政策に変化がないことを示そうとしたものと考えられる。[13] 当然、「和親」の国との間に書簡の往来はない。

ただこれは幕府側の一方向的な見方に過ぎず、条約締結国の同意を得られたものではなかった。現に日米和親条約に基づいて駐日アメリカ総領事となっていたタウンゼント・ハリスは、アメリカ大統領フランクリン・ピアーズ書簡を直接徳川家定に捧呈することを希望した。[14] 幕府の理念に基づけば、「和親」の国たるアメリカに捧呈行為が認められるわけがない。将軍との書簡往来は「通信之国」の中でも、朝鮮だけに認められた〝特権〟のようなものになっていたからである。[15] 堀田正睦（幕府老中）も「江戸来聘者、朝鮮信使さへ、諸般不都合之事共有之故、隣好誠信之儀を講定いたし、対州〔対馬〕限り之御行礼と相成居候事ニ付、亜米利加国より之書簡江戸江持参、御請取と申者、何分不相当之儀に候間、…」といった見解を示している。[16] ハリスによる書簡捧呈が幕府にとって異例の事態であったことに変わりはない。

しかし幕府は、安政四年（一八五七）一〇月二一日にハリスの書簡捧呈を受け入れた。受け入れなければ将軍の「対外的主権者」としての地位が危ぶまれたからである。[17] 筒井政憲の上申書も奏功したと言ってよい。筒井は朝鮮通信使を受け入れてきた実績を逆手に取るかたちでハリスの書簡捧呈を可能と判断したようである。[18] ハリスの書簡捧呈を受け入れたことによって「和親」の国の書簡捧呈が相次いだことは言うまでもない。対外関係の中で最も重視されてきた朝鮮を先例とすることで、条約締結国による書簡捧呈＝外交儀礼が次々と展開していったのである。[19]

一方で捧呈された書簡に対して幕府は返答しなければならなかった。ハリスの書簡捧呈から遡ること十数年前、幕府は「開国勧告」を行ったオランダに対して、将軍からの返書ができない旨などを記した幕府老中返書を伝達していた。これは繰り返しになるが、同国が「通商之国」だったためであり、そもそも書簡の往来自体想定されていなかったことによっている。しかし、ハリスの書簡捧呈を受け入れた時点で幕府は、将軍返書をある程度考えていた節がある。「ただちに返翰の作成作業がはじめられた」と言うからである。[20]

この将軍返書は実際にアメリカへ渡されることはなかった。ただ作成過程に目を向けてみると、これまで朝鮮国王に対して送ってきた将軍返書と同様であることが分かる。案文こそ「仮名まじりの日本語」であったが、清書は「漢文で書くべき」といった意見が「幕府内の外交担当者」から出ていたし、書止文言には「不備」が用いられていたからである。[21]ハリスによる書簡捧呈から一ヶ月後の安政四年（一八五七）一一月に「経文緯武」印が「将軍の印章」として承認されたことに鑑みれば、将軍返書に「経文緯武」印が突かれる予定だったのであろう。同印はまさに朝鮮国王宛て将軍書簡・別幅に捺されてきた外交印の系譜を引く印章であった。[22]将軍返書においても朝鮮外交経験が活かされていたのであり、[23]いかに幕府が朝鮮との関係を対外関係の〝中心〟に据えていたのかが理解できる。[24]

（2）近世日本の対外関係史研究の展開

にもかかわらず、対外関係史研究の中心は朝鮮たり得なかった。「鎖国」研究が主流となり、ヨーロッパ世界との関係解明が優先されたからである。主観や恣意に基づく「鎖国得失論」が明治二〇年代以降見られるようになると、戦後に至るまで「鎖国」研究を規定し続けた。[25]しかし、林基「糸割符の展開—鎖国と商業資本—」（『歴史学研究』一二六、一九四七年）あたりから「鎖国」研究に変化が見られ始める。史料に基づく実証的な研究が志向されるようになったからである。林氏は「生糸貿易」の「利潤」独占を目論む糸割符商人の策動が幕府を「鎖国」に至らしめたと考えたが、[26]後に岩生成一氏は同様の手法を用いて異なる見解を導き出した。すなわち、ヨーロッパ世界の東アジア世界進出に対する日本の対応として「鎖国」を捉えたのである。[27]林氏に勝る量の海外史料が用いられたことは言うまでもない。ただヨーロッパ世界に力点を置いている点で、従来の「鎖国得失論」と変わらないと見ることもできる。転機となったのは田中健夫氏による研究であった(28)。

田中氏の研究は岩生氏の研究と同時期になされていた。田中氏は「鎖国」を中国・朝鮮が施行した「海禁」と同種のものと捉え、「中国を中心に形成された東アジアの国際的秩序の日本的表現」と述べた。それまでの「鎖国」研究がヨーロッパ世界との関わりのみから追究されてきたことに対して、江戸幕府が室町幕府よりもさらに強力な武家統一政権たり得たことによって「鎖国」＝「海禁」が可能になったと見たのである。「鎖国」を東アジア世界との関わりから論じた初めての研究であると言えるが(29)、同様の視点は朝尾直弘氏も有していた(30)。ただ朝尾氏が異なっていたのは、幕藩制国家を解明する特質の一つとして「鎖国」を捉えていた点である。兵農分離→石高制→鎖国制という序列に、東アジア世界を加味することで「武威」を頂点とする「日本型華夷意識」を提唱した。「日本型華夷意識」とは、中国とつながる対馬―朝鮮関係を「主軸」、薩摩―琉球関係を「副軸」とする「自己を中心とした「国際」秩序」のことであり、これによって東アジア世界の中で「鎖国」を捉える視点がより明確化されていったと言える。ロナルド・トビ氏は「日本型華夷意識」を自身の研究に取り込むことで、将軍の正当性確立に外国使節が利用されていた事実を指摘した(31)。

そしてこれらを総体的に捉え、解釈し直したのが荒野泰典氏である(32)。氏は中華思想に基づく華夷秩序が東アジア世界における国家支配に欠かすことのできない要素であることを指摘し、日本版の華夷秩序である「日本型華夷秩序」を構想した。これは朝尾氏が提唱した「日本型華夷意識」とは似て非なるものである(33)。「倭寇的状況」を止揚すべくとった政策が「海禁」であり、「日本型華夷秩序」を補完するためのものでもあった。荒野氏は、①「鎖国」が同時代的な言葉ではないこと、②「四つの口」（長崎口・対馬口・薩摩口・松前口）を介した異国・異域との関係性が見えづらいこと、を理由に、「鎖国」を「海禁」「日本型華夷秩序」で〝置き替え〟ることを提唱した。このことは「鎖国」研究に一大ムーブメントを引き起こすこととなった。ただ未だ〝置き替え〟が定着したとは言い難い[34]。荒野氏以降の研究の一つひとつを取り上げるわけにはいかないが、真っ向から対立する論者として山本博文氏がいることだけは指摘しておきたい[35]。

雑駁ではあるものの、以上のようなかたちで「鎖国」研究は進展してきた。ヨーロッパ世界との関係解明に終始してきた研究は、田中健夫氏の研究をもって大きく転換することとなり、東アジア世界を含めた「鎖国」像が追究されるようになった。中でもロナルド・トビ氏や荒野泰典氏は近世日朝関係を軸に「鎖国」研究を行ったことで知られる。将軍の正当性確立に必要とされた外国使節にトビ氏は朝鮮通信使を選んだし[36]、「鎖国」を「海禁」「日本型華夷秩序」に〝置き替え〟ることを提唱した荒野泰典『近世日本と東アジア』（東京大学出版会、一九八八年）の後半部分は「第二部　近世日朝関係史研究序説」である。また荒野氏による昭和五三年（一九七八）度歴史学研究会大会報告は「幕藩制国家と外交―対馬藩を素材として―」であった[37]。すなわち、近世日本の対外関係の〝中心〟であった朝鮮を対象として「鎖国」研究が進められるようになったと言えるのである[38]。勿論、トビ氏・荒野氏以降の「鎖国」研究の全てが朝鮮を軸として進められてきたわけではない。たとえば、先に掲げた山本博文氏の研究はむしろヨーロッパ世界との関係性を強く意識したものであったし[39]、永積洋子氏・藤田覚氏・清水有子氏・岩﨑奈緒子氏の研究もまた同じだったからである[40]。ただ将軍との書簡往来やそれに伴う外交儀礼が江戸時代を通じて唯一朝鮮とだけ行われたものであったことに鑑みれば[41]、近世日朝関係は「鎖国」研究、ひいては近世対外関係史研究に資するところが大きいと言えるだろう。本書で近世日朝関係を扱う所以である。

二　江戸幕府―対馬宗家関係を取り上げることの理由

近世日朝関係はおよそ四つの分析視角に基づいて研究がなされてきた（【図1】）。一つは幕府が朝鮮に対して担った朝鮮外交という視角、二つは対馬宗家が朝鮮に対して担った朝鮮通交という視角、三つは朝鮮が幕府に対して担った幕府外交という視角、四つは朝鮮が対馬宗家に対して担った対馬通交という視角、である。[42]

（1）江戸幕府の朝鮮外交

一つ目の分析視角で欠かすことのできない研究は中村栄孝氏のものであろう。[43]氏は古代以来日本に根差してきた「伝統意識」に基づいて武家外交を通覧した。武家として初めて外交権を握った室町幕府は、明朝中国の冊封を受け、朝鮮とは交隣関係を築いたことから、「伝統意識」を有する公家層からの批判が上がったという。後の豊臣政権は冊封を受けることがなかったために、東アジア国際秩序との間に「不整合」をきたす結果となった。「伝統意識」を重んじれば「不整合」をきたすといった状況に江戸幕府は、「大君」号を設定することで東アジア国際秩序からの「離脱」を図ったのである。ただ江戸幕府も冊封を受けなかったことから「不整合な伝統」自体は継続した。[44]

中村氏の造語に係る「大君外交体制」は、その後朝尾直弘氏の「日本型華夷意識」論の中に取り込まれ、「東アジアにおいて明の冊封体制の傘からはみだした、鎖国の結果いまは虚構となり、幻想と化しつつある、小さな「国際」秩序の傘の頂点をなすところの称号」＝「大君」号として位置付けられるに至った。[45]そして「日本型華夷意識」論は、田中健夫氏の「鎖国」＝「海禁」論とも相俟って、荒野泰典氏によって「鎖国」＝「海禁」「日本型華夷秩序」論と

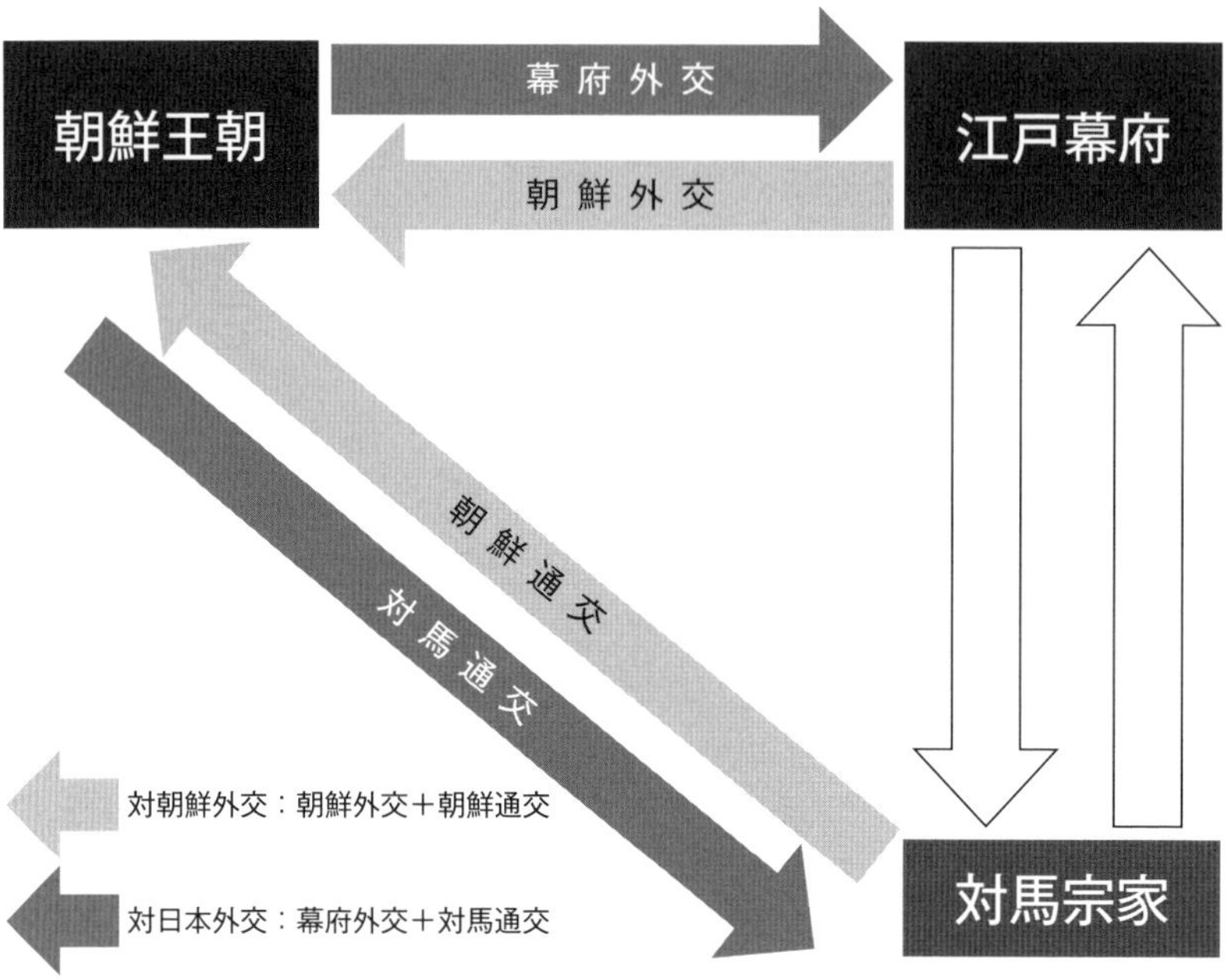

図１　近世日朝関係の４つの分析視角

して展開されることになる。荒野氏は「大君外交体制」を「伝統意識」に基づく朝鮮蔑視を体制化したもの、と捉え、「幕藩制的外交体制」の一側面と見做す[46]。中村氏の「伝統意識」をより踏み込んだかたちで理解したのである。

しかし、「大君外交体制」に関する荒野氏の見解は、「大君」号をつぶさに分析した池内敏氏によって塗り替えられることとなる[47]。池内氏は江戸幕府が冊封を受けていなかったにもかかわらず、朝鮮などから「日本国王」と呼称されていた時期があったことに着目した。つまり相手国が使用する「王」号に無頓着だったわけであり、「柳川一件」を機に「大君」号が設定されたことの意味を、明朝中国を中心とした東アジア国際秩序が崩壊する中で各国に民族的な自覚が起こり、それに基づいて周辺諸国との敵礼関係が模索されたことに求めたのである。日本における民族的な自覚とは天下統一を果たした武家の矜持のことであり、こうした背景のもとに選び取られた「大君」号に朝鮮より優位に立とうだとか、朝鮮を蔑視しようだとかの意識は含まれないとする。「大君」号はすぐれて主従制に立脚した幕府にとり独善的なものであったことが明らかにされたのである。一方で「日本型華夷意識」の中核とも言うべき「武威」についても検討が加えられ[48]、過去の用例に鑑みても「武威」は行使困難な願望的観測、自負心を意味するものであったから、幕府は「日本型華夷意識」を形成する意図が一七世紀末〜一八世紀初期においては希薄であったことが述べられた。幕府として朝鮮との関係を維持する方向性だけは有していたことが結論とされたのである[49]。

このように江戸幕府の朝鮮外交は、中村栄孝氏が「大君外交体制」を提唱して以来、「鎖国」と絡めたかたちで研究が進められてきた。しかし池内敏氏の研究を皮切りに、体制の内実を問う方向へとシフトしていったのである。紅葉山文庫の大部分を継承した内閣文庫に幕府の朝鮮外交を物語る史料はあまり見受けられない。ゆえに推測を交えた議論がこれまで展開してきたわけであるが、対馬宗家文書が広く公開されたことで幕府の朝鮮外交の実態にある程度迫れるようになった。池内氏の研究はその到達点を示すものと言えるだろう。

（2）対馬宗家の朝鮮通交

対馬宗家の朝鮮通交に関する研究は田代和生氏によって先鞭が付けられた。氏は中世日朝関係の特質とも言うべき「多元的通交関係」（あるいは「重層的通交関係」）にヒントを得て、近世日朝関係も江戸幕府と対馬宗家の二重構造（「統一的外交・貿易関係」）によって成り立っていたと推測する。これはそれまでの近世日朝関係史研究が国家レヴェルの外交関係ばかりを追究して、対馬宗家の朝鮮通交を等閑にしてきたためである。このような事情から田代氏は対馬宗家の朝鮮通交の実態解明に取り組んでいく。

最初に出版された成果は主として朝鮮貿易に関するものであった[50]。島の九〇％以上が山地に覆われる対馬は、古くから農業生産物（特に米）に恵まれない。ゆえに朝鮮貿易を生命線としてきたわけであるが、その実態が明らかにされることはなかったのである。研究の関心が国家レヴェルの外交関係に向けられていたのに加え、対馬宗家文書が全くと言っていいほど整理されていなかったことによっている[51]。朝鮮貿易は幕府が施行した定高仕法（貞享二年〔一六八五〕）の影響によって衰退したという見方が一般的であった[52]。ところが、田代氏は未整理の対馬宗家文書から貿易関係帳簿を発掘し、対馬宗家が定高仕法の影響をほとんど受けていなかった事実を明らかにした。むしろ利潤はその後ピークに達し、幕府が直轄した長崎貿易よりも大量の日本銀が輸出されていたことなどを解明したのである。

他方、朝鮮外交に関しては「柳川一件」のものを嚆矢とする[53]。幕臣への転身を目論む柳川調興《しげおき》（対馬宗家重臣）が自身も携わった偽造・改竄の廉で宗義成《よしなり》（二代藩主）を幕府に訴えた事件である。最終的に家光自らが裁決を下す異例の事態となったが、形勢不利と言われた義成が調興に勝訴できた背景には、中世以来対馬宗氏が担ってきた「裏方の仕事」＝「国王粛拝」があったという。宗氏が罰せられれば「国王粛拝」ができなくなる。ゆえに幕府は義成を勝たせざるを得なかったのである。

このようなかたちで田代氏は対馬宗家の朝鮮通交の実態を次々と明らかにしていった[54]。研究はさらに朝鮮通交の〝場〟として機能した倭館にまで及ぶ[55]。一方で対馬宗家の朝鮮外交研究をさらに大きく進展させたのは池内敏氏である。氏は日朝間で起きた漂流・漂着[56]を皮切りに、竹島問題[57]、日本人の朝鮮観[58]、以酊庵輪番制、「柳川一件」、訳官使、「鎖国」[59]などの研究を網羅的に推し進めていった。対馬宗家の朝鮮通交が幕府の朝鮮外交と分かちがたく結び付いていたためであろう。対馬宗家文書の博捜に基づいて蓄積されたこれらの研究は、田代氏のものとも相俟って、後の研究の礎を築くこととなった。両氏以外の全ての研究をここに網羅することはできないが[60]、近年出版された研究[61]も同じくここに位置するだろう。

（3）朝鮮王朝の幕府外交・対馬通交

三・四つ目の分析視角は主に韓国人研究者によって担われてきた。それは朝鮮の幕府外交・対馬通交に関する研究が日本人研究者による研究成果に基づくかたちでなされてきたためである。こうした中で受動的な朝鮮像の克服が目指されたことは言うまでもない。ほぼ同時期に二人の韓国人研究者によって成果が公表された。孫承喆氏と閔徳基氏である。

孫承喆氏は朝鮮の対日本外交のあり様を交隣体制と捉えたうえで、幕府外交＝「対等交隣」、対馬通交＝「羈縻交隣」として考察した(62)。明朝中国との関係を視野に入れつつ、朝鮮前期から段階的に対日本外交が成立して行く様を明らかにしたのである。しかし、交隣は東アジア国際秩序に由来するものであったから、冊封を受けていない近世日本（江戸幕府）との関係性を表現するのに適切ではない。また朝鮮は清朝中国の冊封を受けながらも、朝鮮こそが中華を継承しているといった小中華意識（「朝鮮中華主義」とも）を持っていたとされる。ゆえに氏は明清交替期以降の関係を「脱中華」といった言葉で表現するのである。「脱中華」を用いることで、それ以前との整合性を図ろうとしたものと考えられる。

他方、閔徳基氏は朝鮮前期の対日本外交を「敵礼的交隣」「羈縻圏交隣」の二つを使って説明する(63)。ただ朝鮮後期以降は「羈縻圏交隣」のみが継続したと見て、壬辰戦争後の朝日講和交渉、「柳川一件」、新井白石による朝鮮通信使の制度改変に分けて分析を進めるのである。孫承喆氏・閔徳基氏ともに羈縻の概念を用いて、実態に即したかたちで交隣を捉えようとした点は共通する。受動的な朝鮮像を払拭することで、朝鮮が主体的に日本との関係を選び取っていったという自立した朝鮮像を描こうとしたものと考えられる。

これらを基に個別の朝日関係史研究が積み重ねられていった。朝鮮通信使を介した文化交流を取り上げた李元植氏[64]、漂流民・外交文書・通信使外交を取り上げた李薫氏[65]、朝鮮王朝の日本認識を通時的に取り扱った河宇鳳氏[66]、倭館・約条を取り上げた尹裕淑氏[67]といった具合である。概観するだけでも朝日関係史研究が日本側の研究に遅れをとっていないことが明らかであろう。日本側の研究を取り込みながら、新たな歴史像＝自立した朝鮮像が引き続き構築されていっていると言える。朝鮮側史料だけでなく対馬宗家文書も積極利用されている点は注目すべきであろう。

なお近年では、朝鮮通信使を明朝中国や清朝中国へ派遣された朝鮮燕行使との関わりから論じた夫馬進氏や程永超氏[68]、朝鮮前期から後期への移行期における対中国貿易の実態解明から対馬通交への影響を考察した辻大和氏[69]、「侯国」をキーワードとして朝鮮前期から後期直後に至る対日本外交の変容を明らかにした木村拓氏[70]らの研究もある。韓国人研究者だけでなく、東洋史・朝鮮史の成果としても積み上げられていっている点を指摘しておきたい。

以上、四つの分析視角から近世日朝関係史研究がなされてきた現状を述べた。しかし、近世日朝関係史研究の分析視角は何もこの四つにとどまるものではない。幕府↔対馬宗家関係、対馬宗家↔幕府関係も含めて考察されなければならないからである。これらの分析視角は幕藩制的な観点を要するせいか、先に掲げた四つと比べても研究蓄積が少ない状況にある。加えて別の問題も存在する。こうした状況について節を変えて述べていくことにしよう。

三　江戸幕府—対馬宗家関係の何が問題なのか

「鎖国」を「海禁」「日本型華夷秩序」に〝置き替え〟ることを提唱したのは荒野泰典氏であった。氏は「鎖国」では「四つの口」を的確には捉えられないとして、「倭寇的状況」を止揚するための「海禁」と「日本型華夷秩序」の二つで説明しようとしたのである。そして「鎖国」＝「海禁」「日本型華夷秩序」下で営まれた外交を「幕藩制的外交体制」といった言葉で表現する。同体制は長崎口を除く三つを、対馬―朝鮮口を対馬宗家に、薩摩―琉球口を薩摩島津家に、松前―蝦夷地口を松前家に軍役として担わせるものである。(71)

ここで言う軍役とは「異国押えの役」＝「家役」とも称され、明治元年（一八六八）に明治政府から「賊徒御親征」を命じられた宗義達《よしあきら》（一五代対馬藩主）が請書に「尤対馬守〔対馬藩主〕儀、代々朝鮮押ノ御役儀相勤候ニ付」と記したことや、(72)実際に京都まで出兵した義達が明治政府から「是迄ノ通両国〔日本・朝鮮王朝〕交通ヲ掌候様家役ニ被命候」と伝えられたことなどから(73)荒野氏が着想を得たものと思われる。これを一六三〇年代にまで遡らせて「柳川一件」直後に義成（二代対馬藩主）が提出した幕府宛て起請文の一節と結び付けることで、「家役」が江戸時代を通じて存在したかのような構図を提示したのである。(74)確かに義成が提出した幕府宛て起請文には「朝鮮之仕置以下如家業被仰付候」とある。(75)荒野氏はこれを「家役」としての「朝鮮之仕置」が命じられた端緒と見做したわけである。

対馬宗家が幕府から「朝鮮之仕置」を命じられたのは何もこのときが初めてではない。慶長一〇年（一六〇五）に朝鮮から派遣された第三回偵探使（惟政・孫文彧）を家康・秀忠父子に接見させた義智《よしとし》（初代藩主）は「両国之通交」を掌ることを認められたというし、(76)義智死後の元和元年（一六一五）に義成（二代藩主）は家康・秀忠から「朝鮮通交事条要一如二義智時一即任二対馬守一」とされた。(77)つまり義成は義智の跡を継いだ時点で「朝鮮之仕置」を命じられていたのであり、先の起請文提出時には二度目の任命を受けたことになる。しかし荒野氏は、「柳川一件」以前の義智・義成の立場を「朝鮮に対する徳川政権の代理者」と見て、(78)「家役」としての「朝鮮之仕置」が認められた存在とは考えていない。「幕藩制的外交体制」の成立を一六三〇年代に求めたい氏の立場からすれば、「柳川一件」以前に

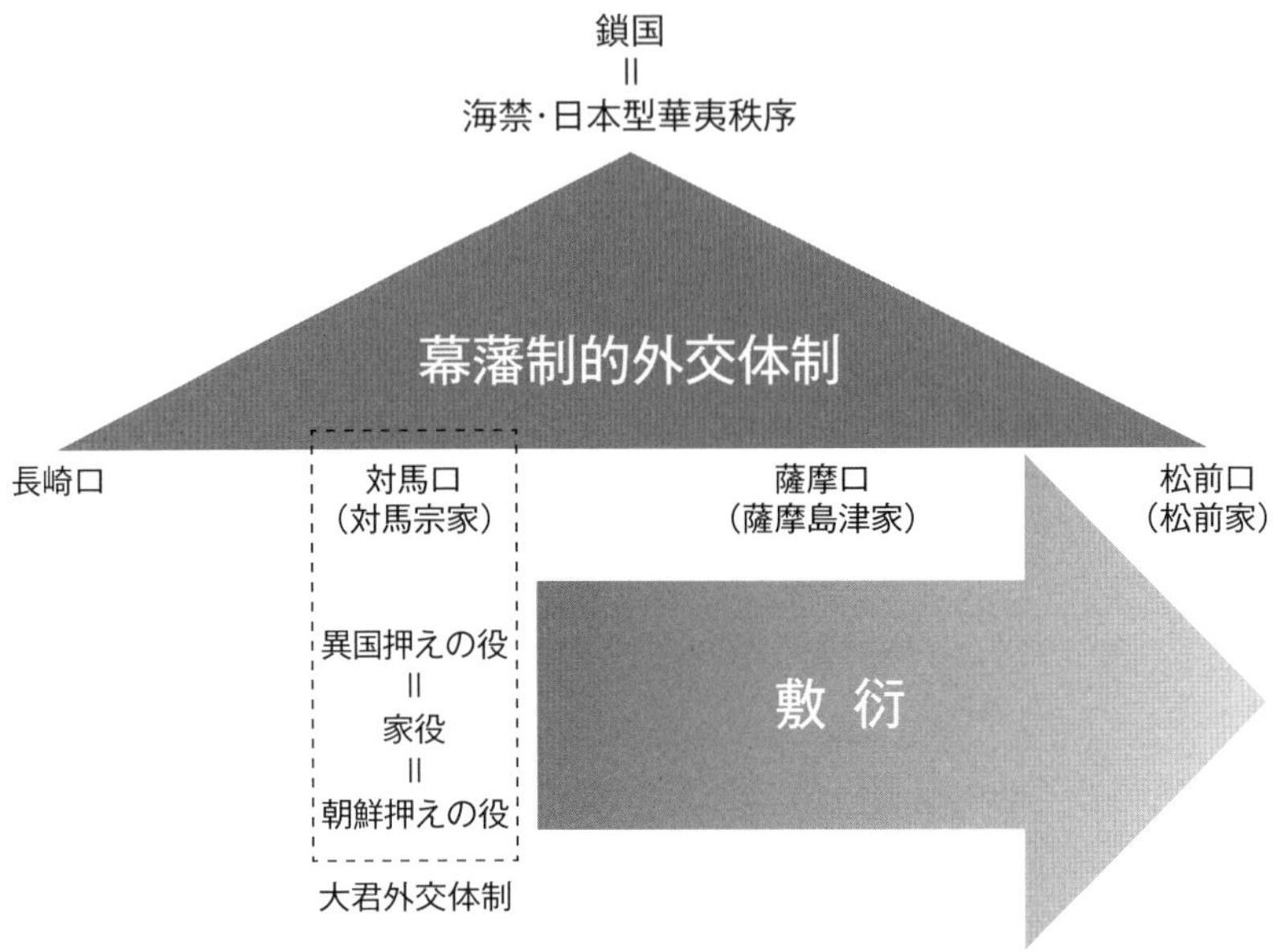

図２　「幕藩制的外交体制」の概念図

「家役」としての「朝鮮之仕置」が命じられていたという事実は認定し難かったのであろう。幕府宛て起請文の一節を「家業」＝「家役」として捉えたのも、このような事情から説明することができる。(79)

一方で氏は「家役」を介した対朝鮮外交を「大君外交体制」と表現する。(80)「大君外交体制」自体、中村栄孝氏の造語に係るものであったが、荒野氏は「伝統意識」をより踏み込んだかたちで理解したのである。結果として「大君」号には朝鮮を一等下に見据える態度、すなわち朝鮮蔑視が含意されていたとする。幕府は「大君」号を対称として設定することで、東アジア国際秩序からの「離脱」を朝鮮側に認識させるとともに、朝鮮に対する優位性をも確保したという。また将軍は自称として「大君」号を用いることはなかったが、日本年号を対外的に使用することで同様の効果を得ることができた。幕府はこうした態度を朝鮮国王宛て書簡だけでなく、朝鮮通信使に対する聘礼儀礼にも適用したと考えるのである。(81)

以上の指摘を行うものの、荒野氏は「幕藩制的外交体制」を構成する対馬宗家以外の分析をほとんど行わない。「大君外交体制」を敷衍することで他の「口」の分析を捨象してきたからである（【図2】）。ただ「大君外交体制」[82]自体、その後の研究によって見直しが進められつつある。端緒を開いたのは孫承喆氏であっただろう。氏は朝鮮通信使が残した「使行録」を丹念に読み込み、「大君」号に関して「幕府の立場から見るなら〔朝鮮王朝に対する〕優越の立場というよりは、むしろこれまで朝日両国の関係が不透明かつ対等でなかったとの認識から大君号や年号の変更を〔江戸幕府が朝鮮王朝に対して〕要求したのではないか」と考えた。[83]多くの研究者が征韓論を念頭に置いて「大君」号に朝鮮蔑視を読み込んできたから、こうした見解は当時としては斬新に映ったことだろう。孫氏はこのときに日朝間の対等が志向されたからこそ、朝鮮もそれまでの回答兼刷還使ではなく〝信を通ずる〟朝鮮通信使に切り替えることができた、と捉えたのである。[84]史実とも符合する傾聴すべき意見であろう。

そして「大君」号の設定や日本年号の使用に決定的な見解を示し得たのが池内敏氏である。氏は「大君」号・日本年号の使用例を網羅的に検出してその意味するところを一つひとつ確定していくとともに、広く公開されるようになった対馬宗家文書を駆使して「大君」号の設定、日本年号の使用について徹底的な追究を行った。結果として双方ともに日本中心主義的な志向性を読み取ることはできず、「武家による新たな伝統の創造」こそが理由であったと説明する。[85]特に「大君」号に関して「中国中心の国際秩序とは一定の距離を保った外交姿勢の表現」であるとは言えても、[86]朝鮮を「目下に見据える態度とは無関係」であるという。[87]先行研究に囚われることなく、史料の意味するところを丹念にすくい上げていった氏であったからこそ、こうした結論に至ることができたのであろう。これをもって「大君外交体制」は朝鮮蔑視を体制化したものではなくなった。

加えて検証されるべきは、「大君外交体制」のもう一つの側面、すなわち対馬宗家が「家役」としての「朝鮮之仕置」を担っていたのか否かであろう。この点については、すでに山本博文氏により「宗氏は、幕府成立時から「家役」として「朝鮮之仕置」を命じられていたわけではなく、「家業」の如く認められたにすぎないのである」といった見解が示されている。(88)確かに義成（二代藩主）が提出した幕府宛て起請文には「朝鮮之仕置以下如家業被仰付候」とあって、「家役」とは記されていない。つまり対馬宗家が命じられたのは「家役」としての「朝鮮之仕置」ではなく、「家業」としてのそれだったのである。

同様の批判は荒野氏が「家役」としての「朝鮮之仕置」を着想するきっかけともなった幕末期においても見られる。石川寛氏は対馬宗家の「私交」問題を取り上げる中で「家役」の語が「おそらく近世には」見られない点を指摘し、ただの一例のみ「王政復古以前の「家役」の用例」を紹介した。(89)それは慶応二年（一八六六）四月に行われた板倉勝静（幕府老中）との「応接」においてであり、その「大意」を書き取った大島友之允の報告書の中に「家役」が確認できるという。右の指摘に従うならば、慶応二年から相当程度遡った一六三〇年代に「家役」は出てこないことになる。やはり幕府宛て起請文中の「朝鮮之仕置以下如家業被仰付候」は「家役」としての「朝鮮之仕置」ではなく「家業」としてのそれと読むべきなのだろう。ちなみに石川氏は「家役」を「対馬藩が自己の役割を表現したもの」であったと捉え、(90)山本氏同様、実態のあったものとは考えていない。

ところで、一七世紀初期に刊行された「日葡辞書」を繙いてみると、「家業」については「ある家に特有なある技芸の仕事や実務」と出てくるが、(91)「家役」は収録されていない。また林羅山に始まる林家も「幕府の御儒者としての仕事を林家の「家業」」と認識していた。(92)これは羅山死後の鵞峰の認識ではあるものの、「家役」とは表現されていない点に注意したい。「日葡辞書」や鵞峰の認識をもとに判断すると、少なくとも一七世紀において「家役」は一般的な言葉ではなかったのだろう。荒野氏のように「家業」を「家役」と捉えることには無理があると言わなければならない。[93] 両者は決して同義語などではなく、区別して用いられなければならない言葉なのである。

もう一つ「家役」に似た言葉に「朝鮮押えの役」がある。これに関しても荒野氏は、幕府が対馬宗家に命じた「異国押えの役」と同義のものと理解する。明治元年（一八六八）に明治政府に対して義達（一五代藩主）が「尤対馬守（対馬藩主）儀、代々朝鮮押ノ御役儀相勤候ニ付」と応答したことはすでに触れたし、そこから一世紀ほど遡った一八世紀中期には長崎に異国船が来航した際の対応として、対馬宗家・島津家はそれぞれ「朝鮮国為押在国也」「琉球国為押在国也」と規定されていた。[94] これらを対馬宗家や島津家が「異国押えの役」＝「家役」を担い続けた根拠と見做したわけである。[95]

ただ「朝鮮押えの役」に関しても鶴田啓氏による精緻な分析が行われており、「「朝鮮押えの役」はあくまで対馬藩側の主張であり、幕府が対馬藩に対して正式に「朝鮮押えの役」という軍役を命じていたのではなかった」といった見解が示されている。[96] そして鶴田氏は「朝鮮押えの役」を「対馬藩が自己の存在意義や役割を問う中で到達した表現の一つであり、対馬藩の「自己意識」あるいは「由緒」ととらえた方が、有効に分析できるのではないだろうか」と提起して、先に示した石川寛氏の「家役」に関する主張に賛意を表するのである。[97] 以上の研究でもって「大君外交体制」のもう一つの側面の見直しも図られつつあると言えるだろう。[98]

しかし気になるのは、「家業」「家役」「朝鮮押えの役」といった自己認識がいかなる整合性をもって理解され得るのか、といったことである。確かに荒野氏の研究以来、それぞれに対する分析が深められていったことは確実であろう。「家業」「家役」に関しても山本博文氏の主張は納得のいくものである。ただ改めて「家業」が登場した場面に立ち帰ってみると、「朝鮮之仕置以下如家業被仰付候」となっており、何も「朝鮮之仕置」だけが「家業」のごとく認められたわけではなかった。つまり「朝鮮之仕置」は務めるべき「家業」の一つであって、相対化されていたと見なければならないのである。「家業」の一つに過ぎなかった「朝鮮之仕置」がどのような過程を経て「家役」へと変質するのか。またそこに「朝鮮押えの役」といった自己認識はいかなる関わりを持って立ち現れてくるのか。対馬宗家にはこのほか「藩屏」といった自己認識もあり、一八世紀後期には「藩屏」の「役」も登場する。(99)「藩屏」、「藩屏」の「役」も含めたかたちでの総体的な理解が求められるだろう。

こうした問題の背景には、幕府―対馬宗家関係を扱った研究そのものに時期的な偏りがあることが挙げられる。単純に言えば、一七世紀初期を扱った荒野泰典氏の研究と、一八世紀中後期を扱った鶴田啓氏の研究が〝接続〟されていないのである。(100)ゆえに対馬宗家の自己認識を整合的に理解することができないのであろう。〝接続〟を図るためには研究上の〝欠〟を補わなければならない。そうすることで両時期が〝接続〟されるだけでなく、荒野氏が提示した「幕藩制的外交体制」の内実にも迫ることができるだろう。本書は幕府―対馬宗家関係の考察を主軸に、対馬宗家の自己認識を副軸に据えることで、構造的に対朝鮮外交を把握しようとするものである。

四　本書の概要

近世日朝関係における幕府―対馬宗家関係を構造的に明らかにするため、本書では三つに分けた検討を行う。対朝鮮外交に対する幕府と対馬宗家それぞれの態度（第一・二部）を読み取った後、対幕府交渉中に見える対馬宗家の自己認識の出現（第三部）を取り上げる。

第一部「対朝鮮外交と江戸幕府」では二章・一補論でもって対朝鮮外交に対する幕府の態度について論じる。

第一章「朝鮮国王宛て徳川将軍書簡・別幅」は幕府が朝鮮国王宛てに送った将軍書簡・別幅に焦点を当てたもので

ある。朝鮮に対する幕府の直接的な外交行為は限られており、朝鮮通信使への接待を除けば書簡・別幅の授受くらいのものであろう。にもかかわらず、これまでの研究は将軍書簡・別幅を真正面からは捉えてこなかった。原本が一点も確認されていないのは事実であるが、それでも部分的にしか取り上げられてこなかったのである。ゆえにどのような姿形をしているのかすらも分からない。第一章ではまず将軍書簡・別幅に関する様式・形態の把握に努めた。原本こそ残されていないが、日本側にある精巧な控や写、作成に係る文書・記録を駆使することで解明できることもあるからである。そしてそこから幕府の朝鮮外交に臨む姿勢を読み取った。

補論一「寛永一三年度徳川家光書簡・別幅の意義」では寛永一三年度家光書簡・別幅（一六三六年）を取り上げた。当該書簡・別幅は「大君」号が設定された初めての朝鮮国王書簡・別幅の返書として作成され、日本年号の使用が初めて確認できるものである。このような事情から従来の研究は古代以来続く「伝統意識」との関係性＝朝鮮蔑視を深く読み込んできた。しかし、池内敏氏によって「武家による新たな伝統の創造」であったことが確認されたのである。ただ何故「武家による新たな伝統」が「柳川一件」直後に「創造」されなければならなかったのかについては判然としない。他の様式・形態上の変化も起こっており、それらも含めたかたちでの総合的な評価が必要であろう。

第二章「朝鮮御用老中考」は幕府老中の一名が就任した朝鮮御用老中について考察を加えたものである。第一章と補論一によって幕府の朝鮮外交に対する幕府自身の態度を読み取ってきた。次に検討すべきは対馬宗家の朝鮮通交に対する幕府の態度であろう。朝鮮御用老中は対馬宗家の朝鮮通交に係る相談を受け付けるために設置されたことが知られている。しかし、対馬宗家が偽使の派遣や日朝往復書簡の偽造・改竄を行っていたことに鑑みれば、対馬宗家の朝鮮通交を幕府として「統制」(101)するために設置されたものとも考えられなくもない。朝鮮御用老中についてはこれまで概要の把握はなされても、その実態まで追究されることはなかった。果たして同老中に対馬宗家の朝鮮通交を「統制」する意図はあったのだろうか。就任者一人ひとりに着目するかたちでその実態に迫ってみたい。

第二部「対朝鮮外交と対馬宗家」では二章・一補論でもって対朝鮮外交に対する対馬宗家の態度を追究する。

第三章「宗義智・義成期における朝鮮通交」は宗義智（初代藩主）期と義成（二代藩主）期における朝鮮通交について取り上げるものである。朝鮮通交はいつからそれを対馬宗家が担うようになり、誰を任命権者として、どのようなものとして捉えるべきかが明確に示されたことはない。それは対馬宗家が朝鮮通交を担うことが自明と考えられてきたからであろう。自明と考えられてきたからこそ検討の余地がないと思われてきた。第三章ではそうした朝鮮通交を具体的に義智・義成期に分けて見ていく。ただ当該期における一次史料はほとんど残されていないことから、必然的に編纂資料を用いざるを得なかった。また日朝講和交渉や「柳川一件」は近年活発に議論されている分野でもあるため、そうした成果を積極的に盛り込んでいきたい。

第四章「宗義真・義倫・義方期における朝鮮通交」では第三章に続いて義真《よしざね》（三代藩主）期と義倫《よしつぐ》（四代藩主）期、義方《よしみち》（五代藩主）期における朝鮮通交を取り扱う。義真に関しては藩主在位期間が三〇年以上と長いが、義倫に関しては二年程度と短く、これまでもあまり積極的に取り上げられることはなかった。また在位期間は義倫より長くとも、義方が家督相続当初から藩主たり得ない時期があったことについては意外と知られていない。第四章ではこれらの藩主を第三章と同じ基準で見ていくが、義方が何故藩主たり得ない時期があったのかについては重要な問題であるためにその部分に特化したかたちで分析を進めた。また対象とする全ての時期はそれ以前と比べて格段に史料が残されていることから、各地に保管される対馬宗家文書を積極的に用いていきたい。

補論二「児名図書受領の要件――彦千代・岩丸を例に――」は義方実子の彦千代・岩丸が児名図書を入手する過程について論じたものである。児名図書は壬辰戦争によってその全てが失効したが、義成（後の二代藩主）が入手したのを機に再開を果たした。しかし、義真（後の三代藩主）が受領した児名図書を返却した後、「中絶」してしまうのである。「中絶」後の児名図書に関して近年韓国で解明されるに至ったが、朝鮮側史料に基づくものであり、児名図書を運用する側、すなわち対馬宗家側の事情が全くと言っていいほど顧みられていない。これではその後の状況も分かり得ないだろう。補論二ではこの点に焦点を絞り、いかに児名図書が継続・運用されていたのかを具体的に解明することを目的とした。

第三部「対馬宗家の対幕府交渉」では三章でもって対幕府交渉中に見える自己認識の出現について確認していく。

第五章「「金高之儀」「御金拝借之儀」「往古銀御免」の請願」は一七世紀末期から一八世紀初期にかけて見られる対馬宗家の請願について取り上げたものである。これらの請願は元禄八年（一六九五）に断行された貨幣改鋳を機に、段階的に推し進められていったことが知られている。制約を受けることになった朝鮮貿易の輸出限度額を「金高之儀」によって増額し、「御金拝借之儀」で朝鮮人参代「御引替」金三万両を獲得し、「往古銀御免」を取り付けることで度重なる貨幣改鋳の影響を無効化しようとした。——これらの請願は結果のみが知られているが、実現に至る過程については一部を除いてほとんど解明されていない。この過程にこそ対馬宗家の自己認識の出現が関係していると考えるためである。幕府への提出文書だけでなく、幕府役人への相談内容についても目を向けていきたい。

第六章「正徳度信使来聘費用拝借の請願」では正徳度信使（一七一一年）来聘費用拝借実現の過程について取り上げた。江戸時代において初めて来日した慶長度信使（一六〇七年）以来、信使来聘は朝鮮通交の一部と見做され、対馬宗家もそれを疑ってはこなかったが、貨幣改鋳を機に朝鮮貿易が危機的状況に直面すると、その費用が大きな負担として立ち現れてくることとなった。ゆえに対馬宗家は幕府に対する費用拝借を企てるのである。しかし、その直前に「往古銀御免」を実現したばかりであり、重大な請願が度重なることによる拒否を幕府から受ける可能性があった。

それでも費用拝借を実現しなければならない状況に対馬宗家はどのように対処したのか。第六章ではその詳細を解明していくが、中でも初めて幕府に提出された文書に注目した。

第七章「正徳度信使来聘費用拝借の舞台裏――「武備之儀」「御官位之儀」の請願――」は来聘費用拝借の裏で進行していた「武備之儀」「御官位之儀」に係る請願についてそれぞれ解明しようとするものである。両請願は別物であり、来聘費用拝借以前から新井白石に対する請願が行われていた。来聘費用拝借の方が緊急性を帯びてきたために後回しにされることになったのである。特に「武備之儀」の請願は後に白石と雨森芳洲との間で繰り広げられた白石・芳洲論争へと結実していく。同論争については詳細が解明されているが、その前哨戦とも言うべき「武備之儀」「御官位之儀」の請願は史料が断片的であるせいか、全く取り上げられてこなかった。ゆえに第七章では両請願の復元に努め、そこに自己認識出現の有無を読み取った。

以上、七章・二補論でもって研究上の〝欠〟を補い、幕府―対馬宗家関係を構造的に明らかにしていきたいと考えている。各章と対応する既出論文との関係は次の通りである。

序　章　近世日朝関係と江戸幕府・対馬宗家（新稿）

第一章　朝鮮国王宛て徳川将軍書簡・別幅

※「徳川将軍の外交印―朝鮮国王宛て国書・別幅から―」（松方冬子編『国書がむすぶ外交』東京大学出版会、二〇一九年）、古川祐貴・岡本真・松方冬子「日本―朝鮮・西欧・台湾鄭氏往復外交文書表―16世紀末〜19世紀初頭における―」（『東京大学史料編纂所研究紀要』二九、二〇一九年）を合わせて発展させたもの。

補論一　寛永一三年度徳川家光書簡・別幅の意義（新稿）

第二章　朝鮮御用老中考

※「対馬宗家と朝鮮御用老中」(『日本歴史』八三一、二〇一七年)を本書の趣旨に合わせて改稿したもの。

第三章　宗義智・義成期における朝鮮通交

※「対馬宗家の家督相続と朝鮮通交(外交・貿易)」(『長崎県対馬歴史研究センター所報』創刊号、二〇二一年)、「対馬藩主図書考」(『訳官使・通信使とその周辺』七、二〇二三年)、「対馬宗家の江戸幕府宛て起請文」(『人文社会科学論叢』一五、二〇二三年)を合わせて発展させたもの。

第四章　宗義真・義倫・義方期における朝鮮通交

※右に同じ。

補論二　児名図書受領の要件——彦千代・岩丸を例に——

※「近世児名図書考」(『訳官使・通信使とその周辺』九、二〇二四年)を本書の趣旨に合わせて改稿したもの。

第五章　「金高之儀」「御金拝借之儀」「往古銀御免」の請願(新稿)

第六章　正徳度信使来聘費用拝借の請願

※「対馬宗家の対幕府交渉—正徳度信使費用拝借をめぐって—」(荒武賢一朗編『世界とつなぐ　起点としての日本列島史』清文堂出版、二〇一六年)を本書の趣旨に合わせて改稿したもの。

第七章　正徳度信使来聘費用拝借の舞台裏——「武備之儀」「御官位之儀」の請願——

※「正徳度信使費用拝借の舞台裏—「武備之儀」「官位之儀」の請願と「朝鮮之押」—」(『長崎県対馬歴史研究センター所報』二、二〇二二年)を本書の趣旨に合わせて改稿したもの。

終　章　「家業」と「家役」のあいだ(新稿)

註

（1）「信」に「たより。おとづれ」といった意味がある（諸橋轍次『大漢和辞典　縮写版　巻一』〔大修館書店、一九五五年〕七九八頁）。

（2）皇帝文書・官文書については、東京大学史料編纂所一般共同研究「史料編纂所所蔵明清中国公文書関係史料の比較研究」プロジェクト編『明清中国関係文書の比較研究―台湾所在史料を中心に―』（東京大学史料編纂所、二〇二一年）などに詳しい。

（3）荒木和憲「幕末期徳川将軍書簡の古文書学的検討」（『国立歴史民俗博物館研究報告』二三九、二〇二三年）二二七～二二八頁。書簡については、同「中世日本往復外交文書をめぐる様式論的検討」（『国立歴史民俗博物館研究報告』二二四、二〇二一年）二三三～二三五頁に詳しい。また高橋公明「外交文書、「書」・「咨」について」（『年報中世史研究』七、一九八二年）七三～八二頁では「書式外交文書」として紹介されている。

（4）両者が対等関係にあったことについては、豊見山和行「江戸幕府外交と琉球」（同『琉球王国の外交と王権』吉川弘文館、二〇〇四年〔初出一九八五年〕）一二九頁や、木土博成「朝鮮国・琉球国の相対的地位の変遷と確定」（同『近世日琉関係の形成―附庸と異国のはざまで―』名古屋大学出版会、二〇二三年〔初出二〇一八年〕）一七九頁などで触れられている。

（5）大蔵省編『日本財政経済史料　巻七（復興版）』（財政経済学会、一九二五年）一三三一頁。幕府老中が返書していることから琉球国王と同じ関係が想定できそうだが、①幕府老中返書はオランダ国王ウィレム二世宛てではなかったこと、②そもそもウィレム二世の「開国勧告」自体に宛名がなかったこと、をも考慮すれば、全く「通信之国」とのやり取りではなかったことが分かる。「開国勧告」については、松方冬子「一八四四年オランダ国王ウィレム二世の「開国勧告」の真意」（同『オランダ風説書と近世日本』東京大学出版会、二〇〇七年〔初出二〇〇五年〕）などに詳しい。

（6）「通航一覧巻二百七十四（魯西亜船来一件）」（早川純三郎編『通航一覧　第七』〔国書刊行会、一九一三年〕九三～九六頁）。「通信」「通商」は定信の発案ではなく、三奉行（寺社奉行・町奉行・勘定奉行）へ諮問した際の評議書の中で用いられたという。藤田覚氏はこれを「通信の国、通商の国という用例の早い事例」として紹介する（同「対外関係の伝統化と鎖国祖法観の確立」〔同『近世後期政治史と対外関係』東京大学出版会、二〇〇五年〈初出二〇〇〇年〉〕二八頁）。

（7）「通航一覧巻二百八十二（落穂雑談一言集、栗園漫抄）」（前掲『通航一覧　第七』一九二～一九五頁）。以上については、すでに井野辺茂雄氏が触れるところであった（同『維新前史の研究』〔中文館書店、一九三五年〕一四〇～一四一・一九八頁）。

（8）藤田覚「鎖国祖法観の成立過程」（藤田前掲『近世後期政治史と対外関係』初出一九九二年）一八頁。
（9）前掲『日本財政経済史料　巻七（復興版）』一三三〇頁。
（10）たとえば、朝鮮通信使を介した将軍と朝鮮国王との書簡の往来はこの時点で一二回に上っていた。この実態については、三宅英利『近世日朝関係史の研究』（文献出版、一九八六年）や、同『近世の日本と朝鮮』（講談社、二〇〇六年〈初出一九九三年〉）などで触れられているが、将軍と対等なかたちで書簡を交わした国は朝鮮を除いてほかにはない。
（11）このことはオランダを例にすればよく分かる。一七世紀初期においてオランダはバタヴィアから日本へ使節派遣を行い、台湾行きの朱印状の停止を求めたことがあったが、将軍との謁見の機会においても幕府から返書が与えられなかったのは、ひとえにバタヴィア総督に「使節を送る資格」がないと見做されていたためであった（松井洋子「近世日本の対外関係と世界観」〈『岩波講座世界歴史12　東アジアと東南アジアの近世　15〜18世紀』岩波書店、二〇二二年〉二七八頁）。つまりバタヴィア総督ではなくオランダ国王であれば結果は分からなかったわけで、決して「通信之国」でないことが理由とされたわけではなかったのである。その意味において一七世紀段階で「通信之国」「通商之国」の概念規定がなされていたと見る加藤榮一氏の見解（同「ブレスケンス号の南部漂着と日本側の対応―附、陸奥国南部領国絵図に描かれたブレスケンス号―」〈同『幕藩制国家の成立と対外関係』思文閣出版、一九九八年〈初出一九八九年〉〉二五八〜二五九頁）には首肯できない。
（12）羽賀祥二「和親条約期の幕府外交について」（『歴史学研究』四八二、一九八〇年）四頁。
（13）羽賀前掲「和親条約期の幕府外交について」四頁。
（14）佐野真由子『幕末外交儀礼の研究―欧米外交官たちの将軍拝謁―』（思文閣出版、二〇一六年）一一四頁。
（15）筒井政憲は意見書の中で「書翰御受取之儀ハ、朝鮮国之外是迄例も無之」と述べている（東京帝国大学編『大日本古文書　幕末外国関係文書之十六』〈東京帝国大学文学部史料編纂掛、一九二三年〉六七二〜六七三頁）。琉球も「通信之国」と幕府から認識されてはいたが、将軍との書簡の往来があったわけではなかったために「朝鮮国之外是迄例も無之」とされたのであろう。
（16）前掲『幕末外国関係文書之十六』五〇〇〜五〇一頁。
（17）羽賀前掲「和親条約期の幕府外交について」一〇頁。
（18）佐野前掲『幕末外交儀礼の研究』一三一頁。
（19）佐野真由子氏は朝鮮通信使を軸とした幕府の朝鮮外交経験が幕末期の外交儀礼は勿論、明治期に至るまで踏襲された事実を力説する（佐野前掲『幕末外交儀礼の研究』三四六～三五一・三六三～三七一頁）。なおこの点については部分的にではあるが、ロナルド・トビ氏が指摘するところであった（同「外交儀礼の鏡を覗く―理念の世界を映し出す姿見―」〈同〈速水融・永積洋子・川勝平太訳〉『近世日本の国家形成と外交』創文社、一九九〇年〈初出一九八四年〉〉一七九頁）。

(20)　上白石実「万延元年アメリカ大統領宛て国書」（同『幕末期対外関係の研究』吉川弘文館、二〇一一年〈初出一九九五年〉）二三八頁。

(21)　朝鮮国王宛て将軍書簡の書止文言が「不宣」あるいは「不備」であったことはよく知られる事実である。なお本書第一章を参照のこと。

(22)　前掲『幕末外国関係文書之十六』九八頁、古川祐貴「徳川将軍の外交印―朝鮮国王宛て国書・別幅から―」（松方冬子編『国書がむすぶ外交』東京大学出版会、二〇一九年）二〇二～二〇三頁。

(23)　最も象徴的なのは、近世日朝関係で用いられた「大君」号が諸外国向けに使用されたことであろう（羽賀前掲「和親条約期の幕府外交について」五～八頁）。和親条約期以降の将軍書簡については荒木和憲氏が古文書学的な検討を行っており（荒木前掲「幕末期徳川将軍書簡の古文書学的検討」）、朝鮮国王宛て将軍書簡・別幅との類似性が指摘されている。

(24)　佐野真由子氏は「幕末外交儀礼」を研究する立場から、最近においても「日朝関係の蓄積」こそが「近世〔日本〕の対外関係ともつながっていた」と主張する（同「「外交の文化史」を開く―幕末外交儀礼を研究すること―」〈『歴史学研究』一〇四七、二〇二四年〉五五～五六頁）。

(25)　「鎖国得失論」に関しては、進士慶幹「鎖国について」（『歴史学研究』一五七、一九五二年）に詳しい。なお戦後における「鎖国得失論」については、和辻哲郎『鎖国―日本の悲劇―』（筑摩書房、一九五〇年）を想定している。また「鎖国」研究全体に関しては、加藤榮一「鎖国論の現段階―近世初期対外関係史の研究動向―」（同『幕藩制国家の形成と外国貿易』校倉書房、一九九三年〈初出一九八九年〉）、大島明秀「近代日本における「鎖国」観の形成とその変遷」（同『「鎖国」という言説―ケンペル著・志筑忠雄訳『鎖国論』の受容史―』ミネルヴァ書房、二〇〇九年）、藤井讓治「「鎖国」の捉え方―その変遷と現在の課題―」（辻本雅史・劉序楓編著『鎖国と開国―近世日本の「内」と「外」―』国立台湾大学出版中心、二〇一七年）などで整理されている。

(26)　同時に林氏は「鎖国」の要因が糸割符商人の策動だけではなかった点も指摘している（同「糸割符の展開―鎖国と商業資本―」〈『歴史学研究』一二六、一九四七年〉二四頁）。

(27) 岩生成一「鎖国」(『岩波講座　日本歴史10　近世2』岩波書店、一九六三年)、同『日本の歴史14　鎖国』(中央公論新社、二〇〇五年〔初出一九六六年〕)。

(28) 田中健夫「鎖国成立期における朝鮮との関係」(同『中世対外関係史』東京大学出版会、一九七五年〔初出一九六五年〕)、同「鎖国について」(同『対外関係と文化交流』思文閣出版、一九八二年〔初出一九七六年〕)。

(29) 「鎖国」を世界史の中に位置付けようとした山口啓二「日本の鎖国」(同『山口啓二著作集第三巻　幕藩制社会の構造』校倉書房、二〇〇九年〔初出一九七〇年〕)もこの時期のものである。

(30) 朝尾直弘「近世の政治と経済(Ⅰ)」(同『朝尾直弘著作集　第八巻　近世とはなにか』岩波書店、二〇〇四年〔初出一九六九年〕)、同「鎖国制の成立」(同『朝尾直弘著作集　第三巻　将軍権力の創出』岩波書店、二〇〇四年〔初出一九七〇年〕)、同『朝尾直弘著作集　第五巻　鎖国』(岩波書店、二〇〇四年〔初出一九七五年〕)。朝尾氏が東アジア世界を媒介項としたのは、それまでの研究の多くが「日本とヨーロッパの比較ばかりに着目してきた」ためであった(清水光明「時代区分論―「近世」という言葉をめぐってどんな議論が繰り広げられてきたのか―」〔上野大輔・清水光明・三ツ松誠・吉村雅美編『日本近世史入門―ようこそ研究の世界へ!―』勉誠社、二〇二四年〕四五頁)。

(31) ロナルド・トビ「初期徳川外交政策における「鎖国」の位置づけ―幕府正当性確立の問題からみて―」(社会経済史学会編『新しい江戸時代像を求めて』東洋経済新報社、一九七七年)、同「承認のレンズ―幕府の正当性確立における外交―」(トビ前掲『近世日本の国家形成と外交』)。

(32) 荒野泰典「日本型華夷秩序の形成」(朝尾直弘・網野善彦・山口啓二・吉田孝編『日本の社会史　第1巻　列島内外の交通と国家』岩波書店、一九八七年)、同「国際認識と他民族観―「海禁」「華夷秩序」論覚書―」(歴史科学協議会編『現代を生きる歴史科学②―過去への照射―』大月書店、一九八七年)、同『近世日本と東アジア』(東京大学出版会、一九八八年)。

(33) 両者の区別については、池内敏「近世日本の国際秩序と朝鮮観」(同『大君外交と「武威」―近世日本の国際秩序と朝鮮観―』名古屋大学出版会、二〇〇六年)一二頁に示されている。

(34) 荒野泰典氏自身が近年の著作である同『「鎖国」を見直す』(岩波書店、二〇一九年)の中で言及している。

(35) 山本博文『寛永時代』(吉川弘文館、一九八九年)、同『鎖国と海禁の時代』(校倉書房、一九九五年)。こうした見解は『寛永時代』を加筆・修正し、文庫化した同『家光は、なぜ「鎖国」をしたのか』(河出書房新社、二〇一七年)においても継承されている。なお山本氏の論点とは、①東アジア世界に共通する慣行として「海禁」と称してしまうことで、各国がその政策を選ぶに至った「歴史的・対外関係的な諸条件の違い」を捨象してしまう恐れがあること、②「海禁」という言葉を使うことで却ってヨーロッパ世界との「特殊な関係」を十分に示せない可能性があること、③むしろ朝鮮との対等な関係がありながらも志筑忠雄が「鎖国」と訳出したことの意味を考えるべきであること、の三つに集約されよう。

(36)　トビ前掲「承認のレンズ」。

(37)　大会報告の内容は、荒野泰典「幕藩制国家と外交―対馬藩を素材として―」(『歴史学研究』別冊特集、一九七八年)として文章化されている。なお当該論文は荒野前掲『近世日本と東アジア』に収録されていない。

(38)　岩生前掲『鎖国』の「解説」を書いた池内敏氏も「岩生以後における対外関係史研究は、朝鮮関係においてもっとも活発に研究が進められてきた」、「日朝関係史研究を軸にして展開してきた一九七〇年代以後の対外関係史研究は、…」と述べている(同「解説　岩生成一『鎖国』」〔同『徳川幕府朝鮮外交史研究序説』清文堂出版、二〇二四年〈初出二〇〇五年〉〕三二一・三二五頁)。

(39)　山本前掲『寛永時代』、同前掲『鎖国と海禁の時代』、同前掲『家光は、なぜ「鎖国」をしたのか』。

(40)　永積洋子『近世初期の外交』(創文社、一九九〇年)、藤田前掲『近世後期政治史と対外関係』、清水有子『近世日本とルソン―「鎖国」形成史再考―』(東京堂出版、二〇一二年)、岩﨑奈緒子『近世後期の世界認識と鎖国』(吉川弘文館、二〇二一年)。藤田・岩﨑両氏の研究は特にロシアを意識したものであった。また東アジア世界に関心を持ち続け、女真族・韃靼に重きを置いた紙屋敦之『幕藩制国家の琉球支配』(校倉書房、一九九〇年)もある。近年、松方冬子氏や池内敏氏は荒野氏の見解に対する批判的な検討を行っている(松方冬子「2つの「鎖国」―「海禁・華夷秩序」論を乗り越える―」〔『洋学』二四、二〇一六年〕、池内敏「「鎖国」と「鎖国祖法観」」〔池内前掲『徳川幕府朝鮮外交史研究序説』初出二〇二三年〕)。

(41)　朝鮮通信使は文化八年(一八一一)を機に来聘しなくなるが、その後も幕末期に至るまで計画され続けた(三宅英利「幕藩体制動揺期の通信使」〔三宅前掲『近世日朝関係史の研究』六一六～六二九頁〕など)。

(42)　対馬宗家は朝鮮外交だけでなく朝鮮貿易も担っていた。ゆえに両者を合わせた概念として「朝鮮通交」を用いている(朝鮮の「対馬通交」も同じ)。また幕府の朝鮮外交と対馬宗家の朝鮮通交を合わせた概念として「対朝鮮外交」を用いる(朝鮮の「対日本外交」も同じ)。近世日朝関係において外交と貿易は未分離であり、朝鮮外交・朝鮮貿易といった言葉の使い分け自体無意味に感じられるが、幕府は明らかに貿易行為を行っていなかったために区別して記すことにした。

(43) 中村栄孝「外交史上の徳川政権―大君外交体制の成立とその終末―」（同『日鮮関係史の研究　下』吉川弘文館、一九六九年〔初出一九六七年〕）。
(44) 中村栄孝氏の見解を全面的に取り入れ、論展開したものに三宅前掲『近世日朝関係史の研究』がある。
(45) 朝尾直弘「日本国大君」（朝尾前掲『朝尾直弘著作集　第五巻』初出一九七五年）二三五～二三六頁。
(46) 荒野泰典「大君外交体制の確立」（荒野前掲『近世日本と東アジア』初出一九八一年）一六二頁。
(47) 池内敏「「大君」号の歴史的性格」（池内前掲『大君外交と「武威」』初出二〇〇五年）。
(48) 池内敏「解体期冊封体制下の日朝交渉」（池内前掲『大君外交と「武威」』初出二〇〇三年）。
(49) 幕府が「外交体制安定」を重要視していたという指摘は、すでに鶴田啓「近世日本の四つの「口」」（荒野泰典・石井正敏・村井章介編『アジアのなかの日本史Ⅱ　外交と戦争』東京大学出版会、一九九二年）三〇三頁でなされていた。
(50) 田代和生『近世日朝通交貿易史の研究』（創文社、一九八一年）。
(51) ここで言う対馬宗家文書とは対馬保管分を指している。対馬保管分の整理については、田代和生「対馬宗家文庫の調査を振り返って」（長崎県立対馬歴史民俗資料館編『長崎県文化財調査報告書第二〇九集　対馬宗家文庫史料絵図類等目録』長崎県教育委員会、二〇一二年）などに詳しい。また同文書全体の分散状況については、同「改訂『対馬宗家文書』について」（同監修『対馬宗家文書【第Ⅲ期】倭館館守日記・裁判記録　別冊【下】』ゆまに書房、二〇〇六年）などにまとめられている。
(52) 森山恒雄「対馬藩」（長崎県史編集委員会編『長崎県史　藩政編』長崎県、一九七三年）九五三頁。
(53) 田代和生『書き替えられた国書―徳川・朝鮮外交の舞台裏―』（中央公論社、一九八三年）。
(54) このほか田代和生『日朝交易と対馬藩』（創文社、二〇〇七年）もある。
(55) 田代和生『江戸時代朝鮮薬材調査の研究』（慶應義塾大学出版会、一九九九年）、同『倭館―鎖国時代の日本人町―』（文藝春秋、二〇〇二年）、同『新・倭館―鎖国時代の日本人町―』（ゆまに書房、二〇一一年）。
(56) 池内敏『近世日本と朝鮮漂流民』（臨川書店、一九九八年）。
(57) 池内敏『竹島問題とは何か』（名古屋大学出版会、二〇一二年）、同『竹島―もうひとつの日韓関係史―』（中央公論新社、二〇一六年）。
(58) 池内敏『「唐人殺し」の世界―近世民衆の朝鮮認識―』（臨川書店、一九九九年）、同『薩摩藩士朝鮮漂流日記―「鎖国」の向こうの日朝交渉―』（講談社、二〇〇九年）、同『叢書　東アジアの近現代史　第3巻　日本人の朝鮮観はいかにして形成されたか』（講談社、二〇一七年）。

（59）以上四つのテーマに関しては、池内敏『絶海の碩学―近世日朝外交史研究―』（名古屋大学出版会、二〇一七年）、同前掲『徳川幕府朝鮮外交史研究序説』にその成果が収められている。なお氏が代表を務めた科学研究費助成事業・基盤研究（B）「通信使と訳官使の統合的研究―17-19世紀東アジア国際秩序と構造の視座転換―」の報告書である『訳官使・通信使とその周辺』にも成果が公表されている。

（60）対馬宗家の朝鮮通交に関していま一つ欠かすことのできない研究として、泉澄一『釜山窯の史的研究』（関西大学出版部、一九八六年）、同『近世対馬陶窯史の研究』（関西大学出版部、一九九一年）、同『対馬藩藩儒雨森芳洲の基礎的研究』（関西大学出版部、一九九七年）がある。また対馬藩政を対象としたものとして、伊東多三郎「対馬藩の研究」（同『近世史の研究　第四冊　幕府と諸藩』吉川弘文館、一九八四年〔初出一九四二年〕）や檜垣元吉「対馬藩寛文の改革について―大浦権太夫の失脚―」（同『近世北部九州諸藩史の研究』九州大学出版会、一九九一年〔初出一九五四年〕）、森山前掲「対馬藩」、泉澄一『対馬藩の研究』（関西大学出版部、二〇〇二年）なども挙げておきたい。

（61）酒井雅代『近世日朝関係と対馬藩』（吉川弘文館、二〇二一年）、松本智也『〈文事〉をめぐる日朝関係史―近世後期の通信使外交と対馬藩―』（春風社、二〇二三年）。

（62）孫承喆（鈴木信昭監訳・山里澄江・梅村雅英訳）『近世の朝鮮と日本―交隣関係の虚と実―』（明石書店、一九九八年〔初出一九九四年〕）。

（63）閔徳基『前近代東アジアのなかの韓日関係』（早稲田大学出版部、一九九四年）。

（64）李元植『朝鮮通信使の研究』（思文閣出版、一九九七年）。

（65）李薫（池内敏訳）『朝鮮後期漂流民と日朝関係』（法政大学出版局、二〇〇八年〔初出二〇〇〇年〕）、同『外交文書から見た朝鮮と日本の意思疎通』（景仁文化社、二〇一一年）、同『朝鮮の通信使外交と東アジア』（景仁文化社、二〇一九年）など。

（66）河宇鳳（金両基監訳・小幡倫裕訳）『朝鮮王朝時代の世界観と日本認識』（明石書店、二〇〇八年〔初出二〇〇七年〕）。なお同氏には朝鮮知識人による日本認識に着目した同（井上厚史訳）『朝鮮実学者の見た近世日本』（ぺりかん社、二〇〇一年〔初出一九八九年〕）もある。

(67) 尹裕淑『近世日朝通交と倭館』（岩田書院、二〇一一年）など。
(68) 夫馬進『朝鮮燕行使と朝鮮通信使』（名古屋大学出版会、二〇一五年）、程永超『華夷変態の東アジア―近世日本・朝鮮・中国三国関係史の研究―』（清文堂出版、二〇二一年）。
(69) 辻大和『朝鮮王朝の対中貿易政策と明清交替』（汲古書院、二〇一八年）。
(70) 木村拓『朝鮮王朝の侯国的立場と外交』（汲古書院、二〇二一年）。
(71) この点に関しては山口啓二氏も同様の見解を示している（同『鎖国と開国』〈岩波書店、二〇〇六年〈初出一九九三年〉〉四六頁）。
(72) 「宗重正家記」（東京大学史料編纂所所蔵4175-1020）。
(73) 前掲「宗重正家記」。
(74) 荒野前掲「幕藩制国家と外交」。
(75) 「寛永丙子信使記録　二」（東京国立博物館所蔵QB3299-2）寛永一三年八月四日条。
(76) 鈴木棠三編『対馬叢書第三集　十九公実録・宗氏家譜』（村田書店、一九七七年）一六五頁。
(77) 前掲『十九公実録・宗氏家譜』一六九頁。
(78) 荒野前掲「大君外交体制の確立」一八七頁。
(79) この幕府宛て起請文はそれ以前において土井利勝（幕府年寄）・酒井忠勝（同）らの内見を経ることを前提に許可されたものであったから（前掲「寛永丙子信使記録　二」寛永一二年四月一八日条）、「朝鮮之仕置以下如家業被仰付候」は幕府公認のものであったと言い得る。荒野氏はこうした点を考慮したうえで「家業」＝「家役」とした可能性が高い。
(80) 正確には「大君外交体制」の二側面の一つとして幕府―対馬宗家関係が取り上げられている（荒野前掲「大君外交体制の確立」一六二～一六三頁）。
(81) 荒野泰典「日本の「鎖国」と対外意識」（荒野前掲『近世日本と東アジア』初出一九八三年）九～一〇頁。
(82) 以降、本書で扱う「大君外交体制」とは荒野氏が再解釈したものである。中村栄孝氏のものとの決定的な違いは「大君」号に朝鮮蔑視を積極的に読み込むか否かであろう。
(83) 孫承喆「朝鮮後期の脱中華の交隣体制」（孫前掲『近世の朝鮮と日本』）二四一頁。

(84)　孫前掲「朝鮮後期の脱中華の交隣体制」二八二頁。
(85)　池内前掲「「大君」号の歴史的性格」四三頁。
(86)　池内前掲「「大君」号の歴史的性格」六〇頁。
(87)　池内前掲「近世日本の国際秩序と朝鮮観」一八頁。
(88)　山本博文『対馬藩江戸家老―近世日朝外交をささえた人びと―』（講談社、二〇〇二年〈初出一九九五年〉）二七七頁。
(89)　石川寛「対馬藩の自己意識―「対州の私交」の検討を通じて―」（九州史学研究会編『境界のアイデンティティ―『九州史学』創刊五〇周年記念論文集　上―』岩田書院、二〇〇八年）三一二～三一三頁。
(90)　石川前掲「対馬藩の自己意識」三一三頁。
(91)　土井忠生・森田武・長南実編訳『邦訳　日葡辞書』（岩波書店、一九八〇年）七八頁。
(92)　揖斐高『江戸幕府と儒学者―林羅山・鵞峰・鳳岡三代の闘い―』（中央公論社、二〇一四年）一〇六頁。
(93)　氏の近業にも「家業」＝「家役」の認識を読み取ることができる。たとえば、荒野前掲『「鎖国」を見直す』一三四頁、同「東アジアの新国際秩序と日本型小帝国の構築」（村井章介・荒野泰典編『新体系日本史5　対外交流史』山川出版社、二〇二一年）三二一頁など。
(94)　「通航一覧附録巻四（長崎志続編）」（早川純三郎編『通航一覧　第八』〈国書刊行会、一九一三年〉三〇〇～三〇五頁）。
(95)　荒野前掲「大君外交体制の確立」二一八～二一九頁。
(96)　鶴田啓「「朝鮮押えの役」はあったか」（佐藤信・藤田覚編『前近代の日本列島と朝鮮半島』山川出版社、二〇〇七年）二一〇頁。
(97)　鶴田前掲「「朝鮮押えの役」はあったか」二一〇頁。論文の刊行年次こそ石川氏の方が後になっているが、鶴田氏は平成一八年（二〇〇六）になされた石川報告に示唆を受けたことを論文中で述べている。
(98)　荒野氏はこのほか対馬宗家が「家役」としての「朝鮮之仕置」を命じられたことで、対馬宗家の朝鮮通交に幕府の介入がなされるようになったと見ているが（荒野前掲「大君外交体制の確立」二一一頁）、それは近年の池内敏氏の一連の研究（同「以酊庵輪番制考」〈池内前掲『絶海の碩学』初出二〇〇八年〉、同「「柳川一件」考」〈池内前掲『徳川幕府朝鮮外交史研究序説』初出二〇一九年〉など）によって否定される。
(99)　吉村雅美「一八世紀の対外関係と「藩屏」認識―対馬藩における「藩屏」の「役」論をめぐって―」（『日本歴史』七八九、一〇一四年）。

(100) だからと言って、鶴田氏の研究と、幕末維新期を扱った石川寛氏や木村直也氏（同「文久三年対馬藩援助要求運動について―日朝外交貿易体制の矛盾と朝鮮進出論―」〈田中健夫編『日本前近代の国家と対外関係』吉川弘文館、一九八七年〉など）・玄明喆氏（同「文久元年対馬藩の移封運動について」〈『日本歴史』五三六、一九九三年〉など）・沈箕載氏（同『幕末維新日朝外交史の研究』〈臨川書店、一九九七年〉など）の研究も〝接続〟されているとは言い難い。ただし、この点に関しては文化度信使（一八一一年）を中心とした幕府―対馬宗家関係に関する田保橋潔『近代日鮮関係の研究　下巻』〈宗高書房、一九七二年（初出一九四〇年）〉以来の研究蓄積（酒井前掲『近世日朝関係と対馬藩』、松本前掲『〈文事〉をめぐる日朝関係史』など）があることを指摘しておく。

(101) 「統制」という言葉は「こうして将軍権力は、朝鮮・琉球・アイヌとの対外関係はそれぞれの藩に軍役として管掌させて自己の統制下におくとともに、…」といったかたちで使われている（荒野前掲「大君外交体制の確立」一六一頁）。なお荒野泰典氏が用いる「統制」に関しては、石川寛氏も「その「強固な統制」の内実がどこまで現実のものなのか、具体的に言えば、幕府は対馬宗氏との主従制を貫徹するなかで、朝鮮・対馬関係について果たしてどこまで統制していたのか疑問に感じる」といったことを述べている（同「日朝関係の近代的改編と対馬藩」〈『日本史研究』四八〇、二〇〇二年〉二八頁）。

第一部　対朝鮮外交と江戸幕府

第一章　朝鮮国王宛て徳川将軍書簡・別幅

はじめに

徳川将軍と朝鮮国王は朝鮮通信使（回答兼刷還使を含む）を介して書簡・別幅を交換した。[1] 先に朝鮮国王書簡・別幅がもたらされ、幕府が将軍書簡・別幅で答えたのである。書簡・別幅の内容は「外蕃通書」などに写し取られ、古くから知られてきたが、原本がどのような様式・形態をしていたのかについては第一期日韓歴史共同研究[2]（二〇〇二〜〇五年）を経るまで分かっていなかった。

しかし、このとき対象とされたのは日本側に残された書簡・別幅、すなわち朝鮮国王書簡・別幅だけであり[3]、将軍書簡・別幅が取り上げられることはなかった。それは将軍書簡・別幅が伝来するはずの韓国で一点もその存在が確認されていなかったことによっている。こうした状況は現在でも変わっておらず、姿形が分からないままなのである。科学分析までなされた朝鮮国王書簡・別幅とは好対照をなしているとさえ言えるだろう。[4]

ただ幸いなことに日本には、将軍書簡・別幅の精巧な控や写、作成に係る文書・記録が多数残されている。これらを駆使することで復元がある程度は可能であろう。本章ではそうした史料に基づいて将軍書簡・別幅がどのような様式・形態[5]だったのかについて明らかにする。なお将軍書簡・別幅を【表1】に一覧とした。

一　徳川将軍書簡・別幅の様式

本節では将軍書簡・別幅の様式に着目する。取り上げるのは、(1)年号、(2)自称(差出名義)、(3)外交印、(4)本文構成・字配り・封上書き、(5)起草者・清書者である。

(1)年　号

年号は中国年号、日本年号、干支が使われた。[6]このうち中国年号の使用は対馬宗家による偽造・改竄の場合に限られ、[7]幕府が作成したものは全て日本年号、あるいは干支が用いられた。対馬宗家が中国年号を使用したのは、ひとえに朝鮮への受け入れられやすさを考慮した結果である。

慶長度信使(一六〇七年)来聘の際、景轍玄蘇(対馬以酊庵住持)は中国年号の使用を幕府に主張したが、起草を担当した西笑承兌は日本年号の使用を主張した。最終的には秀忠が「我国不事大明、不可用其年號、若用日本年号、則使臣必有未穏之意、莫如両去之宜当」(日本は明朝中国と事大関係にないため中国年号を用いない、しかし日本年号を記せば使臣が必ず反対するであろうからこれも用いない)といった判断を示し、[8]干支で記されることとなったのである。ここから干支の使用は秀忠の意向が反映されたものと見ることができる。[9]

寛永一二年(一六三五)に「柳川一件」が結審し、年号は日本年号に統一される。ただし、寛永一三年度家光書簡・別幅(一六三六年)、寛永二〇年度家光書簡・別幅(一六四三年)だけは年月に加えて日付までもが記された。その理由は定かではないものの、日付は書簡・別幅がそれぞれの信使に手交された日であったことが分かっている。[10]

封上書き（／は改行）	起草者	清書者	料紙							備考
			料紙名称	法量（縦×横）		折幅		折数		
				原本	控・写	原本	控・写	原本	控・写	
〔奉書／日本国王源家康（印）謹封／朝鮮国王殿下〕	対馬宗家	対馬宗家	不明	不明	｜	不明	｜	不明	｜	・田代和生『書き替えられた国書』中央公論社、1983年 ・米谷均「近世初期日朝関係における外交文書の偽造と改竄」『早稲田大学大学院文学研究科紀要　第四分冊』41、1995年
〔奉復／日本国源秀忠（印）謹封／朝鮮国王殿下〕	西笑承兌	西笑承兌	〔間合鳥子紙〕	不明	｜	不明	｜	不明	｜	・国立公文書館所蔵「朝鮮聘考（朝鮮書翰往来由来）」 ・佐々木印店所蔵「御代々御花押・御朱印・御黒印・御宝印之写　全」 ・『影印本　異国日記』東京美術、1989年
〔奉書／日本国王源秀忠（印）謹封／朝鮮国王殿下〕	対馬宗家	対馬宗家	不明	不明	｜	不明	｜	不明	｜	・荒木和憲「己酉約条の締結・施行過程と対馬の「藩営」貿易」韓日文化交流基金編『壬辰倭乱から朝鮮通信使の道へ』景仁文化社、2019年
〔奉書／日本国王源秀忠（印）謹封／朝鮮国王殿下〕	対馬宗家	対馬宗家	不明	不明	｜	不明	｜	不明	｜	・三宅英利『近世日朝関係史の研究』文献出版、1986年 ・荒木和憲「対馬宗氏の日朝外交戦術」荒野泰典・石井正敏・村井章介編『地球的世界の成立』吉川弘文館、2013年
奉復／日本国源秀忠（印）謹封／朝鮮国王殿下	以心崇伝	以心崇伝	間合鳥子紙	不明	｜	4寸程度	｜	不明	｜	・国立公文書館所蔵「朝鮮聘考（朝鮮書翰往来由来）」 ・佐々木印店所蔵「御代々御花押・御朱印・御黒印・御宝印之写　全」 ・『影印本　異国日記』東京美術、1989年 ・『通航一覧　第三』国書刊行会、1913年
〔奉復／日本国王源秀忠（印）謹封／朝鮮国王殿下〕	対馬宗家	対馬宗家（果首座〈流芳院〉）	不明	不明	｜	不明	｜	不明	｜	・池内敏「柳川一件における国書改竄問題」同『徳川幕府朝鮮外交史研究序説』清文堂出版、2024年
〔奉書／日本国王源秀忠（印）謹封／朝鮮国王殿下〕	対馬宗家	対馬宗家	不明	不明	｜	不明	｜	不明	｜	・田代和生『書き替えられた国書』中央公論社、1983年
奉復／日本国主源家光（印）謹封／朝鮮国王殿下	以心崇伝	以心崇伝	間合鳥子紙	不明	｜	4寸程度	｜	不明	｜	・国立公文書館所蔵「朝鮮聘考（朝鮮書翰往来由来）」 ・佐々木印店所蔵「御代々御花押・御朱印・御黒印・御宝印之写　全」 ・『影印本　異国日記』東京美術、1989年 ・『通航一覧　第三』国書刊行会、1913年
〔奉復／日本国王源家光（印）謹封／朝鮮国王殿下〕	対馬宗家	対馬宗家（大原縫殿助）	不明	不明	｜	不明	｜	不明	｜	・田代和生『書き替えられた国書』中央公論社、1983年
〔奉復／日本国源家光（印）謹封／朝鮮国王殿下〕	林羅山	鳳林承章	金紙	不明	｜	不明	｜	不明	｜	・国立公文書館所蔵「朝鮮聘考（朝鮮書翰往来由来）」 ・佐々木印店所蔵「御代々御花押・御朱印・御黒印・御宝印之写　全」 ・『影印本　異国日記』東京美術、1989年 ・『通航一覧　第三』国書刊行会、1913年 ・池内敏「「大君」号の歴史的性格」同『大君外交と「武威」』名古屋大学出版会、2006年
—	林羅山	鳳林承章	金紙	不明	｜	不明	｜	不明	｜	・『影印本　異国日記』東京美術、1989年 ・『通航一覧　第三』国書刊行会、1913年 ・池内敏「「大君」号の歴史的性格」同『大君外交と「武威」』名古屋大学出版会、2006年

表1　徳川将軍書簡・別幅一覧

No.	西暦	種別	名称	使節	年号・年紀	差出名義人	外交印					往信/復信文言	書止文言
							印文	種別	印影法量（縦×横）	印材	製作者		
1	1606年	偽造	徳川家康書簡	使者（井手弥六左衛門）	〔萬暦三十四年九月日〕	日本国王源家康	日本国王之印	偽造	不明	不明	対馬宗家	奉書	不明
2	1607年	真書	徳川秀忠書簡	慶長度信使（回答兼刷還使）	竜集丁未夏五月日	日本国源秀忠	源秀忠	真正	3寸×2寸9分	不明	佐々木家	奉復	不宣
3	1608年	偽造	徳川秀忠書簡	偽日本国王使（景轍玄蘇・柳川智永）	〔萬暦三十六年■月日〕	〔日本国王源秀忠〕	〔源秀忠〕	偽造	〔3寸×2寸9分〕	不明	対馬宗家	〔奉書〕	不明
4	1617年	偽造	徳川秀忠書簡	偽日本国王使（井手弥六左衛門）	〔萬暦四十五年■月日〕	〔日本国王源秀忠〕	〔源秀忠〕	偽造	〔3寸×2寸9分〕	不明	対馬宗家	〔奉書〕	不明
5	1617年	真書	徳川秀忠書簡	元和度信使（回答兼刷還使）	龍集丁巳秋九月日	日本国源秀忠	源秀忠	真正	3寸×2寸9分	不明	佐々木家	奉復	不明
6	1617年	改竄	徳川秀忠書簡	元和度信使（回答兼刷還使）	〔萬暦四十五年九月日〕	〔日本国王源秀忠〕	〔源秀忠〕	偽造	〔3寸×2寸9分〕	不明	対馬宗家	〔奉復〕	不明
7	1621年	偽造	徳川秀忠書簡	偽日本国王使	〔天啓元年■月日〕	〔日本国王源秀忠〕	〔源秀忠〕	偽造	〔3寸×2寸9分〕	不明	対馬宗家	〔奉書〕	不明
8	1624年	真書	徳川家光書簡	寛永元年度信使（回答兼刷還使）	龍集甲子冬十二月日	日本国主源家光	源忠徳	真正	3寸×2寸9分	不明	佐々木家	奉復	不宣
9	1624年	改竄	徳川家光書簡	寛永元年度信使（回答兼刷還使）	〔天啓四年十二月日〕	〔日本国王源家光〕	〔源忠徳〕	偽造	〔3寸×2寸9分〕	不明	対馬宗家（勝田孫七）	〔奉復〕	〔不宣〕
10	1636年	真書	徳川家光書簡	寛永13年度信使	寛永拾三年十二月二十七日	日本国源家光	源忠徳	真正	3寸×2寸9分	不明	佐々木家	奉復	不宣
11	1636年	真書	徳川家光別幅	寛永13年度信使	寛永十三年十二月二十七日	—	—	—	—	—	—	—	整

〔敬復／日本国源家光(印)謹封／朝鮮国王殿下〕	林羅山	最嶽元良	金紙	不明	｜	不明	｜	不明	｜	・国立公文書館所蔵「朝鮮聘考(朝鮮書翰往来由来)」 ・佐々木印店所蔵「御代々御花押・御朱印・御黒印・御宝印之写　全」 ・早稲田大学図書館所蔵「外蕃通書」 ・『通航一覧　第三』国書刊行会、1913年
―	林羅山	最嶽元良	金紙	不明	｜	不明	｜	不明	｜	・国立公文書館所蔵「朝鮮聘考(朝鮮書翰往来由来)」 ・佐々木印店所蔵「御代々御花押・御朱印・御黒印・御宝印之写　全」 ・早稲田大学図書館所蔵「外蕃通書」 ・『通航一覧　第三』国書刊行会、1913年
〔敬復／日本国源家綱(印)謹封／朝鮮国王殿下〕	林羅山	最嶽元良	金紙	不明	｜	不明	｜	不明	｜	・国立公文書館所蔵「朝鮮聘考(朝鮮書翰往来由来)」 ・佐々木印店所蔵「御代々御花押・御朱印・御黒印・御宝印之写　全」 ・早稲田大学図書館所蔵「外蕃通書」 ・『通航一覧　第三』国書刊行会、1913年
―	林羅山	最嶽元良	金紙	不明	｜	不明	｜	不明	｜	・国立公文書館所蔵「朝鮮聘考(朝鮮書翰往来由来)」 ・佐々木印店所蔵「御代々御花押・御朱印・御黒印・御宝印之写　全」 ・早稲田大学図書館所蔵「外蕃通書」 ・『通航一覧　第三』国書刊行会、1913年
敬復／日本国源綱吉(印)謹封／朝鮮国王殿下	林鳳岡	不明	金紙	1尺3寸×4尺8寸■分	40・6cm×112・2cm	3寸9分	15・1cm	12折半	7折半	・藤井斉成会有鄰館所蔵「徳川綱吉書簡控」 ・国立公文書館所蔵「朝鮮聘考(朝鮮書翰往来由来)」 ・佐々木印店所蔵「御代々御花押・御朱印・御黒印・御宝印之写　全」 ・慶應義塾図書館所蔵「天和信使記録　第六冊」 ・早稲田大学図書館所蔵「外蕃通書」 ・『通航一覧　第三』国書刊行会、1913年 ・大塚英明「藤井斉成会所蔵　朝鮮通信使関係資料について」『文化財報』58、1987年
―	林鳳岡	不明	金紙	不明	40・6cm×114・9cm	不明	14・6cm	不明	8折	・藤井斉成会有鄰館所蔵「徳川綱吉別幅控」 ・国立公文書館所蔵「朝鮮聘考(朝鮮書翰往来由来)」 ・佐々木印店所蔵「御代々御花押・御朱印・御黒印・御宝印之写　全」 ・慶應義塾図書館所蔵「天和信使記録　第六冊」 ・早稲田大学図書館所蔵「外蕃通書」 ・『通航一覧　第三』国書刊行会、1913年 ・大塚英明「藤井斉成会所蔵　朝鮮通信使関係資料について」『文化財報』58、1987年
奉復／朝鮮国王殿下	新井白石	佐々木万次郎	無地鳥子紙	不明	50・7cm×101・6cm	不明	｜	不明	10折	・九州国立博物館所蔵「徳川家宣書簡写」 ・国立公文書館所蔵「朝鮮聘考(朝鮮書翰往来由来)」 ・佐々木印店所蔵「御代々御花押・御朱印・御黒印・御宝印之写　全」 ・早稲田大学図書館所蔵「外蕃通書」 ・『通航一覧　第三』国書刊行会、1913年 ・武田勝蔵「正徳信使改礼の教諭原本に就て」『史林』10-4、1925年
―	新井白石	佐々木万次郎	無地鳥子紙	不明	48・3cm×64・7cm	不明	｜	不明	7折	・九州国立博物館所蔵「徳川家宣別幅写」 ・国立公文書館所蔵「朝鮮聘考(朝鮮書翰往来由来)」 ・佐々木印店所蔵「御代々御花押・御朱印・御黒印・御宝印之写　全」 ・早稲田大学図書館所蔵「外蕃通書」 ・『通航一覧　第三』国書刊行会、1913年 ・武田勝蔵「正徳信使改礼の教諭原本に就て」『史林』10-4、1925年
敬復／日本国源吉宗(印)謹封／朝鮮国王殿下	林榴岡	不明	金紙	1尺3寸4分×3尺5寸	(40・6cm×92・4cm)	4寸5分(文書奥)↓2寸4分(合衿)	｜	7折	7折半	・東京国立博物館所蔵「徳川吉宗書簡写」　※2種類あり ・国立公文書館所蔵「朝鮮聘考(朝鮮書翰往来由来)」 ・佐々木印店所蔵「御代々御花押・御朱印・御黒印・御宝印之写　全」 ・国史編纂委員会所蔵「享保信使記録　国書幷別幅之写往復卅三」 ・早稲田大学図書館所蔵「外蕃通書」 ・『通航一覧　第三』国書刊行会、1913年

12	1643年	真書	徳川家光書簡	寛永20年度信使	寛永二十年八月三日	日本国源家光	源忠徳	真正	3寸×2寸9分	不明	佐々木家	敬復	不宣
13	1643年	真書	徳川家光別幅	寛永20年度信使	寛永二十年八月三日	日本国源家光	源忠徳	真正	3寸×2寸9分	不明	佐々木家	｜	計
14	1655年	真書	徳川家綱書簡	明暦度信使	明暦元年乙未十月日	日本国源家綱	源忠直	真正	3寸×2寸9分	不明	佐々木家	敬復	不宣
15	1655年	真書	徳川家綱別幅	明暦度信使	明暦元年乙未十月日	日本国源家綱	源忠直	真正	3寸×2寸9分	不明	佐々木家	｜	整
16	1682年	真書	徳川綱吉書簡	天和度信使	天和二年壬戌九月日	日本国源綱吉	源忠敬	真正	3寸×2寸9分	不明	佐々木家	敬復	不宣
17	1682年	真書	徳川綱吉別幅	天和度信使	天和二年壬戌九月日	日本国源綱吉	源忠敬	真正	3寸×2寸9分	不明	佐々木家	｜	整
18	1711年	真書	徳川家宣書簡	正徳度信使	正徳元年辛卯十一月日	日本国王源家宣	文命之宝	真正	3寸×3寸	金	佐々木家	奉復	不備
19	1711年	真書	徳川家宣別幅	正徳度信使	正徳元年辛卯十一月日	日本国王源家宣	文命之宝	真正	3寸×3寸	金	佐々木家	｜	整
20	1719年	真書	徳川吉宗書簡	享保度信使	享保四年己亥十月日	日本国源吉宗	源	真正	3寸×2寸9分	不明	佐々木家	敬復	不備

—	林榴岡	不明	金紙	不明	〔40.9cm×104.7cm〕	4寸3分(文書奥)↓4寸4分(文書袖)	—	7折	8折	・東京国立博物館所蔵「徳川吉宗別幅写」※2種類あり ・国立公文書館所蔵「朝鮮聘考(朝鮮書翰往来由来)」 ・佐々木印店所蔵「御代々御花押・御朱印・御黒印・御宝印之写　全」 ・国史編纂委員会所蔵「享保信使記録　国書幷別幅之写往復卌三」 ・早稲田大学図書館所蔵「外蕃通書」 ・『通航一覧　第三』国書刊行会、1913年
敬復／日本国源家重(印) 謹封／朝鮮国王殿下	林榴岡	不明	金紙	不明	51.1cm×92.1cm	不明	12.8cm	不明	7折半	・早稲田大学図書館所蔵「徳川家重書簡写」※2種類あり ・国立公文書館所蔵「朝鮮聘考(朝鮮書翰往来由来)」 ・佐々木印店所蔵「御代々御花押・御朱印・御黒印・御宝印之写　全」 ・慶應義塾図書館所蔵「延享信使記録　第二十一冊」 ・早稲田大学図書館所蔵「外蕃通書」 ・『通航一覧　第三』国書刊行会、1913年
—	林榴岡	不明	金紙	不明	40.3cm×106.6cm	不明	13.2cm	不明	8折	・藤井斉成会有鄰館所蔵「徳川家重別幅控」 ・国立公文書館所蔵「朝鮮聘考(朝鮮書翰往来由来)」 ・佐々木印店所蔵「御代々御花押・御朱印・御黒印・御宝印之写　全」 ・慶應義塾図書館所蔵「延享信使記録　第二十一冊」 ・早稲田大学図書館所蔵「外蕃通書」 ・『通航一覧　第三』国書刊行会、1913年 ・大塚英明「藤井斉成会所蔵　朝鮮通信使関係資料について」『文化財報』58、1987年
敬復／日本国源家治(印) 謹封／朝鮮国王殿下	林鳳谷	不明	金紙	不明	40.6cm×105.5cm	不明	14.1cm	不明	7折半	・藤井斉成会有鄰館所蔵「徳川家治書簡控」 ・早稲田大学図書館所蔵「徳川家治書簡写」※前後欠ヵ ・国立公文書館所蔵「朝鮮聘考(朝鮮書翰往来由来)」 ・佐々木印店所蔵「御代々御花押・御朱印・御黒印・御宝印之写　全」 ・慶應義塾図書館所蔵「宝暦信使記録下書　第九冊」 ・早稲田大学図書館所蔵「外蕃通書」 ・『通航一覧　第三』国書刊行会、1913年 ・大塚英明「藤井斉成会所蔵　朝鮮通信使関係資料について」『文化財報』58、1987年
—	林鳳谷	不明	金紙	不明	40.3cm×104.1cm	不明	13.0cm	不明	8折	・藤井斉成会有鄰館所蔵「徳川家治別幅控」 ・国立公文書館所蔵「朝鮮聘考(朝鮮書翰往来由来)」 ・佐々木印店所蔵「御代々御花押・御朱印・御黒印・御宝印之写　全」 ・慶應義塾図書館所蔵「宝暦信使記録下書　第九冊」 ・早稲田大学図書館所蔵「外蕃通書」 ・『通航一覧　第三』国書刊行会、1913年 ・大塚英明「藤井斉成会所蔵　朝鮮通信使関係資料について」『文化財報』58、1987年
敬復／日本国源家斉(印) 謹封／朝鮮国王殿下	林述斎	屋代弘賢	金紙	1尺2寸7分×3尺1寸	51.1cm×90.5cm	4寸1分(文書奥)↓2寸余(合衿)	12.2cm	7折半	7折半	・外務省外交史料館所蔵「徳川家斉書簡控」 ・慶應義塾図書館所蔵「文化信使記録 江戸留書 第六冊」 ・『影印本　津島日記(草場珮川日記別巻)』西日本文化協会、1978年 ・『通航一覧　第三』国書刊行会、1913年
—	林述斎	屋代弘賢	金紙	1尺2寸7分×3尺	49.3cm×119.3cm	3寸7分	12.0cm	8折	8折	・外務省外交史料館所蔵「徳川家斉別幅控」 ・慶應義塾図書館所蔵「文化信使記録 江戸留書 第六冊」 ・『影印本　津島日記(草場珮川日記別巻)』西日本文化協会、1978年 ・『通航一覧　第三』国書刊行会、1913年

「—」は存在しないことを、「■」「不明」は判明しないことを表す。〔　〕は著者の推定

21	1719年	真書	徳川吉宗別幅	享保度信使	享保四年己亥十月日	日本国源吉宗	源	真正	3寸×2寸9分	不明	佐々木家	｜	整
22	1748年	真書	徳川家重書簡	寛延度信使	延享五年戊辰六月日	日本国源家重	源表正	真正	9.17㎝×9.17㎝	不明	佐々木家	敬復	不備
23	1748年	真書	徳川家重別幅	寛延度信使	延享五年戊辰六月日	日本国源家重	源表正	真正	9.17㎝×9.17㎝	不明	佐々木家	｜	整
24	1764年	真書	徳川家治書簡	明和度信使	宝暦十四年甲申三月日	日本国源家治	源寛裕	真正	不明	不明	佐々木家	敬復	不備
25	1764年	真書	徳川家治別幅	明和度信使	宝暦十四年甲申三月日	日本国源家治	源寛裕	真正	不明	不明	佐々木家	｜	整
26	1811年	真書	徳川家斉書簡	文化度信使	文化八年辛未五月日	日本国源家斉	克綏厥猷	真正	9.4㎝×9.3㎝	銀	浜村蔵六	敬復	不備
27	1811年	真書	徳川家斉別幅	文化度信使	文化八年辛未五月日	日本国源家斉	克綏厥猷	真正	9.4㎝×9.3㎝	銀	浜村蔵六	｜	整

（2）自称（差出名義）

自称（差出名義）はおよそ書簡に三ヶ所、別幅に一ヶ所示される。内容は大きく「日本国源某」「日本国王源某」に分けることができるが、後者の大半は対馬宗家の偽造・改竄によるものであって、幕府が唯一「王」字を使って作成したのは正徳度家宣書簡・別幅（一七一一年）だけである。「王」字が忌避されたのは、①足利将軍時代以来の伝統、②一七世紀の東アジア世界では一地方権力を指す言葉に過ぎなかったため、であろう。(11)

また幕府が作成した寛永元年度家光書簡（一六二四年）には「日本国主源家光」と記された。元々「日本国源家光」とされていたものを、規伯玄方（対馬以酊庵住持）の要請を一部受け入れるかたちで、起草者の以心崇伝が書き改めたものである。(12) ここから必ずしも自称（差出名義）が「日本国源某」だけではなかったことが明らかだろう。ただこれでも寛永元年度信使（一六二四年）は受領しなかったことから、対馬宗家によって「日本国王源家光」と改竄されるに至った。

このように対馬宗家による改竄は「日本国源某」に「王」字を書き加えたり、「主」字の点部分を削って「王」字としたりするものであったが、実際の自称（差出名義）に「王」字を書き加えられるほどの余裕はなく、(13) また中国年号に改めていた事実をも考慮すれば、料紙もろとも作り変えられていたことが分かる。偽造は勿論、改竄においても対馬宗家は書簡・別幅全体を作り変えていたのである。(14)

（3）外　交　印

外交印に関しては以前まとめたことがある。(15) 将軍は基本的に佐々木家（幕府御用達職人）が製作した縦三寸×横二寸九分に整えられた外交印を使用していたのであり、家康・秀忠を除いては印文に諱（実名）を刻むことがなかった。外交印は家康所有と伝わる「源忠恕」印に範をとったもの、と林家は説明するが、その真偽は定かではない。(16)

それ以外の外交印として「日本国王之印」印、「文命之宝」印、「源」印、「克綏厥猷」印がある。「日本国王之印」印は朝鮮との講和交渉の際に対馬宗家が送った偽造家康書簡（一六〇六年）に捺されたものである。同印の使用に疑念を持った慶長度信使（一六〇七年）に対して景轍玄蘇は、豊臣秀吉に送られた明朝中国の冊封使が置き去りにしたもの、と弁明するが、(17)秀吉の「日本国王之印」印が対馬宗家に伝わったとは考えにくいことから、書簡もろとも「日本国王之印」印も偽造されたものだったのだろう。同家による偽造・改竄はこの後も続くことから、秀忠所有の「源秀忠」印、家光所有の「源忠徳」印も偽造された可能性がある。(18)

「文命之宝」印は正徳度家宣書簡・別幅（一七一一年）に捺された外交印である。同印の製作に関与した新井白石は、①家光・家綱・綱吉外交印が何故「忠徳」「忠直」「忠敬」の文字を刻むのかが分からないこと、②足利将軍も代々統一的な外交印を用いてきたこと、(19)③将軍代替ごとに外交印を改めていては朝鮮側から不審を被る可能性があること、といった理由から、これまで外交印に関与してきた林家を批判し、将軍が代々用いる「伝国の御宝」構想を「殊号事略」の中で展開した。この「伝国の御宝」こそが佐々木家が製作した「文命之宝」印であり、「書経」の一節より印文が取られた。(20)一方で白石は釜屋山城（篆刻家ヵ）に「教命之宝」印の製作も命じており、(21)将軍が代々用いる国内向けの印章として定着させようとした可能性が高い。しかし吉宗が将軍に就任すると、こうした流れに変化が生じる。林家の復帰に伴い、「源」印が吉宗外交印として採用されたからである。(22)以降の家重・家治外交印もそれぞれ「源表正」印、「源寛裕」印であったことを考えれば、「伝国の御宝」構想が潰えていたことが分かる。

「克綏厥猷」印は文化度家斉書簡・別幅（一八一一年）に捺されたものである。林述斎立会いのもと、幕府細工所において浜村蔵六（篆刻家）が製作したことが知られており、印文「克綏厥猷」は「克《よ》く厥《そ》の猷《みち》を綏《やす》んず」と訓読する。それまで外交印の印文が事前に対馬宗家に知らされることはなかったが、文化度信使（一八一一年）の来聘直前に幕府から印文が「克綏厥猷」である旨が伝えられた[23]。理由はこれまでの三字印から四字印に変更されたことにあったろう。幕府としては朝鮮側の反応を気にしていたようで、将軍書簡・別幅に「克綏厥猷」印を突くことを事前に通知するよう対馬宗家に命じている。対馬宗家としてはそこまで気にする必要はないと思いながらも、幕府の指示に従って四字印である旨を朝鮮側へ伝えた。印文が「克綏厥猷」に変更された理由ははっきりとしていないが[24]、幕府が書簡・別幅の円滑な交換を意図していたことは明らかだろう。

ところで、書簡は元和度秀忠書簡（一六一七年）の場合、朝鮮国王書簡が読み上げられてまもなくに崇伝が書簡案二通を完成させ、秀忠の上覧に入れている[25]。文章の短い方を採用すべきことが秀忠より伝えられたことから、崇伝は翌々日には清書を提出した。また寛永元年度家光書簡（一六二四年）は朝鮮国王書簡が読み上げられたその日のうちに崇伝が書簡案作成の命令を受け、翌日には完成させている[26]。大御所秀忠→将軍家光の順で上覧がなされ、内藤忠重（幕府本丸年寄）が御前より持ち出した家光外交印＝「源忠徳」印が朝鮮通信使への手交当日に捺された。捺印後の上覧は逆順でなされたが、同時期に作成された安南国宛て書簡の事例をも参照すれば、順序よりは二人の上覧を受けることに意味があったのだろう[27]。さらに白石が起草した正徳度家宣書簡・別幅（一七一一年）は手交される前日まで「文命之宝」印が捺されていなかった。精進日が続いていたためで、白石は「明十一日、御印相済候筈ニ候、御印未相済候内ハ、御返翰未成就不致候同前ニ候」といった見解を示している[28]。以上から外交印の捺印は手交直前までなされていなかったこと[29]、上覧がなされて初めて将軍書簡・別幅たり得たこと、が分かる。大御所秀忠の上覧も必要とされていたことを踏まえれば、将軍書簡・別幅の完成に一定程度の影響力を持っていたことも理解できよう。

（4）本文構成・字配り・封上書き

将軍書簡には一定の本文構成が存在した。すなわち、朝鮮国王書簡を送ってきた厚意に対して忝く思う辱書部、安否を気遣う起居部幷欣喜、本題の入事部、贈物を謝する感慰部、返礼を述べる回礼部、締め括りを行う結尾部といった具合である[30]。これらは受領した朝鮮国王書簡に対応していたわけだが、実際は削られたり、新たな文章が挿入されたりして増減するものであった。全て漢文で書かれ、敬意を表すための細字・楷書体が用いられた[31]。

一方で字配りに関しても配慮がなされていた[32]（【図1】）。将軍書簡は朝鮮国王書簡の返書として作成されたことから、返信を意味する復信文言「拝復」「奉復」「敬復」が用いられたのである[33]。また書止文言には書簡の場合「不宣」「不備」、別幅の場合には「整」「計」が用いられた。正徳度家宣書簡（一七一一年）を機に「不宣」から「不備」へと切り替わっているが、その理由は「不宣」の「宣」字と、家宣の「宣」字が重なることを幕府が嫌ったためであった[34]。

完成した書簡・別幅は崇伝の言葉を借りれば、奥から「ヒタ〳〵」と巻かれ[35]、最後に折幅の半分だけが残る部分（合衿《ごうきん》）を表にして折り留められる。封上書きは右上に往信／復信文言、左上に宛名＋敬称、合衿に自称（差出名義）＋外交印＋「謹封」字（上所）が施された[36]（【図2】）。しかし、白石が起草した正徳度家宣書簡（一七一一年）は合衿がなく、封上書きも復信文言（右上）と宛名＋敬称（左上）が示されただけであった[37]。こうした変更は正徳度信使（一七一一年）の反発を招くも、白石は最後まで改めることをしなかった。

そして別幅の方には元々封上書きはなされない。「ヒタ〳〵」と巻かれるも、折幅が均一で、合衿が出現しない構造となっているからである。加えて別幅自体、書簡と併せて発給されるものであったから、封上書きをわざわざ施す必要がなかったのだろう。この点は書簡（正幅・本幅とも）と別幅（別紙の贈品目録）といった本来的な関係性に規定

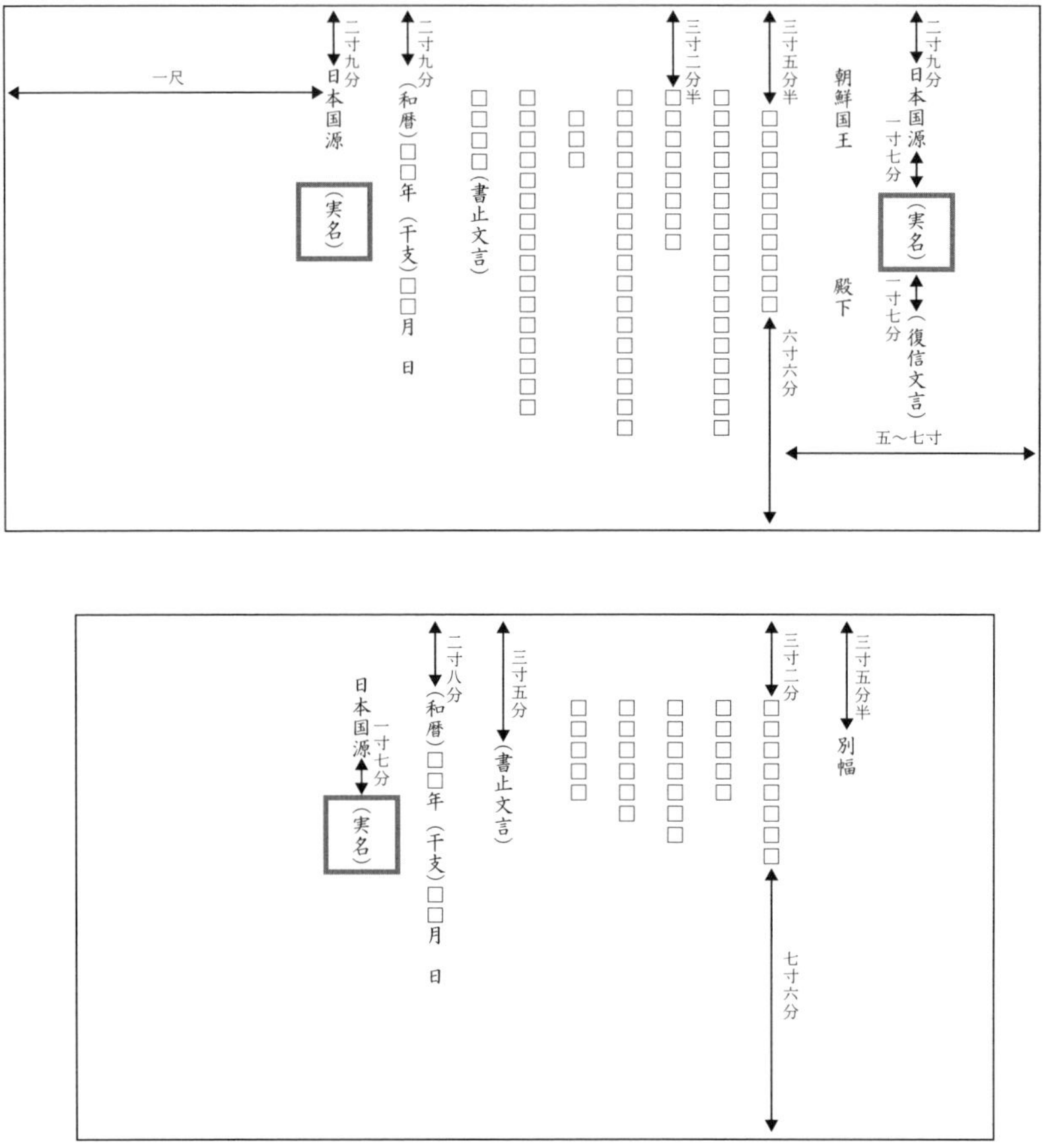

図１　徳川将軍書簡（上）・別幅（下）の字配り

国史編纂委員会所蔵「對馬島宗家文書」記録類419、『通航一覧　第三』（国書刊行会、1913年）をもとに作成

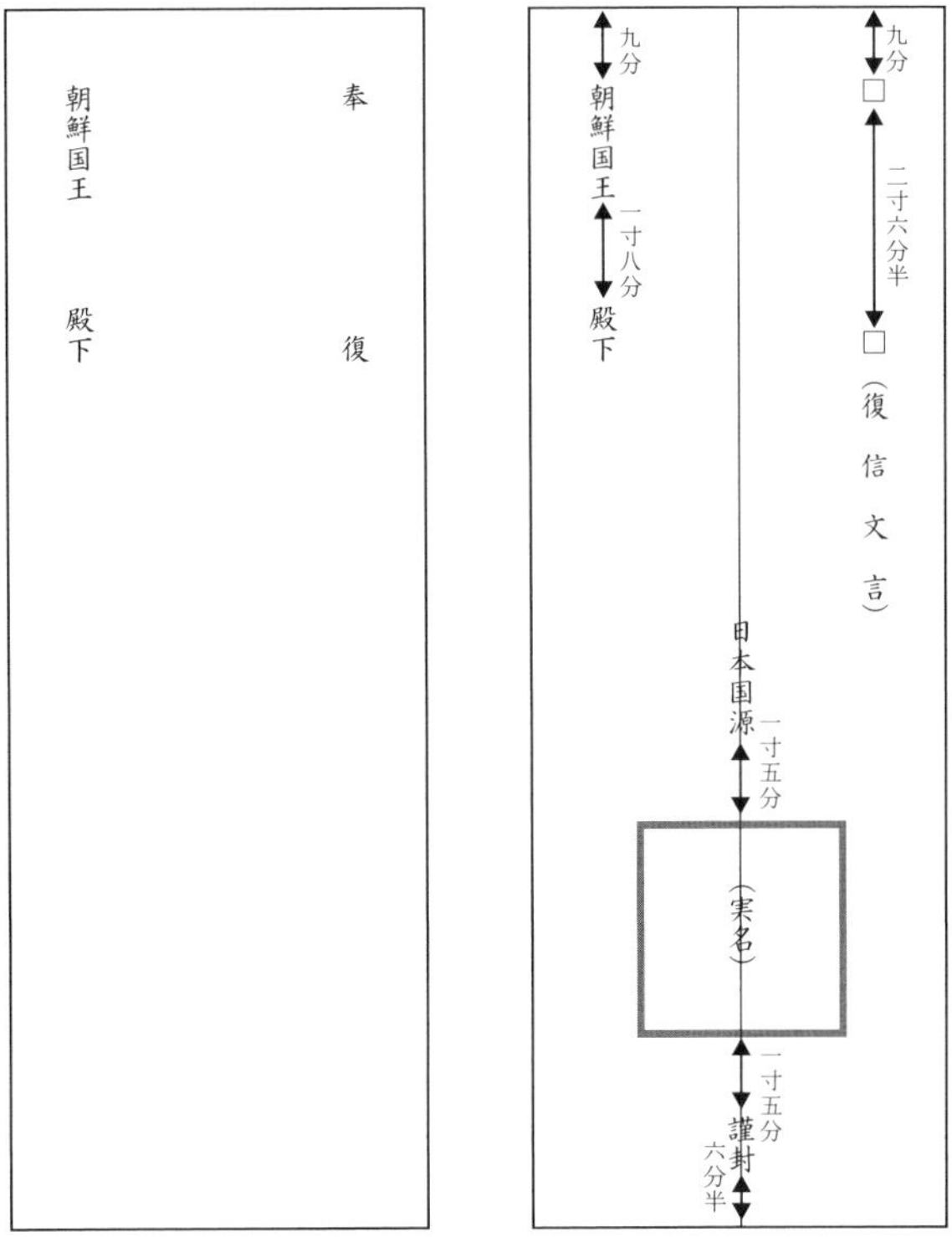

図2　徳川将軍書簡の封式
正徳度（左）とそれ以外（右）

慶應義塾図書館所蔵「宗家記録」91・3・145・41・39、国史編纂委員会所蔵「對馬島宗家文書」記録類419、『通航一覧　第三』（国書刊行会、1913年）をもとに作成

されたものであったと言うことができる。

（5）起草者・清書者

起草者とは書簡案・別幅案を書く人物、清書者とは案に従って書簡・別幅を完成させる人物のことを指す。【表1】起草者・清書者欄に「対馬宗家」とあるのは、同家による偽造・改竄が行われていたためである。幕府作成のもので

は慶長度秀忠書簡（一六〇七年）の起草者が西笑承兌、元和度秀忠書簡（一六一七年）、寛永元年度家光書簡（一六二四年）が以心崇伝で、寛永一三年度家光書簡・別幅（一六三六年）以降、林家に統一されるも、正徳度家宣書簡・別幅（一七一一年）だけは新井白石が起草している。

一方で清書者は必ずしも明確ではない。慶長度秀忠書簡（一六〇七年）、元和度秀忠書簡（一六一七年）、寛永元年度家光書簡（一六二四年）が起草者と同じ、寛永一三年度家光書簡・別幅（一六三六年）が鳳林承章[38]（相国寺住持）、寛永二〇年度家光書簡・別幅（一六四三年）、明暦度家綱書簡・別幅（一六五五年）が最嶽元良（南禅寺金地院主）、正徳度家宣書簡・別幅（一七一一年）が佐々木万次郎（幕府右筆）、文化度家斉書簡・別幅（一八一一年）が屋代弘賢[39]（幕府勘定格奥右筆詰）である。判断するに乏しいが、崇伝の死に伴って林羅山が起草者に抜擢されるも、禅僧との関係性が清書者として継続していたことも読み取れる[40]。幕府右筆が清書者として台頭してくる理由は分からない。

二　徳川将軍書簡・別幅の形態

続いて本節では将軍書簡・別幅の形態に着目する。取り上げるのは、(1)料紙、(2)寸法・折幅・折数、(3)収納である。

(1)料　紙

料紙は「間合鳥子紙」か「金紙」が用いられた。元和度秀忠書簡（一六一七年）、寛永元年度家光書簡（一六二四年）は「間合鳥子紙」の表面に金泥で松竹・松梅が描かれ、裏面には金銀切箔・揉箔があしらわれた[41]。現在これらの書簡を実際に確認することはできないが、①文禄二年（一五九三）一一月二日付の小琉球宛て豊臣秀吉書簡、②文禄二年（一五九三）一一月五日付の高山国宛て豊臣秀吉書簡が参考になる。すなわち、①が厚手鳥子紙に銀泥で雲・梅花・菊花・芒の下絵を配し、②が厚手鳥子紙に金銀泥で満面の桜花を下絵とした装飾料紙だったからである。(42) ①がイタリア国立マルチャーナ図書館、②が公益財団法人前田育徳会に現存する。幕府は秀吉書簡に倣って将軍書簡を仕立てていた可能性がある。(43)

一方で寛永一三年度家光書簡・別幅（一六三六年）以降は「金紙」が用いられている。「金紙」とは表面に金銀切箔・野毛を散らし、山雲を金銀砂子霞引で表現、裏面に金銀砂子霞引に金銀切箔を散らした煌びやかな装飾料紙（地は鳥子紙）のことである。(44) 装飾した雁皮系料紙といった意味においては「間合鳥子紙」も「金紙」と変わらないのであるが、両者は見栄えといった点で大きく異なっている。そもそも対馬宗家による偽造・改竄を可能にしたのは「間合鳥子紙」の簡素さにあっただろう。朝鮮側は慶長度秀忠書簡（一六〇七年）＝真書の受領によって将軍書簡の形態をある程度把握できていたにもかかわらず、その後も偽造・改竄書簡を受け取り続けたのである。

このことは偽造・改竄書簡が原本に近いかたちで作成されていたことを意味する。(45) 「間合鳥子紙」から「金紙」への変更が「柳川一件」を境にしていることを考慮すれば、(46) より煌びやかな装飾を施すことで偽造・改竄防止の手立てがとられたものとも考えることができる。ただ後述するように偽造・改竄とは直接関係のなかった「箱」なども変更されており、ただちに偽造・改竄防止策であったと結論するわけにはいかない。全ての変更を踏まえたうえで総体的な評価をくだす必要があるだろう。(47) ちなみに「金紙」は文化度家斉書簡・別幅（一八一一年）のものの値段が知られており、一枚あたり八両であった。(48)

「金紙」が用いられる中、正徳度家宣書簡・別幅（一七一一年）は「金紙」ではなかった。厚手鳥子紙ではあったものの、装飾の一切ない素紙が用いられたからである。「通航一覧」には「正徳元年（一七一一年）にはこれらの事も我国の古式を用ひられて、鳥の子の紙の絵箔抔もなきを用ひられ、…」と記されている。[49]ここから白石が「我国の古式」に則ったかたちで料紙などを改めていた様子が窺える。しかし「我国の古式」自体、自明ではない。それを考えるヒントが外交印にはある。

白石は「殊号事略」の中で「文命之宝」印を将軍が代々用いる外交印として位置付けようとした。その理由の一つとして掲げたのが、足利将軍が代々統一的な外交印を用いてきたという歴史的な事実であった。白石はそれに倣って「文命之宝」印を正徳度家宣書簡・別幅（一七一一年）に使って見せた。しかしだからと言って、「我国の古式」＝足利将軍時代にはならない。なぜなら足利将軍時代に作成された朝鮮国王宛て書簡は正徳度家宣書簡（一七一一年）とは全く様式が異なっていたし、[50]料紙も鳥子紙ではなかった可能性があるからである。[51]以上を踏まえると、「我国の古式」とはある特定の時期を指していたのではなく、過去の事例から白石が都合よく選び取って総合したもの、と考えた方がよい。正徳度家宣書簡・別幅（一七一一年）を構成する一つひとつの根拠を特定することは困難だが、同書簡・別幅は白石が理想とするあるべき姿が具現化されたものであったと言うことができる。

その正徳度家宣書簡・別幅（一七一一年）の写が九州国立博物館所蔵「対馬宗家文書」に伝来する。[52]精巧に作られているように見えるが、①書簡に封上書きがなく、別幅の封上書きに「寸法・折方・書様共ニ不審」といった墨書があること、②「文命之宝」印が捺されずに描かれていること、③料紙が鳥子紙ではなく楮紙であること、といった理由から、精巧な控ではないと判断することができる。特に墨書の内容から正徳度家宣書簡・別幅（一七一一年）がいかに異例であったのかが窺え、朝鮮通交を担う対馬宗家として文書・記録に残しておくことこそが重要であったと考えられる。しかし、吉宗が将軍襲職を果たしたことで、白石が理想とした将軍書簡・別幅は継承されることなく潰えてしまうのである。

（2）寸法・折幅・折数

原本が確認されていないために寸法・折幅・折数が知られることはない。それでも精巧な控や作成に係る文書・記録によってこれらが判明する場合があり、その情報は【表1】に区別して示すことにした。まず寸法に関して当時の尺寸表記と現在のセンチ表記を単純比較することはできない。それでもなお示すとすれば、およそ書簡は縦四〇～五〇センチ程度×横九〇～一一〇センチ程度、別幅は縦四〇～五〇センチ程度×横六〇～一二〇センチ程度であったことが分かる。横寸法の想定範囲が広いが、これは本文の長さによって変化するためである。また【表1】を見ると、天和度綱吉書簡（一六八二年）は横寸法が、文化度家斉書簡（一八一一年）は縦・横寸法ともに精巧な控とは大きく異なっている。精巧な控は原本を忠実に再現したものであったから[53]、作成に係る文書・記録の方に誤りがあると見るべきだろう。

続いて折幅は書簡・別幅ともにおよそ一二～一五センチ（合衿はその半分）、折数は書簡が七折半、別幅が八折であった。ただし、折幅に関しては文書奥から巻き込み式で折り畳んでいくため、文書袖に向かうにつれ少しずつ幅が広くなっていくこと、作成に係る文書・記録上に折幅の記載があったとしてもどの部分を計測したものなのかが分からないこと、といった点に注意を要する。一方で折数にある「半」とは合衿を半折と数えるためである。ゆえに元々合衿を持たない別幅や正徳度家宣書簡（一七一一年）は「半」の記載がない。享保度吉宗書簡・別幅（一七一九年）はともに「七折」となっているが、この要領で数え上げれば書簡は七折半、別幅は八折となろう。また天和度綱吉書簡（一六八二年）は折幅三寸九分であったのに対して精巧な控の折幅は一五・一センチ、折数は一二折半であったのに対

二重目の箱								三重目の箱	備考
漆櫃鎖以黄金鑰	⇒	―	⇒	―	⇒	―	⇒	―	・『朝鮮群書大系続々第四輯　海行摠載　二』朝鮮古書刊行会、1914年
うは家	⇒	―	⇒	―	⇒	―	⇒	―	・『影印本　異国日記』東京美術、1989年 ・『通航一覧　第三』国書刊行会、1913年
上家	⇒	ふくさ物	⇒	檜の台	⇒	―	⇒	―	・『影印本　異国日記』東京美術、1989年 ・『通航一覧　第三』国書刊行会、1913年
桐之箱	⇒	―	⇒	台 桧木台	⇒	―	⇒	―	・国史編纂委員会所蔵「寛永年中信使来聘記」 ・東京国立博物館所蔵「寛永丙子信使記録　六」
―	⇒	―	⇒	台	⇒	―	⇒	―	・『通航一覧　第三』国書刊行会、1913年
―	⇒	―	⇒	―	⇒	―	⇒	―	―
外箱	⇒	―	⇒	―	⇒	―	⇒	―	・慶應義塾図書館所蔵「天和信使記録　第六冊」 ・『通航一覧　第三』国書刊行会、1913年
―	⇒	―	⇒	―	⇒	―	⇒	―	・『通航一覧　第三』国書刊行会、1913年
外箱	⇒	風呂鋪	⇒	―	⇒	―	⇒	―	・国史編纂委員会所蔵「享保信使記録　国書幷別幅之写往復卅三」 ・『通航一覧　第三』国書刊行会、1913年
野郎蓋之箱	⇒	浅黄羽二重 錦入服紗	⇒	台	⇒	繕付浅黄 羽二重袷	⇒	白木上桐箪 笥様之箱	・慶應義塾図書館所蔵「延享信使記録 第二十一冊」
〔外箱〕	⇒	〔風呂鋪〕	⇒	―	⇒	―	⇒	―	・慶應義塾図書館所蔵「国書幷別幅御往復附り御老中御所司と礼曹書翰別幅御往復之覚書　絵図之分ハ延享記録之写也」
二重筥黒漆	⇒	―	⇒	―	⇒	―	⇒	―	・慶應義塾図書館所蔵「文化信使記録　江戸留書第六冊」 ・『影印本　津島日記（草場珮川日記別巻）』西日本文化協会、1978年

全て真書。「―」は判明しないことを表す。〔　〕は著者の推定

して精巧な控の折数は七折半である。これらも文書・記録の方に誤りがあったと見るべきだろう。

（3）収　納

完成した将軍書簡・別幅は、たとえば朝鮮国王書簡・別幅が朱漆龍瑞雲文金泥絵箱に収められたように[54]、何らかの収納段階を経て朝鮮通信使へ渡された。【表2】は将軍書簡・別幅がいかに収められていたのかを、一重目の箱に注目して整理したものである。全ての収納段階を網羅できているわけではないが、傾向を摑むには十分であろう。

まず将軍書簡・別幅は一重目の箱に収められるまでにいくつかの段階を経た。元和度秀忠書簡（一六一七年）は糊で直封がなされていたが[55]、そのほかの書簡・別幅がそうであったのかは分からない。将軍書簡・別幅本体に

表２　徳川将軍書簡・別幅の収納段階

西暦	名称								一重目の箱			
1607年	徳川秀忠書簡	⇒	—	⇒	—	⇒	—	⇒	黄金画櫃	⇒	五采錦袱	⇒
1617年	徳川秀忠書簡	⇒	直に封する（直封）	⇒	上包	⇒	—	⇒	文箱	⇒	—	⇒
1624年	徳川家光書簡	⇒	架籠	⇒	間合鳥子紙	⇒	大高檀紙	⇒	書箱	⇒	唐織の袋	⇒
1636年	徳川家光書簡・別幅	⇒	—	⇒	—	⇒	大高之紙	⇒	銀之箱 惣銀ニ而毛彫ホ有之	⇒	唐織袋 紫之絹之袋	⇒
1643年	徳川家光書簡・別幅	⇒	—	⇒	—	⇒	唐紙	⇒	銀乃箱	⇒	—	⇒
1655年	徳川家綱書簡・別幅	⇒	—	⇒	—	⇒	—	⇒	—	⇒	—	⇒
1682年	徳川綱吉書簡・別幅	⇒	—	⇒	—	⇒	—	⇒	銀箱	⇒	御書簡袋	⇒
1711年	徳川家宣書簡・別幅	⇒	—	⇒	上包	⇒	—	⇒	書函	⇒	—	⇒
1719年	徳川吉宗書簡・別幅	⇒	—	⇒	包紙	⇒	帙	⇒	銀之箱	⇒	—	⇒
1748年	徳川家重書簡・別幅	⇒	—	⇒	包紙	⇒	—	⇒	銀御箱	⇒	錦箱袋	⇒
1764年	徳川家治書簡・別幅	⇒	—	⇒	〔包紙〕	⇒	〔帙〕	⇒	〔銀之箱〕	⇒	—	⇒
1811年	徳川家斉書簡・別幅	⇒	—	⇒	包紙	⇒	書簡袋	⇒	銀函	⇒	—	⇒

関わる行為としては、寛永元年度家光書簡（一六二四年）が架籠（封筒）に入っていたことが知られるくらいのものだからである。[56]次に包紙の段階だが、将軍書簡・別幅料紙同様の装飾料紙が用いられた。たとえば、元和度秀忠書簡（一六一七年）包紙は菊花を描き、金銀切箔をあしらった装飾料紙であったし[57]、享保度吉宗書簡・別幅（一七一九年）包紙は金銀砂子・金銀切箔・青箔をあしらった装飾料紙であった[58]。文化度家斉書簡・別幅（一八一一年）が包紙に収められ、上下を後方に折り返していたことを考えると[59]、将軍書簡・別幅は「奉書包」されるものだったのだろう。包紙に収められた後は大高檀紙・唐紙・帙・書簡袋のいずれかの段階を経た。

　こうして将軍書簡・別幅は一重目の箱に収められる。しかし、その箱も「柳川一件」を機に「銀箱」（惣稲妻文毛彫銀箱）へと変化していた（本章註46参照）。以前の箱は慶長度信使（一六〇七年）が「黄金画櫃」と表現したように、[60]梨子地に高蒔絵をあしらった銀鐶紅緒書箱であった。これは小琉球宛て秀吉書簡が収められた箱と同様のものであり、[61]箱も秀吉時代のものが踏襲されていたことが分かる。

さて、将軍書簡・別幅は二重目の箱に入れられる前にもう一段階を経た。寛永元年度家光書簡（一六二四年）は一重目の箱に収められた後に「唐織の袋」に入れられていたし、[62]天和度綱吉書簡・別幅（一六八二年）も「銀箱」収納後に御書簡袋が用意されていた。[63]このほか服紗や錦箱袋の場合もあったようだが、以上は全て装飾が施された一重目の箱を保護するためのものであったと考えたい。二重目の箱も外面は黒漆でありながら内面に梨子地が施されていたことを踏まえれば、これらの袋や服紗は一重目の箱との接触・衝突を回避する緩衝材の役割を果たしていたことになる。

その二重目の箱も服紗か風呂敷に包まれた状態で台の上に載せられた。将軍書簡・別幅の収納段階はここまでしか示されないことが多いが、寛延度家重書簡・別幅（一七四八年）に関しては以降の収納段階にまで言及がなされている。すなわち、台に載せられた二重目の箱は台ごと「縉付浅黄羽二重袷」で覆われた後に、「白木上桐箪笥様之箱」に収められ、鍵がかけられたようである。[64]

以上、将軍書簡・別幅は、包紙→大高檀紙（唐紙・帙・御書簡袋の場合も）→一重目の箱（「黄金画櫃」「銀箱」）→唐織袋（服紗・御書翰袋・錦箱袋の場合も）→二重目の箱→服紗（風呂敷の場合も）→台→浅黄羽二重袷→三重目の箱（白木上桐箪笥）の段階を経て、朝鮮通信使へ渡された（【図3】）。これらは基本的に秀吉時代のものを踏襲していたと考えられるが、「柳川一件」を機に若干の変更が加えられた点も見逃せない。

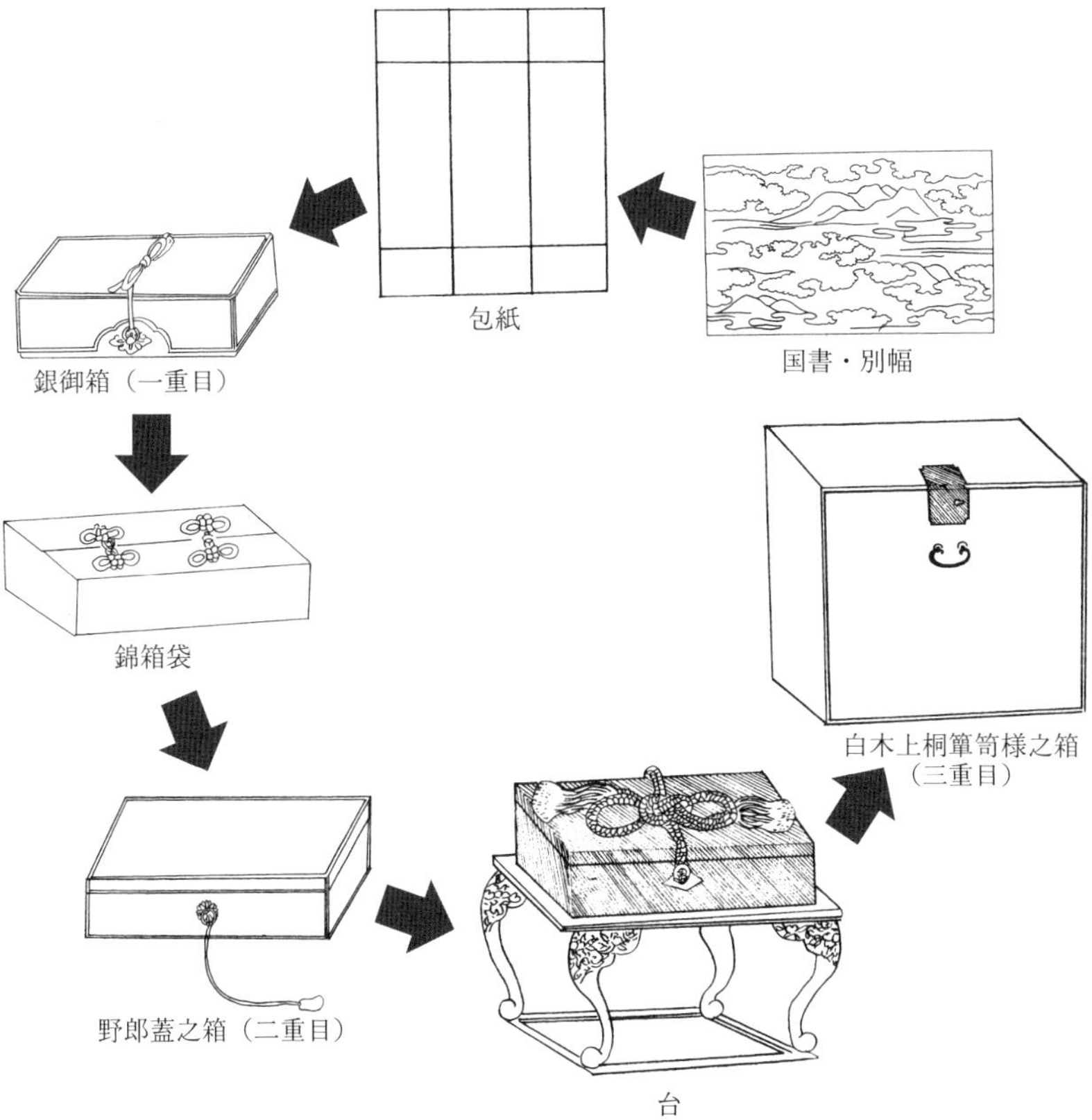

図３　徳川将軍書簡・別幅の収納

国史編纂委員会所蔵「對馬島宗家文書」記録類419、慶應義塾図書館所蔵「宗家記録」92・2・59・21・29よりトレースしたものを編集

三　その他の別幅

将軍書簡・別幅以外にも若君別幅や太大君別幅と呼ばれる別幅が用意されることがあった。若君別幅とは将軍世子が朝鮮国王宛てに送った別幅のことであり、また太大君別幅とは将軍職を退いた大御所が朝鮮国王宛てに送った別幅のことである。ともに朝鮮国王別幅が先にもたらされることで準備がなされ、朝鮮通信使へ渡されたが、全体を通じて若君別幅四件、太大君別幅一件に過ぎない（【表3】）。

まず作成されたのは若君別幅の中でも寛永二〇年度竹千代別幅（一六四三年）である。寛永二〇年度家光書簡・別幅（一六四三年）とともに寛永二〇年度信使（一六四三年）に渡されたことから、竹千代は後の家綱であったことが判明する。寛永二〇年度家光書簡・別幅（一六四三年）と同じ「寛永二十年八月三日」の年号（年紀）を持ち、起草者は林羅山、清書者は最嶽元良であったと考えられる(65)。竹千代は元服前で（当時三歳）、諱（実名）を持たなかったことから、自称（差出名義）は「日本国源」までしか記すことができなかった。そこに竹千代外交印である「源監国」印が捺され、完成を見たのである。料紙などの形態的な情報は明らかでなく、寛永二〇年度家光書簡・別幅（一六四三年）と同じであったと推測される。

次に作成されたのは若君別幅の中でも天和度徳松別幅（一六八二年）である。徳松は綱吉嫡子であり、次将軍を期待されながらも天和三年（一六八三）に夭折した。天和度綱吉書簡・別幅（一六八二年）と同じ「天和二年壬戌九月日」の年号（年紀）を持ち、起草者は林鳳岡であった(66)（清書者不明）。徳松も元服前で（当時四歳）、諱（実名）を持たなかったが、自称（差出名義）には「日本国源」とも記さず、徳松外交印である「源緝熙」印のみが突かれた(67)。こうした変化は朝鮮側が「為政以徳」印のみの徳松宛て別幅を送ってきたことによっていよう。幕府は朝鮮側の反復として若君別幅を作成していたのである。(68)

一方で天和度徳松別幅（一六八二年）は精巧な控が藤井斉成会有鄰館に現存する。同じく所蔵される天和度綱吉書簡・別幅（一六八二年）の精巧な控同様、表面に金銀切箔・野毛を散らし、山雲を金銀砂子霞引で表現、裏面に金銀砂子霞引に金銀切箔をあしらった煌びやかな装飾料紙＝「金紙」である。縦四〇・六センチ×横一一九・八センチ、折幅一五・一センチ、折数八折であり、(69)「銀箱」→御書翰袋→外箱の順番で収められた。「若君様〔徳松〕ゟ之別幅箱并紋袋之仕立方、公方様〔徳川綱吉〕御同前也」とあることから、(70)「銀箱」は長一尺四寸×横五寸六分×高三寸八分、御書翰袋は長一尺四寸五分×横五寸七分で、徳松専用のものとして仕立てられたようである。しかし、装飾までもが同じだったとは限らない。現に御書翰袋は綱吉のものが惣萌黄地・萌葱緒・地紋金であったのに対して、徳松のものが惣柿地・萌葱緒・地紋紫花金だったからである。「銀箱」の装飾も綱吉のものとは異なっていたことが推測されるが、徳松のものは管見に入らない。

続いて作成されたのは若君別幅のうち寛延度家治別幅（一七四八年）、太大君別幅のうち寛延度吉宗別幅（一七四八年）である。これらは寛延度家重書簡・別幅（一七四八年）とともに寛延度信使（一七四八年）へ渡されたものであり、家治は大納言、吉宗は大御所となっていた。寛延度家重書簡・別幅（一七四八年）と同じ「延享五年戊辰六月日」の年号〔年紀〕を持ち、起草者は林榴岡であった(71)〔清書者不明〕。寛延度吉宗別幅（一七四八年）の自称〔差出名義〕は「日本国源吉宗」とされ、外交印も将軍時代と同じ「源」印だったが、(72)寛延度家治別幅（一七四八年）をめぐっては寛延度信使（一七四八年）と論争にまで発展した。(73)すなわち、幕府が自称〔差出名義〕なし、家治外交印〔「源寛裕」印〕(74)のみを突いた別幅を作成したところ、寛延度信使（一七四八年）から朝鮮国王に対する不遜と捉えられたのである。

封上書き（／は改行）	起草者	清書者	料紙							備考
			料紙名称	法量（縦×横）		折幅		折数		
				原本	控・写	原本	控・写	原本	控・写	
—	林羅山	最嶽元良	〔金紙〕	不明	—	不明	—	不明	—	・竹千代は後の家綱 ・佐々木印店所蔵「御代々御花押・御朱印・御黒印・御宝印之写全」 ・早稲田大学図書館所蔵「外蕃通書」 ・『通航一覧　第三』国書刊行会、1913年
—	林鳳岡	不明	金紙	不明	40.6cm×119.8cm	不明	15.1cm	不明	8折	・徳松は綱吉嫡子 ・藤井斉成会有鄰館所蔵「徳松別幅控」 ・国立公文書館所蔵「朝鮮聘考（朝鮮書翰往来由来）」 ・佐々木印店所蔵「御代々御花押・御朱印・御黒印・御宝印之写全」 ・慶應義塾図書館所蔵「天和信使記録　第六冊」 ・早稲田大学図書館所蔵「外蕃通書」 ・『通航一覧　第三』国書刊行会、1913年 ・大塚英明「藤井斉成会所蔵　朝鮮通信使関係資料について」『文化財報』58、1987年
—	林榴岡	不明	〔金紙〕	不明	40.3cm×105.3cm	不明	13.2cm	不明	8折	・家治は大納言 ・京都大学総合博物館所蔵「徳川家治別幅控」 ・慶應義塾図書館所蔵「延享信使記録　第二十一冊」 ・慶應義塾図書館所蔵「延享信使記録　第二十三冊」 ・早稲田大学図書館所蔵「外蕃通書」 ・『通航一覧　第三』国書刊行会、1913年 ・古川祐貴「大納言家治別幅控の「発見」」『通信使・訳官使とその周辺』9、2024年
—	林榴岡	不明	〔金紙〕	不明	—	不明	—	不明	—	・吉宗は大御所 ・慶應義塾図書館所蔵「延享信使記録　第二十一冊」 ・早稲田大学図書館所蔵「外蕃通書」 ・『通航一覧　第三』国書刊行会、1913年 ・曹蘭谷（若松實訳）『奉使日本時聞見録　江戸時代第十次（寛延元年）朝鮮通信使の記録』日朝協会愛知県連合会、1993年
—	林述斎	男谷思考	〔金紙〕	不明	—	不明	—	不明	—	・家慶は大納言 ・慶應義塾図書館所蔵「文化信使記録　江戸留書　第六冊」 ・『影印本　津島日記（草場珮川日記別巻）』西日本文化協会、1978年 ・『通航一覧　第三』国書刊行会、1913年

全て真書。「—」は存在しないことを、「不明」は判明しないことを表す。〔　〕は著者の推定

幕府は先に自称（差出名義）なし、「為政以徳」印のみを突いた家治宛て別幅を受け取っていたが、それは朝鮮国王が将軍家重との差を明確に認めているためであって、まだ将軍にもなっていない大納言家治が朝鮮国王と同様の対応をとることは許されないという。仲介する対馬宗家としても、①確かに大納言家治は将軍にこそなっていないが、日本では将軍同等の扱いを受けていること、②天和度信使（一六八二年）の際に朝鮮側は捺印のみの天和度徳松別幅（一六八二年）を受領していること、を理由に、対抗の姿勢を崩さない。最終的に朝鮮側は争う大義をなくし、捺印のみの寛延度家治別幅（一七

表３　若君別幅・太大君別幅一覧

No.	西暦	種別	名称	使節	年号・年紀	差出名義人	外交印					往信／復信文言	書止文言
							印文	種別	印影法量（縦×横）	印材	製作者		
1	1643年	若君	竹千代別幅	寛永20年度信使	寛永二十年八月三日	日本国源	源監国	真正	不明	不明	佐々木家	―	計
2	1682年	若君	徳松別幅	天和度信使	天和二年壬戌九月日	―	源綱熈	真正	不明	不明	佐々木家	―	整
3	1748年	若君	徳川家治別幅	寛延度信使	延享五年戊辰六月日	―	源寛裕	真正	9.1 cm×8.9 cm	不明	佐々木家	―	整
4	1748年	太大君	徳川吉宗別幅	寛延度信使	延享五年戊辰六月日	日本国源吉宗	源	真正	3寸×2寸9分	不明	佐々木家	―	整
5	1811年	若君	徳川家慶別幅	文化度信使	〔文化八年辛未六月日〕	―	恭敬温文	真正	不明	不明	浜村蔵六	―	〔整〕

四八年）を受け取るに至った(75)。

ところで、寛延度家治別幅（一七四八年）と寛延度吉宗別幅（一七四八年）は収納段階が明瞭に示されている(76)（【表４】）。収納は、包紙→一重目の箱（「銀箱」）→錦箱袋→二重目の箱（「野郎蓋之箱」）→浅黄羽二重綿入服紗→台→繕付浅黄羽二重袷→三重目の箱（「白木上桐箪笥様之箱」）といった具合になされ、寛延度家重書簡・別幅（一七四八年）と同じであった。ただし、それぞれの装飾が異なっていたようで、たとえば「銀箱」は将軍家重のものが惣稲妻文であったのに対して、大納言家治のものが惣七宝繋文、大御所吉宗のものが惣花菱文であったし（【図４】）、

						三重目の箱	備　考
—	⇒	—	⇒	—	⇒	—	—
—	⇒	—	⇒	—	⇒	—	・慶應義塾図書館所蔵「天和信使記録　第六冊」
浅黄羽二重錦入服紗	⇒	台	⇒	繕付浅黄羽二重袷	⇒	白木上桐箪笥様之箱	・慶應義塾図書館所蔵「延享信使記録　第二十一冊」
浅黄羽二重錦入服紗	⇒	台	⇒	繕付浅黄羽二重袷	⇒	白木上桐箪笥様之箱	・慶應義塾図書館所蔵「延享信使記録　第二十一冊」
—	⇒	—	⇒	—	⇒	—	—

「—」は判明しないことを表す

図４　銀箱とそれぞれの装飾

国史編纂委員会所蔵「對馬島宗家文書」記録類419、慶應義塾図書館所蔵「宗家記録」92・2・59・21・29よりトレースしたものを編集。

表4　若君別幅・太大君別幅の収納段階

西暦	名称		一重目の箱		二重目の箱	
1643年	竹千代別幅	⇒　ー　⇒	ー	⇒　ー　⇒	ー	⇒
1682年	徳松別幅	⇒　ー　⇒	銀箱	⇒　御書翰袋　⇒	外箱	⇒
1748年	徳川家治別幅	⇒　包紙　⇒	銀御箱	⇒　錦箱袋　⇒	野郎蓋之箱	⇒
1748年	徳川吉宗別幅	⇒　包紙　⇒	銀御箱	⇒　錦箱袋　⇒	野郎蓋之箱	⇒
1811年	徳川家慶別幅	⇒　ー　⇒	ー	⇒　ー　⇒	ー	⇒

錦箱袋は将軍家重のものが赤地錦亀甲龍模様蜀江織であったのに対して、大納言家治のものが桃色唐花菊模様蜀江織、大御所吉宗のものが萌黄唐花菊模様蜀江織であった。先に天和度徳松別幅（一六八二年）の「銀箱」装飾が不明であるとしたが、あるいは寛延度家治別幅（一七四八年）と同様の惣七宝繋文だったのかもしれない。将軍書簡・別幅が惣稲妻文毛彫銀箱を慣例としたように、若君別幅も惣七宝繋文毛彫銀箱を慣例とした可能性がある。

さらに太大君別幅が出されたのは吉宗のときが初であった。家康・秀忠ともに大御所となっていたが、そのときに太大君別幅が出された形跡はない。慶長度信使（一六〇七年）・元和度信使（一六一七年）・寛永元年度信使（一六二四年）の際は朝鮮から朝鮮国王書簡・別幅のセットが届いても、幕府は将軍書簡のみしか返していなかった。将軍別幅が作成されるようになったのは、寛永一三年度家光書簡・別幅（一六三六年）以降のことであったから、そもそもそれまでは別幅自体出されていなかったのである[77]。そのような意味で寛延度吉宗別幅（一七四八年）は以後の先例となるべきものであったが、後に家斉が大御所となったとき、朝鮮通信使の来聘自体が延期され、ついに派遣されることがなかった。もし大御所家斉別幅が作成されていたとするならば、寛延度吉宗別幅（一七四八年）が参考にされたことだろう。結果として太大君別幅は寛延度吉宗別幅（一七四八年）が最初で最後のものとなった。

若君別幅のうち最後のものは文化度家慶別幅（一八一一年）である。これは文化度家斉書簡・別幅（一八一一年）とともに文化度信使（一八一一年）へ渡されたものであり、家慶は当時大納言であった。文化度家斉書簡・別幅（一八一一年）と同じ「文化八年辛未六月日」の年号（年紀）を持ち、起草者は林述斎、清書者は男谷思孝（幕府表右筆）である。[78] 家慶外交印である「恭敬温文」印のみが突かれたが、このとき論争に発展した様子はない。朝鮮側から届けられた家慶宛て朝鮮国王別幅は「朝鮮国王」＋「為政以徳」印のように自称（差出名義）が加えられていたにもかかわらず、である。[79] 寛延度信使（一七四八年）のときとは異なり、朝鮮側も釣り合いを求めなかったということなのであろう。朝鮮側が自称（差出名義）を急遽入れてきた理由は分からない。ただ事実として捺印のみの文化度家慶別幅（一八一一年）が問題なく受領された。一方で幕府は朝鮮側の様式に左右されることなく、前例踏襲の方針を貫くことができた。そのような意味で幕府は朝鮮側の様式を反復する段階から脱していた、と評価することができる。

さて、一つ前の明和度信使（一七六四年）へ渡されたのは、明和度家治書簡・別幅（一七六四年）だけであった。これは朝鮮側から家治宛て朝鮮国王書簡・別幅しか届けられなかったためであるが、対馬宗家が作成した「宝暦信使記録」には次のような記述がある。[80]

若君様、宝暦十二壬午年（一七六二年）十月廿四日御誕生ニ而、未朝鮮国江御告知無之候付、若君様江別幅無之、…三使（正使・副使・従事官）衆自分之音物斗被差出、…

すなわち、宝暦一二年（一七六二）に誕生した若君に関して朝鮮側へ知らせていなかったために、今回は若君宛て朝鮮国王別幅が届けられず、三使からの音物ばかりが若君へ贈られた、といった内容である。宝暦一二年（一七六二）に誕生した若君とは後の徳川家基であり、家治嫡子として次将軍を期待されていた。[81] 明和度信使（一七六四年）来聘時は元服しておらず竹千代を名乗っていたが、このことを朝鮮側へ知らせていなかったために朝鮮国王別幅が届けられなかったと言うのである。ここから若君宛て朝鮮国王別幅の将来に対馬宗家の要請が必要だったことが分かる。(82)恐らく太大君宛て朝鮮国王別幅も同じであっただろう。将軍宛て朝鮮国王書簡・別幅が朝鮮通信使の来聘要請に基づき自動的に作成されたのに対して、若君・太大君宛て朝鮮国王別幅は対馬宗家の要請があって初めて実現し得るものだったのである。

幕府が率先して若君や太大君の存在を伝えるとは思われないことから、対馬宗家の方が幕府の意向を忖度するかたちで事前に内申し、指示を受けていたのであろう。若君別幅の開始＝寛永二〇年度竹千代別幅（一六四三年）や太大君別幅の開始＝寛延度吉宗別幅（一七四八年）も、恐らくこのような事情で始まったものと見られる。だからこそ若君別幅の始まりは将軍自体が別幅を調えるようになった寛永一三年度家光書簡・別幅（一六三六年）以降のことであったし、大御所時代の家康・秀忠別幅も作成されていなかったと考えることができる。つまりはこれらの別幅の作成如何は対馬宗家にかかっていたのであり、ゆえに一貫して出され続けたわけではなかったのである。

おわりに

江戸時代初期に作成された慶長度秀忠書簡（一六〇七年）、元和度秀忠書簡（一六一七年）、寛永元年度家光書簡（一六二四年）は足利将軍時代以来の伝統を踏まえながらも、より直接的には豊臣秀吉書簡を踏襲したものであった。しかし、対馬宗家による偽造・改竄が発覚すると（「柳川一件」）、料紙などの一部が改められ、それが将軍書簡・別幅として定着する。ここから将軍書簡・別幅の確立は寛永一三年度家光書簡・別幅（一六三六年）に求められよう。一方でその他の別幅については、若君別幅が寛永二〇年度竹千代別幅（一六四三年）を、太大君別幅が寛延度吉宗別幅

（一七四八年）を初例とする。ともに拠るべき先例がなかったことから、将軍別幅に倣いながらも、送られてきた朝鮮国王別幅を反復するしか方法がなかったのである。結果として若君別幅は天和度徳松別幅（一六八二年）を、太大君別幅は寛延度吉宗別幅（一七四八年）をもって確立した(83)。

このようにして将軍書簡・別幅、その他の別幅は確立していったが、その背景には少なからず幕府の朝鮮外交経験の乏しさといった事情があったように思われる(83)。慶長度信使（一六〇七年）の来聘によって開幕早々返書を作成しなければならなくなった幕府は、過去に日本から発出したことのある足利将軍書簡、豊臣秀吉書簡を先例とせざるを得なかった。その後も幕府は朝鮮通信使が数一〇年に一度しか来聘しなかったために前例踏襲を繰り返さざるを得ず、結果として寛永一三年度家光書簡・別幅（一六三六年）が拠るべき先例として位置付けられた(85)。文化度家斉書簡・別幅（一八一一年）に至ってもなお印文の変更一つ朝鮮側に通知しなければならなかったのは、まさにこのような事情を物語っている(86)。幕府としては一度でも受領されたことのある様式・形態であれば問題なく発出することができたが(87)、自ら何らかの改変をする際には朝鮮外交経験の乏しさから慎重にならざるを得なかったのである。基本的に前例踏襲することでしか朝鮮外交を展開できなかった幕府の事情が読み取れるだろう(88)。

最後に将軍書簡・別幅のその後についても触れておこう。文化度家斉書簡・別幅（一八一一年）、文化度家慶別幅（一八一一年）を機に朝鮮国王宛て将軍書簡・別幅は途絶えてしまう。朝鮮通信使が来聘しなくなったためで、次に将軍書簡が作成されたのは日米修好通商条約批准に伴う新見正興（幕府外国奉行）らの派遣に際してである(89)。このとき持参されたアメリカ大統領ジェームズ・ブキャナン宛て家茂書簡は、塙忠宝（国学者）が起草して斉藤清五郎（幕府右筆）が清書したものであり(90)、アメリカ国立公文書館に原本が伝来する(91)。書簡は和文で作成されたことから、漢文・蘭文・英文の副文が添えられた。「安政七年正月十六日」の年号（年紀）を持ち、自称（差出名義）は「源家茂」、印章は益田遇所（篆刻家）が製作した「経文緯武」印（縦三寸×横三寸）であった[92]。このような様式であったことはすでに指摘されていたが[93]、注目したいのは形態的な側面である。すなわち、料紙は山雲こそ描かれてはいなかったものの、金銀砂子霞引に金銀切箔・野毛を散らした煌びやかな装飾料紙（地は鳥子紙）であり、折数は一七折、合衿はなく、封上書きも施されていない。書簡は巻き込み式で、折り畳まれた後に紅綸子の服紗に包まれ、真紅の紐が二つ付いた定家文庫に収められたようである[94]。

後の家茂書簡も同様であったが[95]、慶喜書簡は原本が確認できず、様式・形態が分かっていない。それでもなお推測するとすれば、家茂書簡と同様であっただろう[96]。そのような意味で幕末期の諸外国宛て将軍書簡は多少の変更を伴いながらも、基本的には朝鮮国王宛て将軍書簡・別幅の名残をとどめたものであった。朝鮮通信使への外交儀礼が幕末期における諸外国使節への外交儀礼として踏襲されたように[97]、将軍書簡も朝鮮国王宛てのものが踏襲されていたのである[98]。足利将軍書簡、豊臣秀吉書簡に由来する朝鮮国王宛て徳川将軍書簡・別幅は、諸外国宛て将軍書簡として幕末期に引き継がれたと言えるだろう。

註

（1）近世日朝間における幕府の直接的な外交行為は書簡・別幅の授受を除けば信使接待くらいのものであっただろう。信使接待（筆談唱和を含む）については、これまでも三宅英利『近世日朝関係史の研究』（文献出版、一九八六年）や李元植『朝鮮通信使の研究』（思文閣出版、一九九七年）、夫馬進『朝鮮燕行使と朝鮮通信使』（名古屋大学出版会、二〇一五年）、李薫『朝鮮の通信使外交と東アジア』（景仁文化社、二〇一九年）などで取り上げられている。

（2）同研究の成果は、『日韓歴史共同研究報告書（第一分科篇）』（日韓歴史共同研究委員会、二〇〇五年）、『日韓歴史共同研究報告書（第二分科篇）』（同、二〇〇五年）、『日韓歴史共同研究報告書（第三分科篇　上巻）』（同、二〇〇五年）、『日韓歴史共同研究報

告書（第三分科篇　下巻）』（同、二〇〇五年）としてまとめられている。
（3）田代和生「朝鮮国書・書契の原本データ」（前掲『日韓歴史共同研究報告書（第二分科篇）』）。この研究を発展させたものとして、同「朝鮮国書原本の所在と科学分析」（『朝鮮学報』二〇二、二〇〇七年）がある。
（4）朝鮮国王書簡・別幅に関する近年の科学分析の成果として、富田正弘「朝鮮国文書料紙について—日本中世近世文書料紙との比較—」（『東京大学史料編纂所研究紀要』二七、二〇一七年）がある。
（5）様式・形態を厳密に区別することは難しいが、本章における様式・形態は荒木和憲氏が提示した「録文（究極的にはその刊本）から知りうる文字情報（テキスト）だけでも識別できる「様式」と、現存例にもとづかなければ知りえない（ないしは知りがたい）非文字情報＝視覚的情報＝「形態」」と概ね一致する（同「中世日本往復外交文書をめぐる様式論的検討」〈『国立歴史民俗博物館研究報告』二二四、二〇二一年〉二四六頁）。
（6）干支とは、たとえば「竜集丁未夏五月日」「龍集丁巳秋九月日」といった表記のことである。「龍集」は当年の意（ロナルド・トビ「承認のレンズ—幕府の正当性確立における外交—」〈同〈速水融・永積洋子・川勝平太訳〉『近世日本の国家形成と外交』創文社、一九九〇年〈初出一九八四年〉〉八一頁）。
（7）偽造とは差出名義人の意志とは無関係に書簡・別幅を捏造する行為のことを指し、改竄とは差出名義人の書簡・別幅をもとに別の書簡・別幅へ作り変える行為を表す（米谷均「近世初期日朝関係における外交文書の偽造と改竄」〈『早稲田大学大学院文学研究科紀要　第四分冊』四一、一九九五年〉三三頁）。
（8）「慶七松海槎録下」（釋尾春芿編『朝鮮群書大系続々第四輯　海行摠載　二』〈朝鮮古書刊行会、一九一四年〉四九頁）。
（9）年号に干支を用いることは室町時代以来、「中立的」と捉えられていたようである。たとえば、中国年号（永楽）を用いた朝鮮国王書簡を持参した宋希璟に対し、陳外郎が足利義持の怒りに触れることを理由に干支（「龍集」）に改めさせようとした事実はよく知られよう（村井章介「『老松堂日本行録』解説」〈同『アジアのなかの中世日本』校倉書房、一九八八年〈初出一九八七年〉〉四一〇頁）。秀忠は異見調整を避けるため干支を選択したと考えられるのである。
（10）黒板勝美・国史大系編修会編『新訂増補国史大系　第四十巻　徳川実紀　第三篇』（吉川弘文館、一九六四年）寛永一三年一二月二七日条・同二〇年八月三日条。
（11）池内敏「解体期冊封体制下の日朝交渉」（同『大君外交と「武威」—近世日本の国際秩序と朝鮮観—』名古屋大学出版会、二〇

○六年〔初出二〇〇三年〕）六八〜七一頁。

(12)「通航一覧巻九十四（朝鮮物語）」（早川純三郎編『通航一覧　第三』〔国書刊行会、一九一三年〕一〇一頁）。

(13) 試みに精巧な控として伝わる藤井斉成会有鄰館所蔵「徳川綱吉書簡控」を見てみると、「日本国源」まではつづまって書かれており、次の「綱吉」までに数字分の余白があるだけである。ここに「王」字を書き込むことは不可能であろう。このような状況は書簡・別幅全体に共通する事柄であったと考えられる。

(14) 対馬宗家が料紙もろとも作り変えていた事実は「柳川一件」審理中の証言からも窺える。すなわち、「それハ又いか様なる紙ニ書たるそ」と幕府から尋ねられた伝蔵主は「しか〲覚不申候、乍去絵書たる紙にて候」と答え、また「その紙ハいつくにて用意したるそ」と尋ねられれば、松尾智保（柳川氏重臣）が「京都にて調申候、扨者大経師屋にてこしらへ候哉」と答えているからである（「柳川調興公事之時方長老幷ニ松尾七右衛門江御尋被成請答之帳」〔長崎県対馬歴史研究センター所蔵「宗家文庫史料」記録類3-1-4-2〕）。改竄将軍書簡には京都の「大経師屋」で「こしらへ」られた「絵書たる紙」が用意されていたことが分かる。史料の存在については米谷均氏から御教示を得た。

(15) 古川祐貴「徳川将軍の外交印—朝鮮国王宛て国書・別幅から—」（松方冬子編『国書がむすぶ外交』東京大学出版会、二〇一九年）。

(16)「朝鮮聘考（朝鮮書翰往来由来）」（国立公文書館所蔵「内閣文庫」178-0557）。新井白石は「殊号事略」の中で家康外交印は「源家康忠恕」印であり、「源忠恕」印ではなかった事実を指摘する（「殊号事略」〔早稲田大学図書館所蔵リ04-05316〕）。実際、家康外交印は「源家康忠恕」印であり、白石の指摘は正しかったと言えるが、林家が主張したかったのは「忠恕」のような儒教的徳目二字が家光以降採用されたという事実ではなかったか。

(17) 田代和生『書き替えられた国書—徳川・朝鮮外交の舞台裏—』（中央公論社、一九八三年）二四〜二五頁。

(18) このことは柳川調興《しげおき》（対馬宗家重臣）の後日談——宗智順《としのぶ》（対馬宗家重臣）らが「秀忠公の御朱印と朝鮮国王の御朱印」を彫っていたこと——からも裏付けられる（田代前掲『書き替えられた国書』一九六頁）。また「柳川一件」審理中の勝田孫七の証言も興味深い。勝田は偽造印を彫った人物として知られており、「印鑑は全部で二個作りました。一つは、江戸の〔柳川〕調興様のお屋敷で作りまして、…もう一個は対馬で、これは松尾七右衛門様のお屋敷に持ってまいりまして、…」と述べているからである（田代前掲『書き替えられた国書』一三九頁）。これは寛永元年度信使（一六二四年）時の証言なので「二個」とは家光外交印と朝鮮国王印ではなかったか。「江戸の調興様のお屋敷」で彫らなければならなかった理由は、家光外交印の印文が将軍書簡受領後にしか分かり得なかったからであろう。ちなみにこのとき作られた朝鮮国王印は「施命之宝」印であったが、対馬宗家では「施」字を忌避して存在しない文字に変えていたことが指摘されている（木村拓「一七世紀前半朝鮮の対日本外交の変容―「為政以徳」印の性格変化をめぐって―」〔同『朝鮮王朝の侯国的立場と外交』汲古書院、二〇二一年〈初出二〇〇七年〉〕三四一頁）。

(19) 白石はこれを「体信達順」印とするが（前掲「殊号事略」）、実際は「徳有鄰」印である（田中健夫「勘合符・勘合印・勘合貿易」〔同『対外関係と文化交流』思文閣出版、一九八二年〈初出一九八一年〉〕九七～九八頁）。

(20) 武田勝蔵「正徳信使改礼の教諭原本に就て」（『史林』一〇―四、一九二五年）九二頁。

(21) 武田前掲「正徳信使改礼の教諭原本に就て」九二～九三頁。

(22) ただし何故「源」印であったのかは分からない。

(23) 「文化信使記録　江戸留書　第六冊」（慶應義塾図書館所蔵「宗家記録」93・1・58・6）。「（老中）書付」（九州国立博物館所蔵「対馬宗家文書」P8513）は印文の内容を幕府から知らされた際の書付であろう。

(24) 幕末期の将軍外交印である「経文緯武」印を考案した林復斎は「克綏厥猷」印への変更について「然処、朝鮮之印文者、為政以徳と申論語之套語を代々用ひ来、此方〔江戸幕府〕よりハ御字めき候文字御用も、御丁寧過き候儀ニ付、文化度大内記存意申上候而、四字之熟語を相選、御本丸之方者克綏厥猷、〈書経〉…」と述べる（東京帝国大学編『大日本古文書　幕末外国関係文書之十六』〔東京帝国大学文学部史料編纂掛、一九二三年〕九八頁）。「御丁寧過き」といった理由から「四字之熟語」印となったようである。

(25) 黒板勝美・国史大系編修会編『新訂増補国史大系　第三十九巻　徳川実紀　第二篇』（吉川弘文館、一九六四年）元和三年八月二八日条。このあたりの事情については、永積洋子「国書の形式」（同『近世初期の外交』創文社、一九九〇年）一一五頁でも触れられている。

(26) 以心崇伝（異国日記刊行会編）『影印本　異国日記―金地院崇伝外交文書集成―』（東京美術、一九八九年）五三頁。

(27) 安南国宛て書簡は差出名義人を家光とするものと、幕府年寄衆（「奉行衆」）とするものの二案が作成されたが、最終的には大御所秀忠の命令に基づいて後者となった（藤田励夫「続安南日越外交文書集成」〔『東風西声』一〇、二〇一五年〕二五頁、同「安南日越外交文書の国書について―文書様式を中心に―」〔『国立歴史民俗博物館研究報告』二二四、二〇二一年〕二七三頁）。案段階の上覧は将軍家光→大御所秀忠であり、朝鮮国王宛てのものとは逆であったことが分かる。

(28) 「正徳信使記録　第二十四冊」（慶應義塾図書館所蔵「宗家記録」91・3・145・24・20）。

(29) 外交印は直前に捺されるものであったからこそ、情報通で知られた細川忠利（熊本藩主）も「高麗より之文（朝鮮国王書簡）も将軍様ゟ高麗へ之御書（徳川将軍書簡）も、御代々対馬守書直（「柳川一件」のこと）、御黒印迄にせ候て遣候由候」と将軍書簡には「御黒印」が捺されるものといった勘違いをしていたのであろう（東京大学史料編纂所編『大日本近世史料　細川家史料　十二』（東京大学出版会、一九九〇年）一三頁）。

(30) 眞壁仁「幕府儒者の外交参与―東北アジア域圏礼的秩序の枠組み―」（同『徳川後期の学問と政治―昌平坂学問所儒者と幕末外交変容―』名古屋大学出版会、二〇〇七年）一八二頁。

(31) 伊藤幸司「現存史料からみた日朝外交文書・書契」（『九州史学』一三二、二〇〇二年）二六頁。

(32) 「通航一覧巻九十三（鶏林来聘記附録、柳営秘鑑）」（前掲『通航一覧　第三』九二〜九五頁）、「享保信使記録　国書幷別幅之写往復卅三」（国史編纂委員会所蔵「對馬島宗家文書」記録類419）。

(33) 「奉復」の「奉」字は下位者から上位者への上申文書といった意味合いを帯びたことから、幕府は「奉」字を避け、「敬復」を用いるようになったという（荒木和憲「幕末期徳川将軍書簡の古文書学的検討」（『国立歴史民俗博物館研究報告』二三九、二〇二三年）二三〇頁）。

(34) 三宅英利「新井白石の制度改変と通信使」（三宅前掲『近世日朝関係史の研究』初出一九八五年）三九五頁。

(35) 前掲『影印本　異国日記』三六頁。「ヒタ〳〵ト巻ク」とは「パタンパタンとそれほど力を込めることなく」「巻き込み式の折り方」で折り畳むといった意味のようである（伊藤前掲「現存史料からみた日朝外交文書・書契」三一頁）。また書簡・別幅は一旦折り畳まれて折目と折幅を確定した後に本文が書き込まれた。

(36) 前掲「享保信使記録　国書幷別幅之写往復卅三」。

(37) 「正徳信使記録　第四十一冊」（慶應義塾図書館所蔵「宗家記録」91・3・145・41・39）。合衿に関して白石は朝鮮国王書簡の反復である旨の批判を展開しているが（前掲「殊号事略」）、実際は足利将軍時代以来の伝統であったことが橋本雄「「遣朝鮮国書」と幕府・五山」（『日本歴史』五八九、一九九七年）六七頁から明らかである。

(38) 池内敏「「大君」号の歴史的性格」（池内前掲『大君外交と「武威」』初出二〇〇五年）三六八頁。

(39)　屋代弘賢は文化度家斉書簡・別幅（一八一一年）の清書を作成しただけでなく、ニコライ・レザノフへ渡した「御教諭御書付」を手掛けたことでも知られる（藤田覚「鎖国祖法観の成立過程」〈同『近世後期政治史と対外関係』東京大学出版会、二〇〇五年〈初出一九九二年〉〉一七頁）。屋代については森銑三「屋代弘賢」（『森銑三著作集　第七巻』中央公論社、一九七一年）に詳しい。

(40)　家光と林羅山との関係性、羅山が崇伝に代わって外交文書を取り扱っていく過程については、永積前掲「国書の形式」に明らかである。ただ崇伝の死後その法嗣であった最嶽元良が「以来国書之儀被仰付候様ニ御座候而者遠慮ニ存候ニ付、達而御理申候」と述べていたことも考慮する必要があるだろう（「寛永丙子信使記録　二」〈東京国立博物館所蔵QB3299-2〉寛永一二年五月一五日条）。

(41)　「通航一覧巻九十三（鶏林来聘記附録、柳営秘鑑）」（前掲『通航一覧　第三』九二～九五頁）、前掲『影印本　異国日記』五三頁。なお間合紙（間似合紙）に関しては、笠谷和比古「文書認識論」（同『近世武家文書の研究』法政大学出版局、一九九八年）六頁、地主智彦「江戸幕府における間似合紙の利用」（『国史研究室通信』六六、二〇二三年）に詳しく説明されている。

(42)　岩生成一「文禄二年（一五九三）呂宋長官あて豊臣秀吉の書翰について」（『古文書研究』二五、一九八六年）四頁、同『日本の歴史14　鎖国』（中央公論新社、二〇〇五年〈初出一九六六年〉）一一七頁。①の原本調査を行った清水有子氏によれば、「料紙は「厚手の鳥の子紙」とされていたが、無地と切箔の二種類の料紙（いずれも鳥の子紙か）を貼り合わせたために厚くなったと見られる」と指摘している（同「豊臣期南蛮宛て国書の料紙・封式試論」〈松方編前掲『国書がむすぶ外交』〉九五頁）。なお清水氏は同「豊臣政権のルソン外交―小琉球宛朱印状の検討―」（同『近世日本とルソン―「鎖国」形成史再考―』東京堂出版、二〇一二年）一五三～一六一頁において書簡の内容をすでに紹介していた。また明皇帝宛て足利将軍表の料紙を雲母《きら》引鳥子紙と推定する荒木和憲氏は、秀吉書簡料紙（間合鳥子紙）を「雲母引き鳥子紙をより装飾的に仕立てたもの」と述べる（同「中世日本の往復外交文書―十五～十六世紀の現存例を中心として―」〈小島道裕・田中大喜・荒木和憲編『古文書の様式と国際比較』国立歴史民俗博物館、二〇二〇年〉三二〇頁）。

(43)　一方で天正一八年（一五九〇）仲冬付の朝鮮国王宛て秀吉書簡は大高檀紙（素紙）であった。これは秀吉が受け取った朝鮮国王書簡の外観が大高檀紙に似ていたためと推測されている（清水前掲「豊臣期南蛮宛て国書の料紙・封式試論」九〇頁）。

(44)　榊原悟氏は「金地画屏風」「金地彩色」について「いわゆる「金地」は、ごく一部「金雲」が金地化したところを除けば、ほとんどなく、画面はおおむね素地のままであったとみてよいだろう。これが「金地画屏風」「金地彩色」の実体であり、朝鮮国王に贈呈された金屏風の大部分がこれであった」と指摘する（同「屏風を贈る」〔同『屏風と日本人』敬文舎、二〇一八年〕四九五〜四九六頁）。屏風と書簡料紙といった違いはあるものの、「金紙」も雲間・山間は素地がむき出しになっており、「惣（総）金」「金地」というわけではなかった。

（45）現存する秀吉書簡（「間合鳥子紙」）が将軍書簡・別幅（「金紙」）に比べて簡素な印象を受けるのは、金銀泥が劣化しているといった事情も考慮しなければならない。ただそれを踏まえても将軍書簡・別幅（「金紙」）の方が圧倒的に煌びやかな装飾を施していたことは確実である。「金紙」以前の「間合鳥子紙」は京都の「大経師屋」が「こしらへ」られるほどのものであった（本章註14参照）。

（46）この点は次の史料からも裏付けられる。天和度信使（一六八二年）が来聘した際、堀田正俊（幕府大老）・阿部正武（幕府老中）は「先例朝鮮へ御返簡紙幷ニ箱美改也、今般イカ様ニアソハサレ然ルヘキヤ、存寄書付差上ヘキ」ことを林鳳岡に命じた。これに対して鳳岡は「慶長十二年（一六〇七年）・元和三年（一六一七年）・寛永元年（一六二四年）マテハ紙モ箱モ軽ク仰付ラレ候、其後宗対馬守・柳川豊前密々ニ御返簡ノ文字御朱印ヲ改メ候儀（「柳川一件」のこと）聞食シ、寛永十三年（一六三六年）ヨリ御返簡金紙ニテ相調ヘ、銀箱ニ入申候、其節酒井讃岐守（忠勝）ヲ以テ三使（正使・副使・従事官）ヘ仰出サレ候ハ、向後ハ紛レコレナキ様ニ書式・御印・紙・箱モ今度ノ通以後マテモ相替ラス可被遊候、乍然御音物ハ時之様子ニヨリ御替可被遊由ニ御座候、三使畏リヲ申候、夫故寛永二十年（一六四三年）モ明暦元年（一六五五年）モ其例ニ酒井讃岐守申付候、今度モ其通ニ可被遊候哉尤ノ由」と返答している（前掲「朝鮮聘考（朝鮮書翰往来由来）」）。

（47）この点については本書補論一を参照のこと。

（48）草場珮川（秀村選三・細川章編）『影印本　津島日記（草場珮川日記別巻）』（西日本文化協会、一九七八年）津島日記下10B。

（49）「通航一覧巻九十九（鶏林来聘記、同附録、柳営秘鑑）」（前掲『通航一覧　第三』一六二〜一六三頁）。

（50）足利将軍書簡の様式は一般的な徳川将軍書簡の様式と同じであった。むしろ徳川将軍書簡が足利将軍書簡の様式を踏襲したと考えるべきだろう（足利将軍書簡の様式は橋本前掲「「遣朝鮮国書」と幕府・五山」六七頁に詳しい）。正徳度家宣書簡（一七一一年）は一般的な徳川将軍書簡の様式とも異なっていたことから、「我国の古式」＝足利将軍時代とはならない。

（51）地主智彦氏は一五〜一六世紀の明皇帝宛て足利将軍表と、朝鮮国王宛て足利将軍書簡の料紙が不明であるとしつつも、前者が楮紙複数枚に竹紙を張り合わせた料紙であったと推定し、後者も同様であった可能性を指摘する（同「朝鮮国書並別幅」〔『古文書研究』七七、二〇一四年」一四九頁)。一方で荒木和憲氏は足利将軍表の料紙を雲母引鳥子紙、朝鮮国王宛て足利将軍書簡料紙と琉球国王宛て足利将軍御内書料紙を高檀紙と推定する(荒木前掲「中世日本の往復外交文書」三二〇頁)。いずれにしても朝鮮国王宛て足利将軍書簡料紙が鳥子紙ではなかったことが判明する。

(52)「徳川家宣書簡写」(九州国立博物館所蔵「対馬宗家文書」P4)、「徳川家宣別幅写」(同所蔵「対馬宗家文書」P5)。

(53) 精巧な控の中に外交印が捺されたものがあることから、原本と同時に作られたものと考えられる。

(54) 東京国立博物館には朝鮮国王書簡・別幅を収めた絵箱が三合伝来する(「徳川幕府朝鮮国王往復書翰」(東京国立博物館所蔵B-1768))。

(55) 前掲『影印本　異国日記』三六頁。

(56)「通航一覧巻九十四(異国日記)」(前掲『通航一覧　第三』一〇一頁)。

(57)「通航一覧巻九十三(鵞林来聘記附録、柳営秘鑑)」(前掲『通航一覧　第三』九三頁)。

(58) 前掲「享保信使記録　国書幷別幅之写往復卅三」。

(59) 前掲『影印本　津島日記』津島日記下10B。

(60) 前掲「慶七松海槎録下」(『朝鮮群書大系続々第四輯　海行摠載　二』四九頁)。

(61) 岩生前掲「文禄二年(一五九三)呂宋長官あて豊臣秀吉の書翰について」八頁。

(62) 前掲『影印本　異国日記』五四頁。

(63)「天和信使記録　第六冊」(慶應義塾図書館所蔵「宗家記録」91・2・18・6・43)。

(64)「延享信使記録　第二十一冊」(慶應義塾図書館所蔵「宗家記録」92・2・59・21・29)。

(65)「外蕃通書」(早稲田大学図書館所蔵リ05-04980)。

(66) 前掲「朝鮮聘考(朝鮮書翰往来由来)」。

(67) 前掲「外蕃通書」。

(68) ここで気になるのは、先に見た寛永二〇年度竹千代別幅(一六四三年)であろう。実はこれも竹千代宛て朝鮮国王別幅に倣ったものであった。幕府としては先例がなかったために朝鮮側の反復でしか若君別幅を作成できなかったのである。

(69) 大塚英明「藤井斉成会所蔵　朝鮮通信使関係資料について」(『文化財報』五八、一九八七年)三頁。

(70) 前掲「天和信使記録　第六冊」。
(71) 前掲「外蕃通書」。
(72) 曹蘭谷（若松實訳）『奉使日本時聞見録』（日朝協会愛知県連合会、一九九三年）戊辰六月七日条。
(73) 「延享信使記録　第二十三冊」（慶應義塾図書館所蔵「宗家記録」92・2・59・23・38）。
(74) 前掲『奉使日本時聞見録』戊辰六月七日条。家治は将軍時代においても同印を用いていた（古川前掲「徳川将軍の外交印」一九九〜二〇〇頁）。
(75) 前掲『奉使日本時聞見録』戊辰六月九日条には「争って固執するほどの手掛かりが無いので三使臣が相談した結果止めた」こと、「遂に公服を整えて大庁に進んで初めて関白の回礼物件を受領した」ことが記されている。対馬宗家が対抗する以前に幕府（林鳳谷）は寛延度家治別幅（一七四八年）が天和度徳松別幅（一六八二年）を踏襲したものであったことを述べていた（前掲『奉使日本時聞見録』戊辰年六月七日条）。
(76) 前掲「延享信使記録　第二十一冊」。
(77) このことは、たとえば前掲「朝鮮聘考（朝鮮書翰往来由来）」に「一、寛永元年〔一六二四年〕甲子十二月朝鮮人来朝之節も〔朝鮮〕国王ヨリ公方様〔徳川家光〕へ進物ハ有之候得共、公方様より国王へ之進物ハ無之、三使〔正使・副使・従事官〕へ銀五百枚・鎧三領・金屏風五双被進候、寛永十三年〔一六三六年〕ヨリ公方様〔徳川家光〕ゟ朝鮮国へ被進物有之候」とあって、寛永一三年度信使（一六三六年）から「進物」＝別幅が送られるようになったことが分かる。
(78) 「通航一覧巻百二（山本氏筆記）」（前掲『通航一覧　第三』二〇三頁）。
(79) 前掲「文化信使記録　江戸留書　第六冊」。
(80) 「宝暦信使記録下書　第九冊」（慶應義塾図書館所蔵「宗家記録」92・3・48・9）。
(81) 小関悠一郎「徳川家基」（大石学編『徳川歴代将軍事典』吉川弘文館、二〇一三年）四七七〜四七八頁。
(82) 対馬宗家が朝鮮側に家基のことを伝えていなかったのは、すでに明和度信使（一七六四年）来聘に係る準備が進んでいたためであろう。この点は石田徹「「訳官入料御願」の検討―草創から定着まで―」（『訳官使・通信使とその周辺』九、二〇二四年）一一頁から示唆を受けた。
(83) 寛延度家治別幅（一七四八年）は天和度徳松別幅（一六八二年）を踏まえたものであったから（本章註75参照）、朝鮮側の反復ではなかった事情が窺える。すなわち、若君別幅の確立は寛延度家治別幅（一七四八年）に求められる。

(84) 幕府の朝鮮外交経験の乏しさといった指摘は決して新しいものではなく、たとえば改竄朝鮮国王書簡・別幅（一六〇七年）を看破できなかったことに対してすでになされていた（荒木和憲「「壬辰戦争」の講和交渉」〔『ＳＧＲＡレポート』八六、二〇一九年〕七二頁）。

(85) 幕府が安南国に対して将軍名義で書簡を出さなくなった理由について藤田励夫氏は、「書札礼の吟味や進物の調整といった面倒を避け、書札礼上の行き違いによって幕府の体面を汚す事態が発生するような場面も回避していたのではないだろうか」と指摘する（藤田前掲「続安南日越外交文書集成」二九頁）。幕府の態度がこのようなものであったために、白石が起草した正徳度家宣書簡・別幅（一七一一年）を除いて前例踏襲が繰り返されたのであろう。

(86) 本文でも指摘したように対馬宗家は朝鮮側への確認は不要と考えていた。このことは幕府と対馬宗家に朝鮮外交経験の差が明確にあったことを示していよう。

(87) たとえば、若君別幅である寛延度家治別幅（一七四八年）をめぐっては朝鮮側と論争にまで発展したが、特に幕府は書き直す素振りを見せてはいない。それは同様式・同形態の天和度徳松別幅（一六八二年）がすでに受領されたことがあったからだろう。

(88) 煌びやかな装飾料紙に権威の志向性を読み取る向きもあるが（清水前掲「豊臣期南蛮宛て国書の料紙・封式試論」九〇～九一頁、荒木前掲「幕末期徳川将軍書簡の古文書学的検討」二三四頁）、「間合鳥子紙」から「金紙」へと変更された「柳川一件」直後に酒井忠勝（幕府年寄）が「今度信使来聘之儀別条有之間敷候哉、一件出入之儀ニ付、彼国〔朝鮮王朝〕不審ホ有之、猶予ニハ及中間敷哉」と尋ね、義成（二代藩主）が「信使来聘之儀別条者有之間敷存候、乍然此方〔江戸幕府〕ゟ権威を以厳ク申掛候ハヽ、却而彼方ニも逆イ候様ニ可罷成哉」と答えたことと矛盾してしまう（前掲「寛永丙子信使記録　二」寛永一二年五月二一日条）。幕府は煌びやかな装飾料紙に自身の権威を込めるようなことはしていなかったのである。このことは一九世紀初期のゴロヴニン事件を解決する際に、艦長ピョートル・リコルド宛て松前奉行所吟味役書簡に金砂子を撒くか否かを判断した幕府老中の見解にも見て取れよう（藤田覚「ゴロヴニン事件の解決と松前奉行所吟味役書簡」〔同『近世後期政治史と対外関係』東京大学出版会、二〇〇五年〈初出二〇〇二年〉〕一五三頁）。幕府は外交文書であればこそ煌びやかな装飾を施すといった思考を持っていたことが分かる。秀吉が朝鮮国王宛て書簡に大高檀紙（素紙）を選んだことからも明らかなように、煌びやかな装飾を施すこと＝権威の発露ではない点を指摘しておきたい。

(89) 安政四年（一八五七）一〇月二一日の駐日アメリカ総領事タウンゼント・ハリスによる書簡捧呈を受けて幕府は家定書簡の作成に取り掛かったが、結局これは発給されることなく終わってしまった（本書序章参照）。その後、日米修好通商条約の締結を躊躇した幕府がハリスの要求に答えるかたちで同五年（一八五八）五月六日付のアメリカ大統領フランクリン・ピアーズ宛て家定書簡を作成し、ハリスに手交した（横山伊徳「米国国立公文書館所蔵万延元年遣米使節関係文書について」〔『国立歴史民俗博物館研究報告』二二八、二〇二一年〕一七九～一八〇頁）。ただこの書簡は以後の将軍書簡と比べても異例であり、急仕立てが影響したとも考えられることから（荒木前掲「幕末期徳川将軍書簡の古文書学的検討」二三二頁）、将軍書簡として本文で取り上げることはしなかった。なお原本はアメリカ国立公文書館メリーランド館（NARA Archives II）に保管されている。

(90) このときに至ってもなお幕府右筆が清書していることから、やはり幕府右筆が将軍書簡・別幅の清書者として位置付けられていたと考えることができる（本章第一節参照）。

(91) 原本はすでに荒野泰典「幕末維新期日米条約の原本調査―米国々立文書館での調査とその成果―」（『史苑』七三―一、二〇一三年）などで取り上げられている。

(92) 「経文緯武」印は安政期（一八五四～五九年）の江戸城炎上を受けて作り変えられていた（横山前掲「米国国立公文書館所蔵万延元年遣米使節関係文書について」一七四・一八七頁）。作り変えられた後の印章が近年、公益財団法人徳川記念財団で発見された「経文緯武」印であろう。

(93) 上白石実「万延元年アメリカ大統領宛て国書」（同『幕末期対外関係の研究』吉川弘文館、二〇一一年〔初出一九九五年〕）二三七・二四三～二四四頁。

(94) 上白石前掲「万延元年アメリカ大統領宛て国書」二四三～二四四頁、横山前掲「米国国立公文書館所蔵万延元年遣米使節関係文書について」一七五～一七六頁。Letter from Shogun Tokugawa Iyemochi（アメリカ国立公文書館所蔵 6883722）は NATIONAL ARCHIVES CATALOG でデジタル画像の閲覧が可能である。なおこのとき送られた贈品目録に関しては、福岡万里子・日高薫・澤田和人「スミソニアン研究機構所蔵の幕末日本関係コレクション―ペリー・ハリス・遣米使節団―」（『国立歴史民俗博物館研究報告』二二八、二〇二一年）で紹介されている。

(95) たとえば、Letter from Minamoto Iémochi [-tsi] to the President of the United States（アメリカ国立公文書館所蔵 6883703）や、プロイセン枢密文書館所蔵「徳川家茂が竹内使節団に託したプロイセン国王宛信任状」など。後者に関しては『企画展示　ドイツと日本を結ぶもの―日独修好150年の歴史―』（国立歴史民俗博物館、二〇一五年）五四～五五頁にデジタル画像が掲載されている。また竹内使節団については、長島要一「拒絶から許容へ」（同『日本・デンマーク文化交流史　1600-1873』東海大学出版会、二〇〇七年）一二六～一三二頁に詳しい。

(96)　慶喜も「経文緯武」印を使って「日本・デンマーク修好通商航海条約」を結んでいた（長島要一「絆を結ぶ」〔長島前掲『日本・デンマーク文化交流史　1600-1873』一七〇～一七四頁〕、「国立公文書館ニュースVol.11」〔国立公文書館、二〇一七年〕）。ゆえにその他の様式・形態も家茂書簡同様と判断した。

(97)　佐野真由子「幕末の対欧米外交を準備した朝鮮通信使―各国外交官による江戸行の問題を中心に―」（『国際シンポジウム第二九集　前近代における東アジア三国の文化交流と表象―朝鮮通信使と燕行使を中心に―』国際日本文化研究センター、二〇一一年）一九五頁、同『幕末外交儀礼の研究―欧米外交官たちの将軍拝謁―』（思文閣出版、二〇一六年）一三一～一三三頁。

(98)　荒木和憲氏は和親条約期以降の将軍書簡を取り上げ、それ以前に東アジア世界を往来していた書簡との連続性を指摘した（荒木前掲「幕末期徳川将軍書簡の古文書学的検討」）。

〔付記〕本章では朝鮮国王宛て徳川将軍書簡・別幅のみを扱ったが、実際は礼曹参判宛て幕府老中書簡（書契）とセットで出されていた。同書簡（書契）も「金紙」同様の装飾料紙を用い、それ専用の外交印（幕府老中印）が突かれていたことが分かっている。現在調査中であることから本章では触れることができなかった。成果がまとまり次第、公表することにしたい。

補論一　寛永一三年度徳川家光書簡・別幅の意義

はじめに

寛永一三年度家光書簡・別幅（一六三六年）は将軍書簡・別幅の拠るべき先例となっていた。「柳川一件」の結審に伴って足利将軍書簡、豊臣秀吉書簡を踏襲してきた将軍書簡に改変が加えられると、朝鮮外交経験に乏しい幕府は、新井白石が起草した正徳度家宣書簡・別幅（一七一一年）を除いて、基本的には寛永一三年度家光書簡・別幅（一六三六年）の様式・形態を踏襲していったのである。ゆえに第一章では同書簡・別幅を将軍書簡・別幅の確立とも位置付けた。

寛永一三年度家光書簡・別幅（一六三六年）を画期と見做す研究は何もこれが初めてではない。このとき対称として設定された「大君」号や、使用されるようになった日本年号に着目するかたちで、幕府の朝鮮外交姿勢を読み取ろうとしてきたからである。本補論では第一章の成果を踏まえながらも、改めて同書簡・別幅が持った意義について考えてみたい。

一　研究史の整理

室町時代において足利将軍は明朝中国の冊封を受け、日本国王として諸外国に向き合っていた。しかし、このとき古代以来の「伝統意識」を有する公家層からの批判が上がっていたという。その後、豊臣政権は冊封を受けることがなかったことから、東アジア国際秩序との間に「不整合」をきたす結果となった。冊封を受ければ国内からの批判を浴び、受けなければ「不整合」をきたすといった状況に江戸幕府は、対称としての「大君」号を設定し、日本年号を用いたのである。こうすることで東アジア国際秩序からの「離脱」を図るとともに、国内の批判をもかわすことができた。ただ結局冊封を受けることがなかったことから、「不整合な伝統」自体は継続した。中村栄孝氏はこうした朝鮮外交のあり方を「大君外交体制」と呼ぶ。「柳川一件」を機に幕府の朝鮮外交が変わったことを明示しようとしたものと考えられる[1]。

中村氏の造語に係る「大君外交体制」はその後の研究にも大きな影響を与えた。朝尾直弘氏は「大君」号を「東アジアにおいて明の冊封体制の傘からはみだした、鎖国の結果いまは虚構となり、幻想と化しつつある、小さな「国際」秩序の傘の頂点をなすところの称号」と位置付け[2]、「武威」に基づいて国家統一を果たした武家政権＝江戸幕府の意識としての「日本型華夷意識」を構想した。「華夷」とあることからある程度は「伝統意識」が含意されてはいるのであろうが、「華夷意識」とした点に朝尾氏の考えが明瞭に貫かれている。このような主張は直前になされた岩生成一氏の研究に対するアンチテーゼとして提唱されたものであり、東アジア世界とのつながりを強調することで、日本が「東亜の国際社会から孤立[3]」していたわけではなかったことを明示したものと考えられる。

一方で荒野泰典氏は、一六世紀以来続く「倭寇的状況」の統一政権による止揚といった観点から「日本型華夷秩序」を構想した。これは「海禁」と合わせることで「鎖国」と〝置き替え〟ることを提唱したものであったが、未だ〝置き替え〟がなされたとは言い難い。「日本型華夷秩序」（荒野）と「日本型華夷意識」（朝尾）の差は大きく、二つは似て非なるものである。荒野氏は「大君」号に「伝統意識」に由来する朝鮮蔑視を読み込む。そして「大君」号に基づく幕府の朝鮮外交体制＝「大君外交体制」を「朝鮮を一段低位に置く従来からの意識構造〔「伝統意識」〕を体制化すると同時に、明中心の国際秩序を前提とした日朝関係からも脱却し」たものと見て[4]、造語した中村栄孝氏の想定ともかけ離れていったのである。また寛永一三年度家光書簡・別幅（一六三六年）から始まる日本年号を「明からの「自立」とそのイデオロギー的支柱としての天皇の存在＝その表現」と捉えた[5]。東アジア国際秩序からの「離脱」、独善的な「国際秩序」の設定といった意味において中村・朝尾両氏と変わるところがないのであるが、「伝統意識」をより踏み込んだかたちで理解したことで朝鮮蔑視がより先鋭化して表れることとなった。かくして幕府の朝鮮外交は尊大と受け取られるようになったのである。

このような中、冷静に江戸幕府の朝鮮外交を見つめた研究者がいる。韓国人研究者の孫承喆氏である。氏は「大君」号の設定と日本年号の使用を検討するに当たって寛永一三年度信使（一六三六年）に着目した。正使・任絖が書き記した「丙子日本日記」を読み込むことで「幕府の立場から見るなら〔朝鮮王朝に対する〕優越の立場というよりは、むしろこれまで朝日両国の関係が不透明かつ対等でなかったとの認識から大君号や年号の変更を〔江戸幕府が朝鮮王朝に対して〕要求したのではないか」と提起したのである[6]。朝尾直弘氏の「日本型華夷意識」以来、幕府の対外政策に「伝統意識」を読み込むことが主流となっており、殊に日朝関係に関しては荒野泰典氏の「大君外交体制」でもって朝鮮蔑視が積極的に含意されるようになったから、孫氏の主張は当時としてはかなりの卓見と言えるものだろう。このことは寛永一三年度信使（一六三六年）から回答兼刷還使ではなく朝鮮通信使が派遣されるようになったという史実とも無理なく整合する。[7]しかし、孫氏の主張は荒野氏の研究からまもない時期に提唱されたにもかかわらず（一九九四年刊行、一九九八年日本語訳）、その後あまり取り上げられることはなかった。「大君」号の設定と日本年号の使用に決定的な見解を示し得たのは池内敏氏の研究によってである。

池内氏は「近世の国際秩序」と「国際認識の有り様」が直接的に結び付けられている現状に疑問を呈し、[8]「大君」号の設定や日本年号の使用に関して網羅的かつ精緻な分析を行った。結果としてそこに日本中心主義的な志向性を読み取ることはできず、「武家による新たな伝統の創造」こそが理由であったと説明する。[9]特に「大君」号に関して「中国中心の国際秩序とは一定の距離を保った外交姿勢の表現」であるとは言えても、[10]朝鮮を「目下に見据える態度とは無関係」であるという。[11]これによって蔑視を積極的に読み込んできた荒野氏の「日本型華夷秩序」「大君外交体制」は否定されることとなった。[12]「大君」号の設定と日本年号の使用は「武家による新たな伝統の創造」であることが確定した。

以上の検討を経る中で寛永一三年度家光書簡・別幅（一六三六年）は取り上げられ、これまで幕府の朝鮮外交に対する態度を読み取る手立てとされてきたが、ここで二つの疑問が生じる。一つは「大君」号の設定や日本年号の使用が「武家による新たな伝統の創造」であったとして、何故「柳川一件」直後に「新たな伝統」が「創造」されなければならなかったのか、である。「新たな伝統」を「創造」したければ、それは何も寛永一三年度家光書簡・別幅（一六三六年）に限らない。家光名義で作成された書簡・別幅は寛永元年度家光書簡（一六二四年）、寛永二〇年度家光書簡・別幅（一六四三年）もあったからである。ここには恐らく「柳川一件」直後の「刷新」といった事態が関係しているように思われる。だからこそ「伝統」に「新たな」が冠されたのであろう。

しかしそうであったとしても、何故将軍書簡は「刷新」されなければならなかったのかが分からない。池内敏氏は「大君」号に偽造・改竄防止の意図――「大君」号を設定することで日本側の自称（差出名義）「日本国源某」に「大君」が含意され、「王」字を挿入する意味がなくなる――を読み込むが[13]、対馬宗家による偽造・改竄は何も「王」字のためだけになされたわけではなかった。対馬宗家はいくつかの偽造・改竄を施す必要があったのであって（たとえば、年号を干支→中国年号に変えるなど）、何も「大君」号を設定すれば済むような話ではなかったのである。ここからは二つ目の疑問となるが、そもそも寛永一三年度家光書簡・別幅（一六三六年）における変化は何も「大君」号の設定と日本年号の使用にとどまるものではなかった。他の要素も変化していたのであって、それらを踏まえたかたちで「刷新」の意味を考える必要があるだろう。寛永一三年度家光書簡・別幅（一六三六年）の意義もここにあると思われる。次節では第一章の成果を踏まえながら、具体的に検討していきたい。

二「刷新」の意味

第一章に基づいて、寛永一三年度家光書簡・別幅（一六三六年）における変化を改めて確認すると、

①年号が干支から日本年号に変化したこと
②自称（差出名義）が「日本国源某」に変化したこと
③起草者が林家に変化し、清書者との区別がなされたこと
④料紙が「間合鳥子紙」から「金紙」に変化したこと
⑤一重目の箱が「黄金画櫃」（銀鐶紅緒書箱）から「銀箱」（惣稲妻文毛彫銀箱）に変化したこと

⑥別幅が加えられるようになったこととなろう。このうち①は対称としての「大君」号の設定と相俟ってこれまでも様々に議論されてきたし、②に関しても一つ前の寛永元年度家光書簡（一六二四年）における自称（差出名義）が「日本国主源家光」であったことに鑑みれば、変化の一つと捉えることができる。また④は料紙の変化、⑤は収納箱の変化であり、①②④⑤は総じて酒井忠勝（幕府年寄）が寛永一三年度信使（一六三六年）に対して伝達した内容――「向後ハ紛レコレナキ様ニ書式・御印・紙・箱モ今度ノ通以後マテモ相替ラス可被遊候」――と一致する。(14)

この「向後ハ紛レコレナキ様ニ」からは偽造・改竄防止の手立てがとられたかのような印象を受ける。しかし、たとえば「箱」（収納箱）は対馬宗家の偽造・改竄とは直接関係がなかったし、(15)「御印」（外交印）に関しても実際に偽造され、「柳川一件」の際に問題となったにもかかわらず、(16)家光外交印（「源忠徳」印）が「柳川一件」前後で変化した様子は見られない。つまり「紛レコレナキ様ニ」が意味するところは決して偽造・改竄防止などではなく、このたびの寛永一三年度家光書簡・別幅（一六三六年）が以後の将軍書簡・別幅の拠るべき先例となることを示すものだったのである。だからこそ「向後ハ」といった文言と一緒に用いられた。以上を踏まえると、①②④⑤を単純に偽造・改竄防止策と断定することはできず、③⑥も含めたかたちで意味を追究する必要があるだろう。

ここで注目したいのが、寛永一三年度信使（一六三六年）の派遣名目である。当該信使は「泰平の賀」を名目として派遣された。(17)この名目に関して三宅英利氏は「柳川一件」後に始まる「幕府主導の新制」を表立って名目とすることができなかったためと見るが、(18)事件後に幕府が対馬宗家の朝鮮通交を主導した事実はなかったし、(19)実際に変化した①〜⑥も偽造・改竄防止のためではなかった。ここは素直に「泰平の賀」のために寛永一三年度信使（一六三六年）が派遣されたと見るべきであろう。幕府としては寛永元年（一六二四）に設定したことのある「家光の襲職」(20)以外の名目が必要だったのである。

ではなぜ「泰平の賀」だったのであろうか。「柳川一件」直後の寛永一二年（一六三五）八月一六日に幕府年寄らは信使招請書簡（書契）和文案を協議した内容を公表した。書簡（書契）和文案には「然ハ往年為御遜譲之賀儀、信使〔寛永元年度信使〕雖来朝候、先大君〔徳川秀忠〕薨御以後及数年、益々太平ニ候、今程信使被差渡、御礼有之可然時分ニ候之間、急度信使渡海尤ニ候」とあって、[21]大御所秀忠の死去に伴う家光親政を称揚する意図があったと考えられる。「泰平」は決して「柳川一件」結審に伴う〝平和〟を意味するものではなかったのである。

家光は元和九年（一六二三）に将軍襲職を果たしていたが、大御所秀忠の陰に隠れた存在であった。それは秀忠に領知宛行だけでなく、軍事指揮、寺社支配、朝廷支配などが[22]握られたままだったからである。寛永元年度信使（一六二四年）に手交された寛永元年度家光書簡（一六二四年）に関しても、年号は大御所秀忠が採用した干支が使われていたし、書簡の完成には秀忠を含めた上覧が必要とされた（本書第一章参照）。また起草を担当したのは秀忠重用の人、以心崇伝であった。[23]つまり差出名義人こそ家光であったものの、実態は〝秀忠書簡〟と呼べるものだったのである。[24]以上の点からも家光が隠れた存在であったことが分かる。

寛永九年（一六三二）に大御所秀忠が死去すると、家光は幕政を主導していかなければならなくなった。[25]ただ親政期の家光は政務に支障が出るほどの病を抱えていたと言うし、[26]後継者不在の状況は幕府にとっても開幕以来の危機と呼べるものであった。[27]そうした中で家光は加藤忠広らを改易処分とするとともに、前例にない規模で上洛を果たすといった新機軸を打ち出そうとしたのである。[28]秀忠大御所時代の陰に隠れた存在からの脱却を図っていこうとしたものと思われる。

このように考えると、寛永一三年度信使（一六三六年）の派遣名目が「泰平の賀」であったことは意味深に映る。

すなわち、現実的に「泰平」であったかどうかが問題なのではなく、家光の親政によって日本に「泰平」がもたらされたという〝虚構〟こそが重要であった。派遣要請を通じて朝鮮側にこうした〝虚構〟を広める意図もあっただろうし、「泰平の賀」を名目とした寛永一三年度信使（一六三六年）が実際に派遣されることで、より現実味を帯びて国内に受け入れられることになった。「泰平」になったという〝虚構〟を理解してもらうためにも、寛永一三年度信使（一六三六年）の派遣名目は「泰平の賀」でなければならなかったのである。(29)

こうした作意に満ちた寛永一三年度信使（一六三六年）に対して、将軍書簡がこれまで通りのものであったはずがない。幕府は先の〝虚構〟を寛永一三年度家光書簡・別幅（一六三六年）に積極的に盛り込もうとしたのである。その結果こそが変化①〜⑥であり、「刷新」であったと言い得る。(30)ただし朝鮮側は前例踏襲を旨とする。急な変更は受け入れられない可能性があった。(31)幕府としては今回の書簡を朝鮮側に受け入れてもらわないことには「刷新」した意味がなくなってしまう。ここで幕府はどうしたか。結審したばかりの「柳川一件」を政治利用することにしたのである。

次に史料を掲げよう。これは寛永一三年度家光書簡・別幅（一六三六年）に係る三使（正使・副使・従事官）の疑義――自称（差出名義）への「大君」号不使用と日本年号の使用――に対する土井利勝（幕府年寄）らの返答である。(32)

大君預料使臣有此説話、教于俺等、果然矣、我国之用天皇年号、猶貴国之用大明年号、自前書契、去此二字、乃調興之大罪、両国各用其年号、各遵其旧規、初非相屈、而若欲強之、則非誠信也、至大君二字、乃国中私尊之号、執政答書、称我以大君、猶之可也、我所自尊之号、何敢書送于隣国之答書乎、此皆大君深悪調興之状、而有此明白処置、使臣之言雖如此、決不敢回報

前半部に日本年号を用いる理由が、後半部に「大君」号を用いない理由が簡潔に述べられている。「大君」号は尊

称なので将軍自らが用いることはないという。一方で日本年号に関しては「自前書契、去此二字、乃〔柳川〕調興之大罪」とあるように、さもこれまで日本年号を使用してきたかのような説明がなされる。先述したように寛永元年度家光書簡（一六二四年）に用いられた年号は干支であった。これは繰り返しになるが、秀忠の意向に基づいて慶長度秀忠書簡（一六〇七年）以来、慣例とされてきたものである（本書第一章参照）。土井らがここであえて事実ではないことを述べたのは、朝鮮側が偽造・改竄される前の書簡の内容を知り得ないと踏んでいたためであろう。幕府は全ての罪を柳川調興（対馬宗家重臣）に負わせることによって、前例踏襲を旨とする朝鮮側の批判をかわそうとした。そして「泰平の賀」に基づく「刷新」された将軍書簡を受領させることに成功したのである。(33)

おわりに

これまで寛永一三年度家光書簡・別幅（一六三六年）の意義について考えてきた。同書簡・別幅によって示された変化①〜⑥は偽造・改竄防止の意図からなされたものではなかった。「柳川一件」審理の際に問題として取り上げられながらも、変化①〜⑥に含まれていないものが存在するからである（外交印など）。本補論では変化①〜⑥の理由は別にあると見て、当時の家光が置かれた状況に注目した。

家光は将軍襲職後も大御所秀忠の陰に隠れた存在であった。秀忠死後も病と後継者不在といった状況に悩みながらも、幕政を主導していかなければならなかったのである。こうした中で派遣要請がなされた寛永一三年度信使（一六三六年）の名目が「泰平の賀」であったことは意味深に映る。家光の親政によって日本が「泰平」になったという〝虚構〟を国内外に知らせる絶好の機会と捉えられたからである。現実がそのような状態になかったからこそ逆に

「泰平」が強調される必要があった。

ともあれ、こうしたかたちで実現した寛永一三年度信使（一六三六年）への返書が従来通りのものであったはずがない。それまでとは異なる様式・形態が模索された。このときに様式・形態として表現されたものこそが変化①〜⑥であったと考えられる（「刷新」）。寛永一三年度家光書簡・別幅（一六三六年）は一つ前の家光名義のものとも異なる様式・形態を備えるに至ったのである。また「柳川一件」を政治利用することで前例踏襲を旨とする朝鮮側の批判をもかわすことができた。だからこそ幕府による「新たな伝統の創造」は寛永元年度家光書簡（一六二四年）でも、寛永二〇年度家光書簡・別幅（一六四三年）でもなかったのである。調興に全ての罪をなすり付けるためには「柳川一件」直後でなければならなかった。

このように考えると、「大君」号が対称として設定されたことの意味も分かってくるのではないだろうか。「泰平」を実現したという〝虚構〟を象徴するものとして寛永一三年度家光書簡・別幅（一六三六年）が作成されたのだから、「大君」号もそのようなものとして捉えなければならない。「大君」自体尊称であり、自称として用いることはできなかったため、家光が秀忠大御所時代から〝変わった〟ことを認識してもらうためには、相手から呼称されてこそ意味があったのである。「大君」号が対称として設定された理由はまさにここにあった。[35] 朝鮮を一等下に見据える態度＝朝鮮蔑視とは無関係であることが即解されるだろう。池内敏氏が主張するように「武家による新たな伝統の創造」であったことに変わりはないが、創出された当時の状況に鑑みれば、大御所秀忠の死前後で家光が〝変わった〟ことを象徴すべく、「大君」号は設定されたと見ることができるのである。[36]

「はじめに」で述べたように、寛永一三年度家光書簡・別幅（一六三六年）は後の将軍書簡・別幅の拠るべき先例となり、もって将軍書簡・別幅の確立とも位置付けられる。[37] 拠るべき先例であり、確立の大本である同書簡・別幅がこのような事情によって成立していたとなれば、将軍書簡・別幅に幕府の朝鮮に対する意志は何ら込められていなかったことになる。幕府が前例踏襲、朝鮮側書簡・別幅の反復をしなければならなかったのは、単に朝鮮外交経験が不足していたためではない。そもそも将軍書簡・別幅に何ら幕府の意志が込められていなかったからこそと考えることができるのである。(38) 幕府は自らの朝鮮外交を積極展開する意志がなかったことをここで改めて確認しておきたい。

註

(1) 中村栄孝「外交史上の徳川政権―大君外交体制の成立とその終末―」(同『日鮮関係史の研究　下』吉川弘文館、一九六九年〔初出一九六七年〕)。
(2) 朝尾直弘「日本国大君」(同『朝尾直弘著作集　第五巻　鎖国』岩波書店、二〇〇四年〔初出一九七五年〕)二三五～二三六頁。
(3) 岩生成一「鎖国」(『岩波講座　日本歴史10　近世2』岩波書店、一九六三年)九八頁。
(4) 荒野泰典「大君外交体制の確立」(同『近世日本と東アジア』東京大学出版会、一九八八年〔初出一九八一年〕)二一三～二一四頁。
(5) 荒野泰典「日本の「鎖国」と対外意識」(荒野前掲『近世日本と東アジア』初出一九八三年)一一～一二頁。
(6) 孫承喆「朝鮮後期の脱中華の交隣体制」(同〔鈴木信昭監訳・山里澄江・梅村雅英訳〕『近世の朝鮮と日本―交隣関係の虚と実―』明石書店、一九九八年〔初出一九九四年〕)二四一頁。
(7) 孫前掲「朝鮮後期の脱中華の交隣体制」二八二頁。
(8) 池内敏「近世日本の国際秩序と朝鮮観」(同『大君外交と「武威」―近世日本の国際秩序と朝鮮観―』名古屋大学出版会、二〇〇六年)一九頁。
(9) 池内敏「「大君」号の歴史的性格」(池内前掲『大君外交と「武威」』初出二〇〇五年)四三頁。
(10) 池内前掲「「大君」号の歴史的性格」六〇頁。
(11) 池内前掲「近世日本の国際秩序と朝鮮観」一八頁。

(12) ただ日本年号の使用に関しては、荒野泰典氏の主張通り天皇の存在を読み込むべきとする見解もある（野村玄『徳川家光―我等は固よりの将軍に候―』〔ミネルヴァ書房、二〇一三年〕二五三頁）。

(13) 池内敏「日朝外交史上の江戸時代」（同『絶海の碩学―近世日朝外交史研究―』名古屋大学出版会、二〇一七年）四一七～四二〇頁。最近においても「一罰百戒のごとき厳重な処断によって類似する不正行為の再発を防いだのであって、「大君」号の導入を除けば国書改竄を阻止するような仕組みが導入されたことは何一つ無かった」と述べている（同「柳川一件における国書改竄問題」〔同『徳川幕府朝鮮外交史研究序説』清文堂出版、二〇二四年〈初出二〇二二年〉〕五八頁）。

(14) 「朝鮮聘考（朝鮮書翰往来由来）」（国立公文書館所蔵「内閣文庫」178-0557）。詳細は本書第一章を参照のこと。

(15) 対馬宗家の偽造・改竄は基本的に「箱」の中身（書簡）をすり替えるかたちで行われたことから（田代和生『書き替えられた国書―徳川・朝鮮外交の舞台裏―』〔中央公論社、一九八三年〕一三四頁など）、「箱」自体は直接関係がなかったであろう。

(16) 池内前掲「柳川一件における国書改竄問題」五七頁。また柳川調興（対馬宗家重臣）の後日談でも、宗智順《としのぶ》（対馬宗家重臣）らが「秀忠公の御朱印と朝鮮国王の御朱印」を彫った事実が述べられている（田代前掲『書き替えられた国書』一九六頁）。

(17) 中村栄孝「江戸時代の日鮮関係」（中村前掲『日鮮関係史の研究　下』初出一九三四年）三〇二頁。

(18) 三宅英利「幕藩体制確立期の通信使」（同『近世日朝関係史の研究』文献出版、一九八六年）二四九頁。

(19) 池内敏氏の一連の研究（同「以酊庵輪番制考」〔池内前掲『絶海の碩学』初出二〇〇八年〕など）にこうした事実がなかったことが述べられている。

(20) 中村前掲「江戸時代の日鮮関係」三〇二頁。

(21) 「寛永丙子信使記録　二」（東京国立博物館所蔵 QB3299-2）寛永一二年八月一六日条。

(22) 藤井譲治『人物叢書　新装版　徳川家光』（吉川弘文館、一九九七年）四六～四七頁。特に領知宛行に関しては、同「秀忠大御所時代の領知宛行制」（同『徳川将軍家領知宛行制の研究』思文閣出版、二〇〇八年〈初出二〇〇一年〉）で詳述されている。

(23) 永積洋子「国書の形式」（同『近世初期の外交』創文社、一九九〇年）一二〇頁。

(24) 永祚六年（一六二四）五月二〇日付の家光宛て安南国書簡（安南国清都王鄭梉書簡）の返書作成を命じられた崇伝は、家光を差出名義人とするものと、幕府年寄衆（「奉行衆」）を差出名義人とするものの二案を作成し、どちらで返書すべきかを家光に尋ねた。しかし家光は「大御所の上意に拠るべし」と命じて、結局後者で返書することとなった（藤田励夫「安南日越外交文書の国書について―文書様式を中心に―」（『国立歴史民俗博物館研究報告』二二四、二〇二一年）二七三頁）。こうした事例からも大御所秀忠が権限を有していた事実が窺えるだろう。

(25)　家光が領知宛行を行ったのは上洛中の寛永一一年（一六三四）のことであった（藤井讓治「寛永十一年の領知朱印改め」（藤井前掲『徳川将軍家領知宛行制の研究』初出一九九四年））。また家光に「公方様」（日本の「一切の事」を支配する人物）呼称が定着するのは秀忠死後のことである（同「近世「公方」論」（同『幕藩領主の権力構造』岩波書店、二〇〇二年〈初出一九九五年〉）四五九～四六一頁）。加えて同「「公儀」国家の形成」（藤井前掲『幕藩領主の権力構造』初出一九九四年）四八九～四九二頁も参考になる。

(26)　家光の病気を初めて政治史に反映させたのは山本博文『寛永時代』（吉川弘文館、一九八九年）であったろう。その後、同『鎖国と海禁の時代』（校倉書房、一九九五年）に引き継がれた。このような視点は近年に至っても家光政権を読み解く鍵となっている（たとえば、野村前掲『徳川家光』一九〇～一九七頁、小池進『徳川忠長―兄家光の苦悩、将軍家の悲劇―』（吉川弘文館、二〇二一年）一九二～一九五頁など）。

(27)　野村玄氏は後継者不在の問題についても重視する（野村前掲『徳川家光』一八三～一八六頁）。また三宅正浩氏も同様である（同「幕藩政治の確立」（牧原成征・村和明編『日本近世史を見通す1　列島の平和と統合―近世前期―』吉川弘文館、二〇二三年）八三頁）。

(28)　藤井前掲『徳川家光』七三・九五～九六頁。将軍諸職直轄制の成立などもこの新機軸に含まれよう（藤井讓治「老中制の成立」（同『江戸幕府老中制形成過程の研究』校倉書房、一九九〇年）二二一～二二八頁）。

(29)　家光が寛永一二年（一六三五）六月二一日に武家諸法度を改訂した際、三代（家康・秀忠・家光）にわたる奉公を賞して大名家から起請文を取らなかったことは有名である。福田千鶴氏は「将軍と諸大名との主従関係が安泰であることを強調することで、庶出子ないし養子による不完全な家督継承を乗りきろうとする伏線をここに読み取ることができる」としているし（同『徳川秀忠―江が支えた二代目将軍―』（新人物往来社、二〇一一年）一七六頁）、三宅正浩氏も「幕藩関係が安定したことを、上から宣言したわけである」と見る（三宅前掲「幕藩政治の確立」七四頁）。「泰平」であることを強調した寛永一三年度信使（一六三六年）を派遣させようとしたことも同様であっただろう。

(30)　本補論では起草者が林家に変わったことも「刷新」の一つと捉えているが（変化③）、崇伝は寛永一〇年（一六三三）にその生涯を終えていた（圭室文雄編『日本の名僧15　政界の導者　天海・崇伝』〈吉川弘文館、二〇〇四年〉二一四頁）。ただ崇伝は秀忠重用の人であり、家光が「敬して遠ざける」存在であったことを踏まえれば（圭室編前掲『天海・崇伝』一四五頁）、崇伝の死如何に関わらず、秀忠没後の起草は林家に任されるものだったと考えることができる。このときに起草者と清書者が分けられたことの理由は相変わらず不明である。

(31) 実際に幕府や以酊庵僧は朝鮮が前例踏襲の国であることを理解していた。たとえば、寛永一三年度信使（一六三六年）来聘直前の以酊庵僧の幕府年寄に対する発言として、「一、朝鮮国之儀ハ専旧例を相守り候国風ニ而御座候由兼而承及罷有候、…」がある（「寛永丙子信使記録　四」〈東京国立博物館所蔵QB3299-4〉寛永一三年七月二九日条）。

(32) 「任参判丙子日本日記」（釋尾春芿編『朝鮮群書大系続々第四輯　海行摠載　二』〈朝鮮古書刊行会、一九一四年〉三五〇～二五一頁）。対馬宗家作成の「寛永丙子信使記録」にこうしたやり取りは見られない（理由不明）。

(33) 変化⑥（別幅が加えられるようになったこと）は厳密な意味において書簡の変化ではない。寛永一三年度信使（一六三六年）のときから将軍別幅が加えられるようになったことは確実であり、たとえば「寛永元年（一六二四年）甲子十二月朝鮮人来朝之節も〔朝鮮〕国王ヨリ公方様〔徳川家光〕へ進物ハ有之候得共、公方様より国王へ之進物ハ無之、三使へ銀五百枚・鎧三領・金屏風五双被進候、寛永十三年〔一六三六年〕ヨリ公方様ゟ朝鮮国へ被進物有之候、已上」といった記述がある（前掲「朝鮮聘考（朝鮮書翰往来由来）」、本書第一章参照）。朝鮮側から別幅がないことを特に指摘された様子はない。偽造・改竄の過程で対馬宗家が進物の数量を調整していた事実も確認されてはいるが（田代前掲『書き替えられた国書』一三六頁）、幕府としては別幅がなかったことも「調興之大罪」として処理しようとした可能性がある。

(34) 大名たちは大御所秀忠の死に伴う家光親政を「秀忠から家光への「御代替り」」と捉えていた（藤井前掲「寛永十一年の領知朱印改め」二五二頁）。つまり実質的に家光が将軍になったのは大御所秀忠の死をもってと考えることができるのである。藤井譲治氏は軍事指揮権を掌握すること、領知宛行権を掌握すること、の二つを「天下人」の条件とすることから（同『日本近世の歴史1　天下人の時代』〈吉川弘文館、二〇一一年〉二五一～二五二頁）、〝変わった〟とは「天下人」になったこととイコールで結ばれよう。

(35) しかし、何故このとき設定された言葉が「大君」であったのかについてはもう少し考察が必要である。現時点では池内敏氏が指摘するように「大樹源君」の略語であったと理解したい（池内前掲「「大君」号の歴史的性格」五三頁）。

（36）寛永一三年度信使（一六三六年）終了後、井伊直孝〔幕府年寄〕が示した認識は興味深い。すなわち、「今度信使持渡り御書翰之儀、文詞ホ殊外謙遜ニ有之、公儀〔徳川家光〕を被敬候而大君と書載被仕、大明之年号ハ一字下りニ書載有之、偖又日本之御治徳を数多之文句被相認候段、以前ゟヶ様之結構成ル書法有之儀承伝不申候、是偏ニ日本御太平之御威勢ニ而無之候ハヽ、何とて朝鮮国より尊敬被致候儀ヶ様ニハ可有御座候哉」である（「寛永丙子信使記録　五」〔東京国立博物館所蔵QB3299-5〕寛永一三年一二月一四日条）。家光親政に基づく〝虚構〟の「泰平」が朝鮮側にも受け入れられたと判断したからこその発言と言えるだろう。

（37）朝鮮国王へ贈呈する「屏風」の数量が二〇双と決まり慣例化したのは寛永一三年度家光書簡・別幅（一六三六年）からであった。後の画題から推測するに「屏風」には「泰平の世・日本の繁栄と、美しい景色、風土」が描き込まれたと言うから（榊原悟「屏風を贈る」〔同『屏風と日本人』敬文舎、二〇一八年〕四六六・四八四〜四八五頁）、想像を逞しくすれば、贈呈した「屏風」にも家光が実現した「泰平」が表現されていたのではないだろうか。

（38）秀忠が慶長度秀忠書簡（一六〇七年）に干支を用いたことからも分かるように、書簡の作成において特に朝鮮が意識された様子はない（本書第一章参照）。当初から幕府は日本側の論理に基づいて将軍書簡を作成していたということであろう。

第二章　朝鮮御用老中考

はじめに

第一章と補論一によって幕府は自らの朝鮮外交を積極展開する意志がなかったことが確認できた。勿論これには基本的にといった留保が付いており、たとえば新井白石には当てはまらないことは誰の目にも明らかであろう。幕府がこうした態度をとっていたのは、対馬宗家が対朝鮮外交の実務とも言える朝鮮通交を担っていたため、といった解釈が成り立つ。対馬宗家の朝鮮通交を「統制」することができていたからこそ、わざわざ幕府は自らの朝鮮外交を積極展開しなかった、といった理解である。

幕府による「統制」と聞いてまず想起されるのは以酊庵輪番制のことであろう。ただ同制度については池内敏氏によって、対馬宗家の朝鮮通交を監察する意図がなかったことが明らかとなっている(1)。もう一つ注目されるものとして朝鮮御用老中がある。朝鮮御用＝対馬宗家の朝鮮通交に係る相談を受け付けるために幕府老中一名が就任したものであり、一見すると幕府が「統制」に乗り出したかのように映る。これまで同老中については山本博文氏の研究によって間接的に触れられ(2)、許芝銀氏によってその概要が解明されるに至ったが(3)、実態を詳細に論じたものはない。幕府が対馬宗家の朝鮮通交を「統制」していたか否かは実態を解明することでしか分かり得ないだろう。ゆえに本章では朝

表1　朝鮮御用老中一覧

No.	就任者	役職	官途	期間		
1	堀田正俊	幕府大老	筑前守	天和2年(1682)　9月 4日	～	貞享元年(1684) 8月28日
2	阿部正武	幕府老中	豊後守	貞享元年(1684) 11月29日	～	宝永元年(1704) 9月16日
3	本多正永	幕府老中	伯耆守	宝永元年(1704) 10月10日	～	宝永2年(1705) 3月16日
4	土屋政直	幕府老中	相模守	宝永2年(1705)　3月16日	～	享保3年(1718) 3月 3日
				「中絶」期間		
5	松平信明	幕府老中	伊豆守	文化13年(1816) 11月12日	～	不明
6	青山忠裕	幕府老中	下野守	文化14年(1817)　9月29日	～	不明
7	大久保忠真	幕府老中	加賀守	文政6年(1823)　5月 8日	～	不明
8	松平乗寛	幕府老中	和泉守	天保8年(1837)　3月24日	～	不明
9	水野忠邦	幕府老中	越前守	天保10年(1839) 12月 6日	～	不明
10	土井利位	幕府老中	大炊頭	天保14年(1843)閏9月19日	～	不明
11	水野忠邦	幕府老中	越前守	弘化元年(1844)　7月22日	～	不明
12	阿部正弘	幕府老中	伊勢守	弘化2年(1845) 正月20日	～	不明

鮮御用老中の実態を就任者に即したかたちで見ていくことにする。なお参考のため本章で取り上げる朝鮮御用老中を【表1】に一覧とした。

一　堀田正俊の就任

天和二年（一六八二）八月二一日、江戸に天和度信使（一六八二年）が到着した。綱吉の将軍襲職を祝うためのものであり、同二七日に綱吉の引見を受けると、翌二八日まで江戸城での儀礼に臨んだ。(4)信使に同行した宗義真《よしざね》（三代藩主）は九月四日に急遽江戸城に呼び出され、牧野成貞（幕府側用人）から次のような上意を伝達された。(5)

今度朝鮮之信使罷渡候ニ付、其方(宗義真)諸事念入相勤、今度之儀首尾能有之而、
上様(徳川綱吉)御喜悦被思召上候、朝鮮之支配弥念入可相勤候、其方役儀異国之儀と申、大切被　思召候間、堀田筑前守(正俊)諸事申談、無遠慮用事申入、相勤候様ニ可致候

幕府にとっても「異国之儀」は重要であるので堀田正俊（幕府大老）に遠慮なく相談せよ、といった内容である。これが朝鮮御用老

中の始まりであり、以後対馬宗家は朝鮮御用＝朝鮮通交に係る相談を正式に堀田へ行うようになる。(6) 一方で堀田に対しても「向後対馬守〔宗義真〕江上意之通、無遠慮用事申談候様ニ」といった内容が牧野から伝えられ、朝鮮御用老中は対馬宗家と堀田の双方が了解する事項となった。

そもそも両者の関係は良好であったことが知られており、天和度信使（一六八二年）が江戸到着する以前から義真は種々の相談を堀田に対して持ち掛けていた。信使同行のため義真が一時帰国する際も樋口佐左衛門（対馬藩江戸家老）を通じて相談することを表明していたし、堀田も義真を「別格の存在」と認めていた節がある。(7) 先に出された上意はこのような両者の関係を追認したものと言えるだろう。(8) 他にも義真と懇意の幕府役人は存在したが、堀田との関係は上意といった〝お墨付き〟があった点に決定的な違いを見出すことができる。

さて、朝鮮御用老中に就任した堀田に対して対馬宗家は二つのことを実行している。一つは「朝鮮関係書類」の提出である。「朝鮮関係書類」とは、①家康様御書三通之写、②朝鮮通信之覚書一冊、③両国通用書翰抜書一冊、④朝鮮陣以後両国通用始慶長十二丁未年三使呂祐吉・慶暹・丁好寛持候朝鮮国王ゟ公方様江之御書翰之写、⑤朝鮮江唐兵乱之儀尋被遣候書翰幷和文之写、⑥朝鮮ゟ兵乱之返翰之写のことであり、貞享元年（一六八四）五月二三日に義真自ら堀田に提出した。(9) 提出を促す幕府側の指示は確認できないことから、対馬宗家が率先して提出したものと考えられる。

確かに当時の綱吉政権は「武徳大成記」の編纂を進めており、その中で大名家に「徳川家関係史料」の提出を命じたことがあったが、(10) それについても対馬宗家は貞享元年（一六八四）八月一二日に江戸聞番を使って提出を済ませている。(11) したがって、堀田へ提出された「朝鮮関係書類」は「徳川家関係史料」とは別物と考えるべきであって、さらに幕府の指示がなかったことに鑑みれば、対馬宗家が何らかの意図を持って提出したということになるだろう。「朝鮮関係書類」の提出は以後の朝鮮御用老中に対しても引き続き行われることから、後の事例と併せ考えることにしたい。

堀田に対して行ったことのもう一つは起請文の提出である。貞享元年（一六八四）六月二日に義真は堀田宛て多田与左衛門（対馬藩江戸家老）起請文の添削を人見友元へ依頼している。[12] 案文ではあるものの、以下にその内容を掲げよう。

起請文前書之事

朝鮮筋御用　筑州様（堀田正俊）へ被得御差図候様ニ与被蒙　仰候付、従　筑州様被仰渡候御隠密之御用幷此方（対馬宗家）ゟ被仰上候趣承申事ニ候間、他人者不及申、縦雖為一類縁者、曽而他言仕間敷候事

（神文省略）

貞享元甲子年（一六八四年）六月朔日　多田与左衛門（対馬藩江戸家老）　血判

堀田から命じられる「御隠密之御用」、対馬宗家から堀田へ報告する内容について、「他人」はもとより「一類縁者」も含めて一切他言しない旨が誓約されている。同じく江戸に詰めていた樋口佐左衛門（対馬藩江戸家老）や平田直右衛門（同）はすでに提出を済ませていたようであり、誓約内容も同様であったことが想像される。こちらも提出を促す幕府側の指示はなく、恐らく堀田と接する可能性のあった家臣に対して義真が提出させたものだろう。[13] 義真が積極的に働きかける意図は今のところ判明しないものの、少なくとも堀田と対馬宗家との関係が起請文でも確認されていたという事実は指摘しておきたい。

しかし、堀田との関係はそう長くは続かなかった。よく知られているように、貞享元年（一六八四）八月二八日に稲葉正休（幕府若年寄）によって殺害されてしまうからである。事件を受けて対馬宗家は次の朝鮮御用老中の設置を

幕府に対して要求することとなる。

二　阿部正武の就任

堀田死去後、三ヶ月が経過した貞享元年（一六八四）一一月二五日に対馬宗家は多田与左衛門（対馬藩江戸家老）を牧野成貞（幕府側用人）宅へ派遣した。その目的は新たな朝鮮御用老中の設置を牧野に依頼するためであった。しかし牧野からは、先に義真（三代藩主）が来宅し、設置を願い出てきたが、御月番老中へ相談するよう指示したところである、といった回答がなされた(14)。これは事実上の設置不可の方針であったと考えられ、だからこそ多田が改めて派遣されたものと見られる。

多田は牧野に対して、朝鮮御用老中を置くことの意義や堀田から始まる歴史的事実を力説し、設置の正当性を強調する。こうした働きかけが奏功したのか、四日後の一一月二九日には牧野から「其方〔宗義真〕役儀、堀田筑前守〔正俊〕へ用事申達相勤来候、只今者用事申達候方無之候間、阿部豊後守〔正武〕江用事申入可相勤」との上意が義真に対して伝えられ、堀田の後任として阿部正武（幕府老中）が就任することとなったのである。

阿部が朝鮮御用老中に就任したその日のうちに義真は、阿部に幕府宛て起請文提出に関する相談を行っている。しかし阿部から、幕府宛て起請文の提出は将軍代替時のみではないのか、といった疑義が呈されたため、義真は将軍代替時は勿論、朝鮮御用老中就任時にも提出している旨を返答している。第一節では対馬藩江戸家老らが堀田宛て起請文を提出していたことに触れたが、義真は別に幕府宛て起請文の提出を行っていたようである(15)。今回も同じように幕府宛て起請文を提出しようとしたが、阿部は幕閣との協議のうえ、それを不要とした。幕府としてはいくら朝鮮御用老中が変わったとは言え、他の大名家が行わない起請文の提出を対馬宗家だけに認めるわけにはいかなかったのであろう。ここから幕府宛て起請文の提出も幕府の指示に基づくものではなかったことが判明する。ちなみに対馬藩江戸家老らによる阿部宛て起請文の提出は引き続き行われている。

起請文に続いて義真は「朝鮮関係書類」の提出を画策する。提出に際して「朝鮮関係書類」の説明及び読み上げを阿部に対して提案するが、義真自身の眩暈を理由に断られてしまう。それでも部分的に口頭での説明が必要であり、独特な読み様があることなどを伝えると、ようやく阿部も納得するのである。(16) 阿部は義真の説明の中でも日本語と朝鮮語の発音の違いや朝鮮人参の希少性に興味を示し、また対馬から朝鮮へ派遣される使節や書簡（書契）に捺される図書、対馬に来島する訳官使に関する質問を行った。対する義真も阿部の問いに丁寧に答えるとともに、「家康様御書」を読み上げた最後に口頭で、

朝鮮向之御用之義大切ニ奉存候付、親類縁者ニ至迄曽而不申聞候、何時も私《宗義真》被召寄可被仰聞候、事之品ニゟ軽キ事ハ私家来被召寄、御家来衆ヲ以被仰付候か、御手紙ニ而も被下候か、とかく他所へ不承候様ニと奉存候、朝鮮向之様子不存人間ニ加り候而ハ不宜存候

と述べて、締め括りを行っている。「家康様御書」の読み上げは対馬宗家の朝鮮通交が家康以来のものであることを強調する意味を持っただろうし、口上は内容的にも起請文と通じるところがあり、幕府宛て起請文の提出が叶わなかった義真が改めて口頭で述べたもの、と評価することができる。幕府宛て起請文の提出こそ叶わなかったが、以上をもって対馬宗家は堀田に対して行ったと同じ行為を阿部に対しても行うことができた。

さて、天和元年（一六八一）に幕府老中に就任した阿部はその期間のほとんどを朝鮮御用老中として過ごした（貞享元年（一六八四）一一月二九日就任）。しかし、宝永元年（一七〇四）九月一六日に彼は死去してしまうのである。阿

部の訃報に接した対馬宗家は、香典に関して「此方〔対馬宗家〕之御事者、御筋目格別之儀与申、分而〔阿部正武と〕御懇意之御儀ニ候故、右両所〔先に香典を供えた藤堂高睦〈伊勢津藩主〉・毛利吉広〈萩藩主〉〕様ゟ之員数ニ劣り候而ハ、如何ニ可有御座候哉、其内承合置、重而御使者被差越候節見合、御香奠差出可申候」といった判断を示した。[17] 阿部と「分而御懇意」であったために他家に劣らぬ香典を差し出したい、といった内容であるが、ここから幕府に対する対馬宗家の慎重な態度を読み取ることができる。なぜなら同家は過去に朝鮮御用老中の設置を幕府から断られていたからである（本章第一節参照）。香典が他家より劣ることで対馬宗家は、朝鮮御用老中との関係性が軽く見られることを懸念していたのではないだろうか。だからこそ他家の状況を調査し、劣らぬ香典を差し出そうとしたものと考えられる。

三　本多正永の就任

阿部の訃報を国元対馬へ伝達する中で樋口佐左衛門（対馬藩江戸家老）は次のようなことを述べている。[18]

先年堀田筑前守（正俊）様御卒去以後豊州（阿部正武）様へ右御用御奉り被仰出候儀者、貞享元甲子年（一六八四年）十一月九日牧野備後守（成貞）様江
義真（宗）様御出被成、朝鮮御用御奉り之御方となた様江そ被仰出被下候様ニと之儀、御願被仰込置候由、爰元（江戸）日帳考
候処、此節之儀奥之日帳ニ有之と斗表之日帳ニ相見へ、委キ儀者不相見候、右之仰込候以後、又多田与左衛門（対馬藩江戸家老）被
遣之、御用人戸倉甚五右衛門迄右之訳申達置候処、其以後備後守様江
義真様を御招キ被成、向後朝鮮御用之儀豊州様迄被仰達候様ニと之御事、御直ニ被仰渡候由、帳面ニ相見へ候、
尤其元（国元）ニ始終之帳面有之、委細相知レ居可申与存候

ここには堀田死去後の阿部就任の様子が示されているが、どうやら樋口は義真が牧野へ願い出た状況を知れないでいるらしい。ために阿部死去後の朝鮮御用老中をどの時点で願い出るべきかを判断しかねており、国元に保管されている「帳面」写の送付をこの後国元家老衆に依頼することとなる。(19) しかし写を取り寄せるにせよ、このたび義方《よしみち》（五代藩主）は在国しており、義真同様すぐに幕府へ願い出るというわけにはいかない。義方が参府してから願い出を行う、といった方法もあったが、次の参勤までに時間があり、それを待っていては時機を逸する可能性があった。対応に困った樋口は柳沢吉保（幕府側用人）を頼ることとなる。(20)

樋口は柳沢へ相談するに当たって薬師寺宗仙院（幕府奥医師）へ話を持ち掛けている（宝永元年〔一七〇四〕九月二二日）。宗仙院とは橘隆庵のことであり、過去に柳沢の重病を治療した功によって法印を授けられた人物である。(21) 対馬宗家との関係構築の過程は定かではないが、柳沢家家老とのつながりを持たない対馬宗家にとって、唯一柳沢とのつながりを可能にする窓口であった。(22) その宗仙院に対して樋口は、柳沢家家老経由で柳沢へ取り次いでもらいたい旨を伝え、翌二三日には提出予定の「口上書」の内見を柳沢に依頼している。「口上書」の内容を次に掲げよう。

朝鮮御用阿部豊後守（正武）様御跡役、対馬守（宗義方）方ゟ早速可奉願儀御座候得共、遠国之儀与申、殊冬向者海上風波烈敷時節ニ御座候付、対州（対馬）ゟ奉願候儀可及遅滞哉と奉存候、若其内差当り候儀御座候ハヽ、御用番（御月番）御老中様江相伺可奉得御指図与奉存候、乍然朝鮮向之儀ハ異国之事候故、御用御奉り之御方様相定り不申候而者、彼国（朝鮮王朝）之儀唱来候言葉遣イ、所之名、何角ニ付御聞請難被遊儀共多ク御座候、就夫御壱人相定申候得ハ、御取次之衆段々聞馴被申候付、御用弁■（立カ）、其上聞違茂無御座御事候、…然処ニ御用番様之儀ハ段々御替り被遊候故、御取次之人も移り代り被仕候付、御用向申談候儀難被聞請事多可有御座与奉存候、左様之節自然御用向間違候而者、如何鋪奉存候、対馬守留守之儀ニ御座候得共、差当り右之通之訳ニ御座候付、朝鮮御用御奉り之御方様相定り候様仕度儀奉存候、右之段私（樋口佐左衛門）一分与仕申上候儀恐多御事奉存候得共、異国之儀御座候付、若不時之御用御座候節間違申候而ハ、至而大切奉存候、…

冒頭に義方が参府できない理由が述べられ、①聞き慣れない「言葉遣イ」や「所之名」が多く会話中に出てくることから、特定の幕府役人を置いてくれれば「段々聞馴」れてくるであろうこと、②暫定的な相談先である御月番老中では聞き違いが起こる可能性があること、③「私一分」で恐れ多いことではあるが、「異国之儀」であり間違いがあってはならないこと、が述べられている。要は御月番老中では務まらないと言いたいのであり、これをもって朝鮮御用老中設置の正当性を幕府に対して訴えたものと見られる。以上の「口上書」を受け取った柳沢は、朝鮮御用老中決定前に問題が発生した場合は自分に、決定後は朝鮮御用老中に相談するよう樋口に対して指示し、さらに「朝鮮御用、又者長崎表抔之儀ハ異国向之事候故、重キ儀ニ而、上（江戸幕府）ニ茂大切成事ニ被思召候」と付け加えた。ここから柳沢が朝鮮御用老中の設置に前向きであり、設置不可を示した牧野とは好対照をなしていた様子が窺えるだろう。(23)

宝永元年（一七〇四）一〇月一〇日、御月番老中・土屋政直（幕府老中）から呼び出しを受けた対馬藩江戸留守居は「朝鮮之御用幷公儀向御用之儀、唯今迄豊後守（阿部正武）江被相達候通、向後伯耆守（本多正永）江可被相達候」と伝達された。(24)これをもって本多正永（幕府老中）が朝鮮御用老中に就任することとなり、以後対馬宗家は本多に対して朝鮮通交に係る相談を行うようになる。

四　国元家老衆の考え

本多が朝鮮御用老中に就任する以前から国元では設置に関する議論が様々に行われていた。その中心は義方（五代藩主）が江戸にいない状況下でいかにして設置を願い出るのか、といったものである。本節では樋口佐左衛門（対馬藩江戸家老）宛て国元家老衆書状二点を取り上げながら、設置に関して国元家老衆がどのような考えを持っていたのかについて明らかにする。(25)

まず取り上げたいのは宝永元年（一七〇四）一〇月七日付の書状である。同書状には、①朝鮮御用老中設置要求は柳沢に対して行うこと、②設置要求は江戸へ「御使者」を派遣した際か、藩主が参勤した際かのどちらかで行うこと、③どちらの方法で願い出るべきか国元では判断しかねるので柳沢へ相談して欲しいこと、の三点が記されている。これより先、国元では御用頼老中の設置に成功した秋田佐竹家の情報を入手してはいたが、(26)結局参考にはしなかったようである。そのことは樋口に柳沢への相談を促した点からも理解できよう。

また柳沢への相談の際には土屋政直（幕府老中）を次の朝鮮御用老中に推すことも指示している。その理由は品のない複雑な願い出や相談は家臣同士のつながりのある土屋にしかできない、といったものであり、このことはどうやら義方も了承済みのことだったらしい。ここから対馬宗家の方から朝鮮御用老中を指名することはなかったものの、国元家老衆は対馬宗家にとって都合のよい人選となるよう幕府への働きかけを指示していたことが分かる。(27)

次に取り上げたいのは宝永元年（一七〇四）一〇月一〇日付の書状である。本多が朝鮮御用老中に就任したのも同じ一〇月一〇日であったが、国元家老衆はまだこのことを知らなかったことから、同書状においても願い出の方策が議論されている。その中で提起されたのは、別用で上方に向かっている大浦忠左衛門（対馬藩国元家老）を幕府への願い出の使者とするといったものであった。国元では設置要求を藩主が行うほど重要なことと考えていたが、藩の財政状況が芳しくなく、すぐに参府というわけにはいかない。また藩主の江戸参勤まで時間があったことから、急遽こうした方策が考案されることとなったのである。

またこれには別の狙いも込められるようになる。国元家老衆は朝鮮御用老中が本多に決定したとの知らせを受けると、命じられ方がこれまでとは異なるといった理由で不満を抱いた(28)。御月番老中が江戸留守居へ命じる形式ではなく、幕府側用人が藩主へ上意を取り次ぐ従来のやり方にこだわったのである。国元家老衆はこの変化を受けて、対馬宗家の朝鮮通交に対する幕府の態度が「軽々敷」なったと捉え、何とか改善すべきと考えた(29)。大浦の出府はまさにこうした幕府の認識を改める絶好の機会だったのであり、国元家老一名がわざわざ対馬から出府したように見せ掛けることで、対馬宗家の朝鮮通交を「重く」見せようとしたのである。

しかし、当時の幕府は贈答などを簡素化する方針を示していたのであり、その影響は当然対馬宗家にも及んでいた。たとえば朝鮮御用老中が本多に決定し、その御礼について樋口が土屋に相談した際、土屋から「此度之儀、以使札被相勤候ニ及不申候、此程茂被仰出候様ニ、諸事初段々軽キ様ニと之御事候、弥御使札ニ不及候間、以御飛札御勤可被成候」と命じられていたことからも理解できる(30)。このような方針を直接肌で感じ取っていた樋口は、国元家老衆の判断が却って逆効果になることを懸念し、大浦出府計画の中止を要請する。

それを受けた国元家老衆は、最終的には樋口の立場を尊重し、大浦の出府を取り止めることにした（「此度之義、爰元〔国元〕ゟハ重キ義と思召、何角与被入御念候得共、公儀〔江戸幕府〕御差図之趣ハ殊外軽相聞へ候、此義ハ不限、公義向之儀者其時之勢次第之事ニ候へハ、如何程ニ思召候而茂可被成様茂無之候」）。当然この背景には朝鮮御用老中がすでに決定していたといった事情もあっただろうが、何よりも幕府の心証を悪くしてはいけないといった国元家老衆の判断が働いたものと思われる。設置要求に際して様々な議論が繰り広げられたものの、対馬宗家は宝永元年（一七〇四）一二月一六日までに全ての御礼を完了させたようである(31)。

五　土屋政直の就任

本多が朝鮮御用老中に就任して半年余りが経過した宝永二年（一七〇五）三月一六日、対馬藩江戸留守居は急遽、御月番老中・秋元喬知（幕府老中）から呼び出しを受けた。そこで秋元公用人をもって命じられたのは、「西之御丸御用多候」との理由から、朝鮮御用老中が本多より土屋政直（幕府老中）へ交代する、といったものであった[32]。理由として掲げられた「西之御丸御用多候」とは家宣が綱吉の養子となったことを示しており、本多はまさに宝永元年（一七〇四）末に家宣付老中（幕府西丸老中）に就任したばかりであった[33]。

このようにして対馬宗家の希望通りに土屋が朝鮮御用老中となったわけであるが、一方でその命じられ方には不満を抱いていた。それは交代の知らせが秋元公用人の「口上」によって対馬藩江戸留守居に対してなされていたからである（「土屋（政直）様朝鮮御用御聞之儀、（秋元）公用人口上ニ而之御達ニ而者事軽く相見候[34]」）。そのため樋口は柳沢を訪れ、まもなく義方が参勤するので江戸城あるいは柳沢宅にて上意を賜りたい旨を願い出ている（「無程対馬守（宗義方）儀参勤可仕候、左候ハヽ、先例之通御城ニ而対馬守ニ被仰渡候歟、又者濃州（柳沢吉保）様御宅ニ而成共被仰渡候様ニ仕度儀ニ御座候[35]」）。また就任した土屋に対しても「異国御用」が「軽々敷」なっており、当家も「気毒」に感じているので、藩主在国中にでも「御奉書」をもって命じてもらえれば「役儀」も「重ク」聞こえ、朝鮮側の印象もよくなる、と言上している（「先格与殊外相違仕、異国御用軽々敷罷成、気毒奉存候、在国之節ハ御奉書ヲ以被仰渡候様ニ仕度儀奉存候、左様御座候得ハヽ、役儀茂重ク相聞江、朝鮮国之存入も宜御座候」）。

対馬宗家としては朝鮮通交に対する幕府の態度が「軽々敷」なっている中で、朝鮮御用老中の交代が上意といったかたちで伝達されなくなるという、いわば御家のアイデンティティに関わる事態を看過するわけにはいかなかったのであろう。このような働きかけが奏功したのか、宝永二年（一七〇五）四月一五日に参府した義方は将軍への御礼を済ませた後に改めて朝鮮御用老中交代の上意を受けることになる。幕閣から奉書紙半切の「御書付」が渡されたことは、朝鮮御用老中が上意によって任命されることを視覚的に表現したものであったと言うことができ、かくして対馬宗家は幕府の「軽々敷」態度を改めることに成功したのである。

さて、朝鮮御用老中に就任した土屋に対して平田直右衛門（対馬藩江戸家老）は宝永二年（一七〇五）六月三日に「朝鮮関係書類」を提出している。その内容は、①朝鮮通信之覚書、②朝鮮江差越候送使人数幷音物之覚書、③日本ゟ差渡候諸色・朝鮮ゟ差越候品々覚書、④家康様御書之写三通一包であり、義方の言葉として「然者今度朝鮮御用之儀被蒙仰候付、彼国〔朝鮮王朝〕与通信之次第大概書付候而差上之申候、…私〔宗義方〕持参仕候而可申上候得共、…乍略儀使者を以申上候、若御尋之儀茂御座候ハヽ、被仰聞候様ニと奉存候」が伝えられた。「朝鮮関係書類」の提出は堀田就任以来の慣例であったが[36]、藩主直々による提出や説明・読み上げはなされなかった。このときの提出に関して特に藩内で問題になっていないことを考えれば、必ずしも藩主による提出や説明・読み上げは必要なかったのであろう[37]。そのような意味で先に見た義真（三代藩主）の行動は幕府に対する彼なりのアピールと理解した方がよく、対馬宗家として定型化されたものではなかったことが分かる。

土屋は在職中、家宣・家継・吉宗の三代にわたって朝鮮御用老中を務めた。将軍代替ごとに再任を受ける必要があったようで[38]、こうした慣行は土屋のときに初めて見られるものである[39]。しかし、その土屋も享保三年（一七一八）三月三日の幕府老中退任に伴って朝鮮御用老中を退くこととなる。通常であればまもなく後任設置がなされるはずであったが、どういうわけかこのときに新しい朝鮮御用老中が任命されることはなかった[40]。堀田に始まる朝鮮御用老中は、阿部・本多そして土屋を経て、一八世紀初期には「中絶」したのである（「相模守様〔土屋政直〕御代り朝鮮御用聞之御老中様中絶ニ至候事」）。(41)

おわりに

時代は下って、文化一三年（一八一六）一一月に対馬藩江戸留守居は御月番老中・土井利厚（幕府老中）から呼び出しを受け、松平信明（幕府老中）が朝鮮御用老中に就任した旨を知らされる。(42) その経緯については文書・記録がなく詳細を明らかにすることはできないが、「中絶」以来、実に一世紀ぶりの復活であり、以後も交代しながら継続されることとなる。すなわち、松平信明（幕府老中）→青山忠裕（同）→大久保忠真（同）→松平乗寛（同）→水野忠邦（同）→土井利位（同）→水野忠邦（同）→阿部正弘（同）といった具合である。(43)

しかし、土屋政直就任時（宝永二年〔一七〇五〕）にようやく藩主が上意を受けるかたちに復したにもかかわらず、一世紀ぶりの任命においても再度江戸留守居が御月番老中より伝達を受けるかたちになっている。朝鮮御用老中自体復活したものの、再び幕府の態度が「軽々敷」ものになったと対馬宗家には感じられたはずである（「松平伊豆守〔信明〕様、朝鮮御用御聞被蒙仰、夫より御連続之儀ニ候処、右伊豆守様被蒙仰候節、此方様〔対馬宗家〕江之御達振以前与違、被仰談候形何となく相止候付、…弥御旧格相廃り、毎事貫通ニ至兼候付而ハ、御心遣茂相増、御役儀之御弱ニ付」）。そのため対馬宗家は水野忠邦（幕府老中）在任時に「御旧格」に復する働きかけを開始し、弘化四年（一八四七）の阿部正弘（幕府老中）在任時に至ってようやく藩主が上意を受けるかたちに復することができた。(44) ここから対馬宗家がなおも上意による任命にこだわり続けていたことが分かる。

対馬宗家が伝達の形式にこだわったのは、そのこと自体が対馬宗家の朝鮮通交を幕府が重視しているか否かを判断する指標になっていたためであろう。当然御月番老中から江戸留守居に対して伝達されるよりも、上意として藩主に伝達された方が重みを持って感じられた。対馬宗家としては本多正永就任時（宝永元年〔一七〇四〕）からの懸念を、土屋就任時（宝永二年〔一七〇五〕）に改めることに成功していたにもかかわらず、一世紀ぶりに復活した際に再度改める働きかけを開始しなければならなかったのである。[45]このことは対馬宗家の意図を幕府側がほとんど理解していなかったことを意味していよう。

思えば、堀田正俊（幕府大老）が死去した際、牧野成貞（幕府側用人）は対馬宗家の後任設置要求に対して不可の方針を示していた（本章第二節参照）。対馬宗家と堀田との関係性を鑑みて幕府が朝鮮御用老中の設置を行っていたにもかかわらず、である。後にも同老中が死去したり、退任したりした際は対馬宗家の方から後任設置要求がなされている。このことは朝鮮御用老中が常置されるものではないといった認識を幕府側が持ち合わせていたことを意味しよう。つまり堀田は綱吉政権期に見られる「御用掛り」制の一環として朝鮮御用＝対馬宗家の朝鮮通交を引き受けていたに過ぎなかったのである。[46]だからこそ堀田死去後は後任の設置がなされることがなかった。[47]

しかし、対馬宗家が藩主挙げての後任設置要求を展開するものだから、[48]幕府としても無碍にすることができず、なし崩し的に認めていくこととなった。一度再設置されればそれが先例となり、結果として常置されるに至る。幕府は「御用掛り」制の一環として、一過性の存在としてしか朝鮮御用老中を見ていなかったのであって、[49]ここに対馬宗家の朝鮮通交を「統制」する幕府側の意図があったようには思われない。ゆえに朝鮮御用老中であったとしても専門知識や経験を有していなかったのだし、就任のたびごとに対馬宗家によって「朝鮮関係書類」の提出がなされた。[50]朝鮮御用老中は幕府ではなく対馬宗家にとり意味のあるものであった。

註

（1）池内敏「以酊庵輪番制考」（同『絶海の碩学—近世日朝外交史研究—』名古屋大学出版会、二〇一七年〈初出二〇〇八年〉）。

（2）山本博文『対馬藩江戸家老—近世日朝外交をささえた人びと—』（講談社、二〇〇二年〈初出一九九五年〉）。

（3）許芝銀「近世幕藩体制のなかの対馬藩」（『日本歴史研究』四三、二〇一六年）。

（4）三宅英利「幕藩体制安定期の通信使」（同『近世日朝関係史の研究』文献出版、一九八六年）三六四～三六六頁。

（5）「堀田筑前守殿阿部豊後守殿并此度本多伯耆守殿へ朝鮮御用被蒙仰候覚書」（国史編纂委員会所蔵「對馬島宗家文書」記録類3609）。本節では特に断らない限り同史料による。

（6）堀田は当時幕府大老であったが、煩雑になるため朝鮮御用老中としている。

（7）箕輪吉次「壬戌信使記録の虚と実」（『日本学研究』四〇、二〇一三年）一四五頁。

（8）堀田が朝鮮御用老中に任命された直接的な要因について李晐鎮氏は、天和度信使（一六八二年）に対する答礼品の準備、徳松（綱吉嫡子）への信使謁見手続きに関する協議がなされていなかったこと、の二点を挙げる（同「一七世紀末朝日関係の変化と対馬藩」〔『日本歴史研究』四九、二〇一九年〕一四頁）。

（9）①～④は「桐之箱壱ニ入、合糸真田之緒付ル、箱之上書ハ　朝鮮通信之書物　宗対馬守」、⑤⑥は「朝鮮ゟ之返翰箱ニ入」といった状態で提出された（「朝鮮通信之覚書堀田筑前守様江被差上候次第記之」〔国史編纂委員会所蔵「對馬島宗家文書」記録類3828〕）。四日後の五月二七日に堀田から「達上聞」した旨が伝えられている。

（10）阿部正武（幕府老中）・堀田正仲（堀田正俊嫡子）が事業担当、林鳳岡らが編纂実務に当たった。天和三年（一六八三）一一月一二日に綱吉から鳳岡らへ「三河記」吟味が命じられ、これが「武徳大成記」編纂の発端となった。天和三年（一六八三）一一月二五日・貞享元年（一六八四）正月二二日に幕府は大名家・旗本家に関連資料の提出を命じたのである。このとき提出されたのが「貞享書上」であり、後に「譜牒余録」として成立することとなる。「武徳大成記」は約三年の編纂期間を経て貞享三年（一六八六）九月七日に完成した（平野仁也「『貞享書上』考」〔同『江戸幕府の歴史編纂事業と創業史』清文堂出版、二〇二〇年〈初出二〇一六年〉〕一〇五～一〇九頁、同「『武徳大成記』の編纂と徳川史観」〔平野前掲『江戸幕府の歴史編纂事業と創業史』初出二〇一九年）一三三〜一三五頁）。

(11)「三河記之御用ニ付朝鮮通交之書付阿部豊後守様堀田下総守様江被差出候次第記之」（国史編纂委員会所蔵「對馬島宗家文書」記録類 5246）。

(12) 前掲「朝鮮通信之覚書堀田筑前守様江被差上候次第記之」。

(13) 貞享三年（一六八六）八月になって初めて国元家老衆に対して朝鮮御用支配が命じられたが（泉澄一「雨森芳洲研究の回顧と展望」〈同『対馬藩藩儒雨森芳洲の基礎的研究』関西大学出版部、一九九七年〉二八〜二九頁）、朝鮮御用老中設置と江戸家老起請文提出との関係は不明である。

(14)「朝鮮筋之御用阿部豊後守殿申談相勤候様ニと牧野備後守殿御宅ニ而被仰付候次第幷朝鮮通用之儀豊後守殿江申上候記録」（国史編纂委員会所蔵「對馬島宗家文書」記録類 3829）。本節では特に断らない限り同史料による。

(15) 当該起請文に関しては、李晐鎮「一七世紀末〜一八世紀初対馬藩の対幕府交渉の論理変化─「通交」の概念拡張と「藩屛の武備」論の登場─」（『日本歴史研究』五五、二〇二一年）一三頁で紹介されている。

(16) 阿部に提出された「朝鮮関係書類」の内容は判明していないが、義真は「今日豊後守殿〔阿部正武〕へ致持参候書付ハ、当夏堀田筑前守〔正俊〕殿へ差出候書付之通不残持参仕ル」と述べていることから、同様であったことが分かる。

(17)「朝鮮御用御奉り御老中阿部豊後守様御卒去ニ付御跡朝鮮御用幷公儀向御用共ニ本多伯耆守様江被相伺候様ニ被仰出候次第記録」（国史編纂委員会所蔵「對馬島宗家文書」記録類 5289）。

(18) 前掲「朝鮮御用御奉り御老中阿部豊後守様御卒去ニ付御跡朝鮮御用幷公儀向御用共ニ本多伯耆守様江被相伺候様ニ被仰出候次第記録」。本節では特に断らない限り同史料による。

(19)「本多伯耆守様江朝鮮御用御奉り被仰出候付江戸表贈答之次第」（長崎県対馬歴史研究センター所蔵「宗家文庫史料」記録類1-1-N④-1）。ちなみに義真は元禄一五年（一七〇二）八月七日に死去していた（本書第四章参照）。

(20) 対馬宗家は柳沢吉保と元禄一〇年（一六九七）に初対面を果たしていた（福留真紀「対馬藩主宗義方と柳沢吉保」〈『長崎大学教育学部紀要　人文科学』八一、二〇一五年〉三頁）。

(21) 福留真紀『将軍側近　柳沢吉保─いかにして悪名は作られたか─』（新潮社、二〇一一年）一一九頁。

(22) 宗仙院は「幸美濃守様〔柳沢吉保〕御家老藪田五郎右衛門・平岡宇右衛門江茂知人ニ罷成居候間、…」であった（前掲「本多伯

耆守様江朝鮮御用御奉り被仰出候付江戸表贈答之次第」）。

(23) だからと言って、牧野と対馬宗家の関係が悪かったわけではない。牧野は貞享三年（一六八六）に大久保忠高〔幕府側衆〕の朝鮮人参購入を仲介しているし、対馬宗家も尽力することを牧野に対して述べていたからである（福留真紀「綱吉政権前期の側用人」〈同『徳川将軍側近の研究』校倉書房、二〇〇六年〈初出二〇〇〇年〉〉六一頁）。後任設置不可の方針は関係の良し悪しを反映したものではない。

(24) 前日の一〇月九日に対馬宗家は、朝鮮御用老中に対して朝鮮通交に係る相談以外の内容＝「御内所用」の相談も行っているのかどうかを土屋から尋ねられていた。これに対して対馬藩江戸留守居は、堀田が「外之用事之儀茂御聞可被遊候間、左様相心得候様ニと之御事ニ付、朝鮮御用向其外之儀茂奉得御差図相勤申候」と述べている。ここから朝鮮御用老中が「御内所用」の相談も受け付ける、他家にとっての御用頼老中として機能していたことが分かる。だからこそ本多の任命時には「朝鮮之御用幷公儀向御用」と付け加えられたのであろう。

(25) 前掲「朝鮮御用御奉り御老中阿部豊後守様御卒去ニ付御跡朝鮮御用幷公儀向御用共ニ本多伯耆守様江被相伺候様ニ被仰出候次第記録」。本節では特に断らない限り同史料による。

(26) 秋田佐竹家は秋元喬知〔幕府老中〕に願い出、承認されることによって秋元を御用頼老中とすることができた。一方で対馬宗家はこれまでも朝鮮御用老中の設置を願い出るだけにとどまり、佐竹家のように指名するには及んでいなかった（「此方〔対馬宗家〕之儀者、朝鮮御用御奉り之御方御願被仰上儀ニ候故、誰様江と御名を御指被成候而、被仰上儀ハ難被成」）。

(27) 国元家老衆の希望は第一に土屋政直〔幕府老中〕、第二に稲葉正通〔同〕、第三に秋元喬知〔同〕、第四に小笠原長重〔同〕といったものであった。第一の土屋については「〔土屋〕御家中江此方〔対馬宗家〕御家来ちなミも有之事ニ候得ハ、相伺候事も仕能可有之哉と被存候」ため、第二の稲葉については「泰応様〔稲葉正則〕以来御懇意之御事」などと述べられており、自家の利益を優先したものであった。

(28) 「天龍院様〔宗義真〕江両度〔堀田正俊・阿部正武就任時〕共ニ被蒙仰候御格式之違（与カ）、軽々敷御事ニ而存之外なる儀ニ候、此格ニ候得者、此方〔対馬宗家〕も他方与差別無之、朝鮮御役有之与申訳も差而立不申、以前与違朝鮮御役殊外軽々敷様ニ罷成気之毒なる御事ニ候」（前掲「本多伯耆守様江朝鮮御用御奉り被仰出候付江戸表贈答之次第」）。

(29) 国元家老衆は「以後之御為万端不宜儀ニ候間、縦令従上〔江戸幕府〕軽々敷被仰出候而茂、此方〔対馬宗家〕ゟ者朝鮮御用之儀

者重く有之様ニ被遊候方可然」といった思いを抱いたようである（前掲「本多伯耆守様江朝鮮御用御奉り被仰出候付江戸表贈答之次第」）。

(30) つまり幕府の「軽々敷」態度は諸事を軽くする方針との関係があったと考えられるのである。決して対馬宗家だけに「軽々敷」だったわけではない。

(31) 「前々より御老中様朝鮮御用御聞之御振手続書」（国史編纂委員会所蔵「對馬島宗家文書」記録類 5242）。

(32) 「大衍院様御実録下書　二」（長崎県対馬歴史研究センター所蔵「宗家文庫史料」記録類3-7-C-1）。

(33) 山本博文『お殿様たちの出世―江戸幕府老中への道―』（新潮社、二〇〇七年）一二五頁。

(34) 前掲「前々より御老中様朝鮮御用御聞之御振手続書」。

(35) 「朝鮮御用御奉り本多伯耆守様御代り土屋相模守様江被仰出候次第　附朝鮮通信之儀被仰上候次第幷御養若様被仰出候ニ付従朝鮮国以信使御祝詞可申上旨申越候て何分ニ御返答可被成哉之旨御伺之次第記録」（長崎県対馬歴史研究センター所蔵「宗家文庫史料」記録類1-1-N④-2）。本節の以下の記述は特に断らない限り同史料による。

(36) 本多就任時も「朝鮮関係書類」の提出が画策されていたが（前掲「朝鮮御用御奉り御老中阿部豊後守様御卒去ニ付御跡朝鮮御用幷公儀向御用共ニ本多伯耆守様江被相伺候様ニ被仰出候次第記録」）、期間が短かったせいか提出はなされなかったようである。

(37) 義方は元禄一四年（一七〇一）に藩主になったばかりであり（本書第四章参照）、義真のように対馬宗家の朝鮮通交に関して説明できないといった事情もあったかもしれない。

(38) 山本前掲『対馬藩江戸家老』五六～七三頁。

(39) そもそも土屋以前に将軍代替をまたいだ朝鮮御用老中自体存在しない。

(40) 許芝銀氏によればこのときも対馬宗家は後任設置要求を展開したらしい（許前掲「近世幕藩体制のなかの対馬藩」一三三～一三四頁）。

(41) 前掲「前々より御老中様朝鮮御用御聞之御振手続書」。

(42) 「朝鮮御用御聞御老中様と此方様御用談之御振以前之御格御中絶之廉御旧復之儀被及御内意品克被蒙仰候始終之覚書」（国史編纂委員会所蔵「對馬島宗家文書」記録類 3736）。「おわりに」では特に断らない限り同史料による。

(43) 前掲「前々より御老中様朝鮮御用御聞之御振手続書」。許前掲「近世幕藩体制のなかの対馬藩」一三五～一三六頁にも阿部正弘に至る一覧が掲載されている。なお阿部以後については定かでない部分も多いが、「外国御用御取扱」を命じられた脇坂安宅（幕府老中）、安藤信正（同）、久世広周（同）が「朝鮮御用之儀」に係る相談を受け付けていたようである（守友隆「幕末期対馬藩主宗義達（善之允）の「嫡子成」における江戸藩邸・国元藩庁と幕府との折衝・情報伝達―宗家文庫、万延二辛酉年「義和様御二男善之允様御前様御養御嫡子成御記録」の分析を中心に―」〔『比較社会文化研究』二九、二〇一一年〕六・八頁）。

（44）この働きかけの中で一世紀以上前の幕府大目付廻状（宝永六年〔一七〇九〕）が朝鮮御用老中に適用されていなかった事実を主張した点は興味深い。当該廻状は大名家の御用頼老中を規制し、御月番老中へ振り替える目的で出されたものであったが（千葉一大「「取次」・「後見」・「御頼」・「懇意」」〔『弘前大学國史研究』一〇八、二〇〇〇年〕一二頁）、対馬宗家の朝鮮通交を「重く」見た当時の幕府が朝鮮御用老中には適用しなかったと言うのである（前掲「朝鮮御用御聞御老中様と此方様御用談之御振以前之御格御中絶之廉御旧復之儀被及御内意品克被蒙仰候始終之覚書」）。対馬宗家としては過去のこうした事実を主張することで、再度幕府の態度を改めようとしたものと考えられる。

（45）しかし、何故働きかけの開始が水野忠邦在任時からであったのかは定かでない。

（46）「御用掛り」制の一環として延宝八年（一六八〇）に農政、元禄一五年（一七〇二）に酒造制限、宝永五年（一七〇八）に富士山降灰処置を専管する幕府役人が置かれた（藤井讓治『江戸時代の官僚制』〔法藏館、二〇二三年〈初出一九九九年〉〕一四九～一五〇頁、同「元禄宝永期の幕令―「仰出之留」を素材に―」〔同『幕藩領主の権力構造』岩波書店、二〇〇二年〕二一四～二一七頁）。ところで、対馬宗家は阿部正武死去後の朝鮮御用老中が選定される過程で「泰応様〔稲葉正則〕以来御懇意之御事」といった理由で稲葉正通（幕府老中）を第二希望として掲げてもいた（本章註27参照）。稲葉正通の父に当たる稲葉正則（「泰応様」）は堀田以前の実力者であったことが知られており、「対外関係を担当」していたとも言われるために（下重清『小田原ライブラリー6　稲葉正則とその時代―江戸社会の形成―』〔夢工房、二〇〇二年〕二八～二九・一六〇頁）、対馬宗家と「御懇意」であった可能性が高い。ただ稲葉正則自体が朝鮮御用老中に就任していなかった事実に鑑みれば、やはり朝鮮御用老中は「御用掛り」制の一環として綱吉政権期に特有のものであったと見るべきだろう。

（47）三宅正浩氏は「かつて役職とは無関係に担われていた役割は、縮小することこそあれ当人が死ぬまで消滅することはなかった」と述べている（同「江戸幕府の政治構造」〔大津透・桜井英治・藤井讓治・吉田裕・李成市編『岩波講座　日本歴史　第11巻　近世2』岩波書店、二〇一四年〕二六頁）。本章に照らしてみれば、「役職」＝幕府老中、「役割」＝朝鮮御用となろう。朝鮮御用老中が始まったきっかけは李晐鎮氏が指摘するように天和度信使（一六八二年）に関するものであったが（本章註8参照）、信使帰国後も堀田との関係性が継続していたことに鑑みれば、「御用掛り」制の一環であった朝鮮御用老中が「当人が死ぬまで消滅することはなかった」ために続いたと見ることができる。

(48)　許芝銀氏は対馬宗家が後任設置要求を繰り返した理由を、柳沢吉保（幕府側用人）に内見を依頼した「口上書」の内容①〜③（本章第三節参照）に求めたが（許前掲「近世幕藩体制のなかの対馬藩」一四六頁）、より本質的には設置の如何が対馬宗家の朝鮮通交を重視しているか否かの指標になっていたためであろう。つまり対馬宗家は朝鮮御用老中の設置如何、そして就任の事実が上意として命じられるか否かの二段階で幕府の重視度合いを測っていたと考えられるのである。

(49)　李晐鎮氏は堀田の任命をもって幕府に朝鮮御用が公認されたものと見るが（李前掲「一七世紀末朝日関係の変化と対馬藩」一四頁）、後任設置を幕府が考えていなかったことを踏まえれば、堀田任命の時点で朝鮮御用が公認されていたとは言い難いだろう。朝鮮御用老中が継続したのはあくまで対馬宗家による後任設置要求が繰り返されたためであったことを強調しておきたい。

(50)　堀田が選ばれたのは何も義真（三代藩主）との関係が良好であったという理由だけではなく、天和度信使（一六八二年）直前の琉球使節を引見するなど、堀田が「異国之儀」に通じていたからといった側面もあったかもしれない。ただその場合、何故琉球に関する御用老中が設置されなかったのかといった別の問題が発生する。

〔付記〕韓国語論文の入手に関して、石田徹氏・李炯周氏のお手を煩わせた。記して感謝申し上げたい。

第二部　対朝鮮外交と対馬宗家

第三章　宗義智・義成期における朝鮮通交

はじめに

対馬宗家は江戸時代を通じて朝鮮通交を担っていた。——こうした言説自体、人口に膾炙したものであるが、疑問がないわけでもない。たとえば、どのような契機で朝鮮通交を担うようになったのか、そこに任命権者はいるのか、朝鮮通交をどのように捉えるべきか、といった類のものである。これらの疑問に対して過去の研究は明確には答えてはくれない。なぜなら先の言説をいわば自明のものとして受け入れてきたからである。自明と考えられてきたからこそ検討されることがなかったと言った方が正しいかもしれない。

本章では宗義智《よしとし》（初代藩主、在位：〜一六一五年）と義成《よしなり》（二代藩主、在位：一六一五〜五七年）の時期を扱う。朝鮮通交に着目しながら両時期を検討することで先の疑問に答えられると考えるからである。ただし、義成期に関しては寛永一二年（一六三五）に「柳川一件」が結審している。同事件は対馬宗家の朝鮮通交にも少なからぬ影響を与えたと考えられることから、「柳川一件」以前を義成前期、「柳川一件」以後を義成後期として話を進めていく。なお義智・義成期は文書・記録が本格的に整備される前段階に当たるため、(1)分析に際しては編纂資料を用いざるを得なかった。利用の難しさは重々承知しているものの、逆に排除する理由もないことから、留意しながら用いていくことにしたい。

一　宗義智期

関ヶ原の合戦で軍事的覇権を確立した徳川家康は、壬辰戦争によって破綻した日朝関係を再開すべく、講和交渉に本格的に乗り出していった(2)。中世以来、朝鮮通交を生命線としてきた対馬宗家にとって日朝関係の再開は、領国再建の悲願であり、先の合戦で西軍に与したという微妙な立場も相俟って、信頼を回復するまたとない機会となっていた(3)。そのため義智(4)は朝鮮に対して「通信使」招聘を交渉するとともに、被虜人の送還(5)を積極的に推し進めていくのである。

一方で朝鮮も被虜人・金光から再征の証言を得ると、対馬より渡航してきた使者・井手弥六左衛門に偵探使の派遣を示唆する。講和への不干渉を明朝中国から引き出した時点で朝鮮は、第三回偵探使（惟政・孫文彧(6)）を対馬へ派遣するのである（慶長九年〔一六〇四〕七月）。同使節は対馬宗家に「許和」（講和を許すこと）を伝えたという。講和成立を急ぐ義智は同使節を、講和を求めて朝鮮から派遣された使節と位置付け、京都伏見にて家康・秀忠と接見させる（慶長一〇年〔一六〇五〕二月）。これをもって家康は講和成立と見做したが、偵探使にその意図がなかったことは言うまでもない。

その後、義智は家康の意向＝「通信使」招聘に従って、慶長一一年（一六〇六）正月に使者・井手弥六左衛門を派遣する。これに対して朝鮮側は、壬辰戦争時における王陵盗掘犯の引き渡し（「犯陵賊縛送」）と、「日本国王」名義の家康書簡の送付（「先為致書」）を要求した。義智はこれらを島内罪人の送致と偽造家康書簡（一六〇六年）の送付によって切り抜ける（慶長一一年〔一六〇六〕一一月）。結果として同一二年（一六〇七）二月に慶長度信使（一六〇七年）

図1　義智図書印影
（縦5.9 cm×横6.2 cm）
長崎県対馬歴史研究センター寄託「義真様御代朝鮮通用之図書　義成様御印形茂一枚有之」（齋藤家関係資料のうち）

が来聘し、日朝間における講和が名実ともに成立するのである。

朝鮮から「許和」を伝えられたことで対馬―朝鮮間の貿易は再開していたが、[7]義智は慶長一四年（一六〇九）二月に偽日本国王使（正官：景轍玄蘇、副官：柳川智永《としなが》）を派遣して癸亥約条（一四四三年）の復活を要求した。[8]最終的に朝鮮との間に己酉約条（一六〇九年）が締結され、[9]歳遣船・特送使船の年間派遣回数などが規定された（歳遣船一七回＋特送使船三回）。派遣には図書が必要であり、偽日本国王使は帰国に際して義智図書（印文「義智」、【図1】）を持ち帰ってきたらしい[10]（慶長一四年（一六〇九）八月ごろ受領）。これによって義智は歳遣船・特送使船が派遣できるようになったのである。己酉約条（一六〇九年）締結後、歳遣第一船（正官：内野勘左衛門）が送られたのは、同一六年（一六一一）九月のことであった。

他方、対馬宗家は朝鮮から年三回の受図書船派遣が認められていた。すなわち、慶長一四年（一六〇九）一〇月に景轍玄蘇が受領した玄蘇図書（印文「仙巣」）によって以酊庵送使船が、同一七年（一六一二）正月に義成（義智嫡子）・柳川智永がそれぞれ受領した彦七図書（印文「彦七」）・智永図書（印文「景直」）によって児名送使船・柳川送使船が派遣できるようになったのである。[11]これらを踏まえると、年間派遣回数は二三回（歳遣船一七回＋特送使船三回＋受図書船三回）となる。

以上のようなかたちで義智は日朝関係を再開していったが、こうした義智の行動はいったい何に基づくものだったのであろうか。試みに「宗氏家譜」[12]を繙けば、次のような記事が得られる。[13]

同年（慶長四年）　東照君（徳川家康）召二　義智一〈柳川調信従レ之、調信時称二下野守一〉命レ之曰、朝鮮与二我国一通交尚矣而、秀吉公攻二朝鮮一之後、隣交之道絶、蓋通レ好結レ交便両国之利也、汝（宗義智）先遣レ使贈レ書、可下以問中朝鮮欲二和好一否上、彼君（徳川家康）有下欲二和好一之意上、則宜下称二公命一而蓋議中和好上、義智拝レ命帰レ州、以二梯七太夫一為レ使贈二書於朝鮮一請二通交一、然七太夫久不レ帰、又遣二吉副左近一、左近亦久不レ帰〈或曰第一番吉副渡海、第二番柚谷渡海、第三番梯渡海、第四番石田渡海、或曰第一番柚谷、第二番吉副渡海〉

引用箇所は「義智君」項に示された慶長四年（一五九九）における家康との対面の場面である。壬辰戦争によって朝鮮との「隣交之道」が途絶えたことから、使者を送って講和の可否を探るよう家康から命じられた。これに従って義智は使者を派遣するも、悉く対馬には戻らなかったという。講和交渉開始の有名な場面であり、李晐鎮氏は史書によって年代が異なることを指摘している(14)。

また次の記事もよく知られたものであろう(15)。

慶長十年（一六〇五年）乙巳二月

東照君（徳川家康）与二　台徳君（徳川秀忠）同入二京都一時、台徳君任二征夷大将軍一、参内之後於二伏見城一引二見朝鮮二使（惟政・孫文彧）一、接遇甚厚、其後　東照君以二本多佐渡守（正信）、釈承兌（西笑承兌）一為二上使一告二和好之事於　義智一、使下之伝中於二使上、且命二義智一曰、汝既掌二両国之通交一而、為二本国之藩屏一故、自今以後許二毎年之参勤一須二三年一参勤一、以述二其職一乃加二賜二千八百石地一〈在二基肄郡内一、或曰在二養父郡内一〉義智遂伴二二使一帰レ州、送二還二使於朝鮮一、然朝鮮不レ報二和好之事一

引用箇所は同じく「義智君」項に示される第三回偵探使（惟政・孫文彧）を家康・秀忠に接見させたときのものである。講和成立と見做す日本側に対して、朝鮮側がそのようには思っていなかった事情が記される。中でも注目すべきは、家康が本多正信・西笑承兌を使って「汝既掌二両国之通交一而、為二本国之藩屏一故、自今以後許二毎年之参勤一

須㆓三年一参勤㆒、以述㆓其職㆒乃加㆓賜二千八百石地㆒」と義智に命じた部分であろう。義智がすでに朝鮮通交を担っていることから、参勤緩和や領知加増を認めるといった内容である。「汝既掌㆓両国之通交㆒而」からは、先に見た慶長四年（一五九九）の講和交渉開始指示との関連を見出すことができる。

一方でここに急遽登場する「藩屏」とは、漢学的教養の浸透に伴って儒学者が使用し始めた「藩」を前提とする言葉のことである。(16) 一八世紀における対馬宗家の「藩屏」認識の変遷を明らかにした吉村雅美氏によれば、同家では陶山訥庵が正徳元年（一七一一）に使用した例が早いという。(17) ただし、「宗氏家譜」にはすでに「藩屏」の語が見えることから、江戸時代の対馬宗家における「藩屏」の初見は「宗氏家譜」に求められるかもしれない。「宗氏家譜」の編者に訥庵がいることを踏まえれば、「藩屏」は訥庵の意を受けて、「宗氏家譜」に記されるようになったとも考えられる。また荒野泰典氏は同様の記事――「其方儀弥両国之通交を掌り、可為日本之藩屏候」――を引用して「この時に宗氏の、朝鮮に対する徳川政権の代理者としての地位が承認されたといってよい」と評価している。(18) 講和交渉開始指示に基づく義智の行動の帰結をここに求めたものと言えるだろう。そのような意味で幕府が義智に初めて朝鮮通交を命じたのは慶長一〇年（一六〇五）のことになる。

しかし、「宗氏家譜」は後に訥庵自身の手によって書き改められることとなる。その転機は正徳四年（一七一四）に雨森芳洲が「天龍院公実録」（宗義真《よしざね》〈三代藩主〉）・「霊光院公実録」（宗義倫《よしつぐ》〈四代藩主〉）の編纂を命じられたことにある。同実録の草案を見た訥庵が「御家譜〈「宗氏家譜」〉を御実録之格ニ書改申度」といった思いを強くしたのである。(19) 「御実録之格」が具体的に何を指すのかは分からない。ただ泉澄一氏は「天龍院公実録」「霊光院公実録」の「解題」の中で、「芳洲の私見ないし個人的見解がほとんど記されていない」、「史書としての『実録』の記述に〈雨森芳洲が〉非常に慎重であったことがうかがえる」といった指摘を行っていることから、(20) 芳洲の主観がほとんど入っていなかったことが分かる。仮に「御実録之格」がそのようなものであったとするとき、「宗氏家譜」は訥庵ら編者の主観が多分に入ったものであったと言えるだろう。ゆえに訥庵は「宗氏家譜」の「書改」を思い立つに至った。

訥庵は初め平田隼人（対馬藩国元家老）に願って、芳洲に「書改」を実行させる予定であった(21)。しかし、芳洲がいつ江戸から戻るか分からなかったため、自身で「書改」を行おうとするのである（執筆は味木金蔵・橋辺正左衛門が担当）。ところが「書改」はうまくはいかなかった。訥庵は平田隼人から代わった大浦忠左衛門（対馬藩国元家老）に願うかたちで、松浦霞沼《かしょう》に「書改」を実行させるのである（享保元年〔一七一六〕一〇月〜同二年〔一七一七〕七月）。こうして完成したのが改訂版「宗氏家譜」であり、現在「宗氏家譜」として最も知られる内容のものであろう（以下、改訂前のものを貞享本、改訂後のものを享保本と区別する）(22)。「宗氏家譜」（享保本）において朝鮮通交が命じられた場面は次のように記されている(23)。

〈乙巳〉慶長十年（一六〇五年）二月、神君（徳川家康）、台徳君（徳川秀忠）、引二見ス孫文彧、釈惟政ヲ、於山城ノ伏見城一ニ、是時、加二賜ヘ公（宗義智）ニ二千八百石ノ地一ヲ、且許二三歳一勤一ヲ、

時ニ　神君　台徳君上洛シ、引二見ス孫文彧・釈惟政ヲ於山城ノ伏見一ニ、神君使下執政本多佐渡ノ守（正信）、副僧承兌（西笑承兌）ヲメ、諭ノレ公ニ、与二文彧等一議上セ和ヲ、且以三州ノ居二ルヲ辺要一ニ、特ニ許二シ三歳一勤一ヲ、又加二賜ヘ二千八百石ノ地一ヲ、〈在二基肄ノ内一ニ、或ノレ曰、養父、〉是時ニ家臣柳川景直（智永）、亦賜レ襲二フヿヲ五位ノ諸大夫一ヲ、

参勤緩和と領知加増を認める理由が「以三州ノ居二ルヲ辺要一ニ」に変わってしまっている。訥庵は「御実録之格」に基づいて「書改」を実行した結果、参勤緩和と領知加増が認められる理由を変更するに至ったのである。

また「宗氏家譜」（享保本）成立と同時期に訥庵は「考証録」といった書物を著している(24)。対馬宗家の歴史を訥庵なりに「考証」したものであるが、その中に「御家譜書改之事」があって、それを見ることによって「宗氏家譜」

「書改」の実相がより明らかとなる。「御家譜書改之事」によれば「書改」箇所はおよそ四ヶ所に及ぶという。その四ヶ所とは、①宗頼茂襲封年の訂正、②宗義盛拝領地の訂正、③宗義智拝領米の記事追加、④朝鮮国王宛て家康書簡送付の記事削除である。参勤緩和と領知加増を認める理由の変更がここには含まれていないが、「外ニも以前編修之節考へ出し不申、心付不申儀を其後ニ考へ出し、心付候而書加へ書改候儀、数々有之候得共、其次第一々ニハ記し不申」とあって、必ずしも四ヶ所にはとどまらなかった事情が窺える。つまり参勤緩和と領知加増を認める理由の変更は四ヶ所にはとどまらない、「一々ニハ記し不申」箇所と言うことができるのである。訥庵は「考証」の結果として義智が家康から「汝既掌二両国之通交一而、為二本国之藩屏一故」とは命じられていなかったと判断したのであろう。

このように考えると、荒野泰典氏が提示した「この時に宗氏の、朝鮮に対する徳川政権の代理者としての地位が承認されたといってよい」との見解は成り立つであろうか。参勤緩和と領知加増は義智が朝鮮通交を担って日本の「藩屏」となっていたからこそ認められたわけではなかったのである。「以三州ノ居ルヲ二辺要一ニ」認められたに過ぎない。このことを踏まえるならば、義智は慶長一〇年（一六〇五）に朝鮮通交が命じられて「朝鮮に対する徳川政権の代理者としての地位が承認された」わけではなかったと言える。

さらにこの記事と「汝既掌二両国之通交一而」でつながっていた講和交渉開始指示との関連はどうであろうか。文言こそ異なるが、慶長四年（一五九九）の講和交渉開始指示は「宗氏家譜」（享保本）においてもそのまま同じ箇所に記載がある。(25) ただ荒木和憲氏が指摘するように、家康が朝鮮との講和成立に「強い関心」を抱いたのは関ヶ原の合戦によって軍事的覇権を確立して以後の慶長六年（一六〇一）秋から同七年（一六〇二）冬のことである。(26) 加えて実際の講和交渉も寺沢正成が関与していたし、(27) 慶長七年（一六〇二）四月には加藤清正が義智を出し抜くかたちで朝鮮との講和を成立させようとした「清正一件」が起こっている。(28) このような事情を勘案するとき、関ヶ原の合戦以前に対馬宗家だけに講和交渉開始指示がなされていたとは考えにくいだろう。「宗氏家譜」（享保本）に講和交渉開始指示の記事が残り続けたことの理由が別に問われなければならないが[29]、ひとまず歴史的な事実として、対馬宗家に対する講和交渉開始指示はなされなかったものと見做しておきたい[30]。

慶長度信使（一六〇七年）の来聘によって日朝間の講和は名実ともに成立する。副使・慶暹は自身の「使行録」（『海槎録』）に本多正信との対談内容を記している。正信はそこで「此後如有両国相通之事、令馬島為之」（今後朝鮮通交に関しては対馬宗家に任せる）といった内容を述べたという[31]。家康の「強い関心」を忖度し、「対馬の裁量」[32]に基づいて慶長度信使（一六〇七年）を実現した義智は、この段階に至ってようやく幕府から朝鮮通交が認められたと言えるのである。ただし、こうした事実が直接義智に伝えられることはなかった。恐らく幕府は第三回偵探使（惟政・孫文彧）との接見を成功させた時点で、対馬宗家に朝鮮通交を認める意向だったのだろう[33]。しかし、それは義智に直接伝えられるようなものではなく、事実として対馬宗家だけが朝鮮通交を担うかたちになっていった。本多正信のこうした発言は当時の幕府の見解を示したものとして貴重なものであろう。義智期において対馬宗家は正式に朝鮮通交が命じられない中で講和を成立させ、日朝関係を再開していったのである。

二　宗義成前期

義成（当時彦七）は慶長九年（一六〇四）正月一五日に義智（初代藩主）と倉野夫人（後の威徳院）との間に生まれた。このとき義智は壬辰戦争後の講和交渉に奔走しており、同一四年（一六〇九）二月には偽日本国王使（正官：景轍玄蘇、副官：柳川智永）を使って失効した図書の復旧に努めていた[34]。これが奏功し、義成は彦七図書（印文「彦七」）

を受領する[35]（慶長一七年（一六一二）正月）。しかし、義成はまもなく「彦七」から「彦三」へと改名してしまうのである。改名に伴って改給（図書改鋳）の必要があったと考えられるが、朝鮮側が特に問題としなかったこともあって、義成は引き続き彦七図書を使用した。このため彦三書簡（書契）には彦七図書が捺されたという。

一方で義成は慶長一八年（一六一三）三月に義智とともに参府し、秀忠の「聞召」を受けた[36]。これによって義成は後継者として正式に幕府から認定されることとなる。元和元年（一六一五）正月に義智が没すると、上洛した義成は家康・秀忠から本多正信を通じて「対州及基肄養父地須㆑依㆓旧領㆒之、朝鮮通交事条要一如㆓義智時㆒即任㆓対馬守㆒」と伝達された[37]。家督とともに朝鮮通交を「如㆓義智時㆒」務めることが命じられたのである。「宗氏家譜」（貞享本）に記された内容であるが、「宗氏家譜」（享保本）においても「賜ハル㆑襲フヲ㆑封ヲ、且令㆘執政本多佐渡ノ守ヲメ〔正信〕、諭スル㆓以セ㆗継イテ主スルノ㆓隣事ヲ㆒之意ヲ㆖」となっていることから[38]、義成は家督相続の時点で幕府から朝鮮通交を命じられていたと言えるだろう。義智は直接幕府から朝鮮通交を命じられなかったが、対馬宗家に任せる見通しがついていたからこそ義成はこの時点で命じられたと考えたい[39]。

ところで、義成の相続を考えるうえで重要なのはその年齢についてである。義成は一二歳のときに義智の跡を継ぐこととなった[40]。義智の死に伴うものであったが、その義智も一三歳のときに家督相続していたことを考えれば[41]、当時としては特に異例というわけではなかったことが分かる。ただ義智の場合、隠居した宗義調《よししげ》によって実権が握られていた。義成が異なるのはその点にあったが、藩内で「宗智順《としのぶ》以下一三名の重臣たちが「州事及隣交之事」を協議し、義智室威徳院の裁可を受けた後に決定するという体制」がとられていたことは有名であろう[42]。「一三名の重臣」とは「宗讃岐〔智順〕、柳川図書〔景直〕、仁位民部〔智弘〕、杉村采女〔智広〕、古川右馬〔智次〕、平田左京〔光久〕、杉村一郎右衛門、吉川蔵人、内野兵庫、大浦織部、吉村紀伊、柳川勘解由〔智正〕、幾度五郎兵衛等」のことであり[43]、彼らの協議に基づく威徳院の裁可が相続まもない義成を支えたのである。

また義智が使用していた義智図書も義成にとって重要だった。図書は基本的に諱（実名）を刻むものであったから、死去に際して朝鮮側に返却するのが一般的であった。義智は元和元年（一六一五）に亡くなったため、返却すべきは後継者の義成であっただろう。しかし、義成は義智図書を返却しなかった。自身の図書を要求することもなく、義智図書を襲用し続けたのである。対する朝鮮側は義成の相続直後から図書の切り替えを要求する。このことに関して米谷均氏は「亡父の象徴的存在として目されたのが、義智図書であり、父の遺品を継承するという意味合いをもって、その襲用が始まった」と見ている。[44] つまり義成が若年であったからこそ義智図書が襲用され続けたと考えたのである。[45] 義成図書（印文「義成」[46]）への切り替えがなされたのは寛永六年（一六二九）のことであり、朝鮮側が見切り発車的に造給したことによっている。義成はなおも義智図書の永年襲用を願ったが、それが認められることはなかった。[47] 義智図書は寛永七年度訳官使（一六三〇年[48]）を通じて返却がなされた。

このように義成前期は自身の若年にこそ、その特質があったと言うべきである。ゆえに重臣らによる合議制、威徳院による裁可がなされていたのだし、義智図書も一五年にわたって襲用が続けられた。他方、義成前期において見逃せないのが柳川調興《しげおき》の存在であろう。彼は柳川智永の嫡子として慶長八年（一六〇三）に江戸で生まれた。義成より一歳長じており、同一八年（一六一三）の智永死去に伴って一一歳でその跡を継いだ。晩年の義智は参府の途上、駿府の家康のもとに立ち寄ると、調興とともに相続の御礼を伝えたという。その際、義智は次のような申し出を行ったことで知られる。[49]

対州便本国之西辺、大君之政令或有レ所レ不二通達一乎、宜丙使下二調興一居中幕下上而達乙大君之政令於対州甲、義智然レ之請二執政本多上野介（正純）一曰、対州便本国之西辺恐大君之政令或有レ所レ不二通達一、伏希使二調興一仕二足下一知二得　大君之政令一、然則数年後某《（宗義智）》以二調興一任二対馬事一、其所奉行須レ不レ悖二本国之典礼一、本多上野介従二義智之請一而留二調興一…

「西辺」の対馬まで「大君之政令」が届くよう調興を家康の「足下」に置くことを願うものである。これは許され、調興は家康の小姓として駿府にとどまることとなる。[50]　義智がこうした願い出を行ったのは、いずれ調興に「対馬事」を任せるためであっただろう。「対馬事」を任せるのは柳川調信・智永に準じた扱いであったと言うことができる。

しかし、義智は元和元年（一六一五）に没し、家康も同二年（一六一六）に死去する。調興はそのまま秀忠のいる江戸に移ることとなり、義成のもとで義智のときと同様の働きを期待されたものと見られる。つまり若年の義成は重臣らによる合議制、威徳院による裁可だけでなく、対幕府交渉の窓口を務めた調興によっても支えられていたのである。元和度信使（一六一七）の来聘が決まると、調興は初めて対馬に帰国することとなった（元和三年〈一六一七〉四月）。その際、次のような起請文（以下、調興起請文とする）が提出された。[51]

起請文之事

①一、今度　公儀《（江戸幕府）》之御奉公幷嶋《（対馬）》中・朝鮮下知之儀被　仰付候、拙子《（柳川調興）》若輩故、しいてしんしやく申上候得共、前々よりおち《（柳川調信）》・おや《（柳川智永）》御奉公仕候つゝきに候条、其分に下知申上候へと、さぬき守《（宗智順）》・左京助《（平田光久）》両人を以たひ〳〵被仰下候得共、かたくしんしやく申上候得者、御ふくろさま《（威徳院）》ちきに《（直に）》御出被成、仰かうむり候間、忝のあまり御うけ仕候、これよりのち随分御ために罷成候御奉公少も別儀ニ存ましく候

②一、殿様《（宗義成）》も御心中におほしめし候儀御座候時ハ、御つゝミなく被仰聞候ハゝ、拙子身上無調法之儀も御いけんをうけ御奉公可申上候、拙子も心中ニ存より候事共少もつゝみ不申候、ひろう可申上候間、無別儀きこしめし分られ候て可被下候

一、③拙子身上ニおいてさゝへ申人候ハゝ、たれ〳〵と申共御つゝミなく御しらせ候て可被下候者也

右之旨いつはりにおいてハ、日本国大小之神〳〵別而当嶋うち神八満大弁之御はつ（罰）をかうむり可申候、仍起

請如件

御内

元和三年（一六一七年）四月十六日　　柳川玄蕃頭（調興）

血判

宗対馬守様（義成）

宗讃岐守殿（智順）

御披露

平田左京助殿（光久）

前書の内容は、①「公儀〔江戸幕府〕之御奉公幷嶋〔対馬〕中・朝鮮下知之儀」を命じられ、「若輩故」に断ってきたが、「御ふくろさま〔威徳院〕」からも直接命じられたので、「忝のあまり」に受けざるを得なかったこと、②義成も自分も包み隠さず何でも意見するようにしたいこと、③自身のことを支えてくれる人がいれば誰であっても隠すことなく教えて欲しいこと、である。

宗智順・平田光久宛てとなっているが、披露状形式であることから、義成に対して出されたものと見て差し支えない。ゆえに「公儀之御奉公幷嶋中・朝鮮下知之儀」を調興に命じたのも義成ということになる（当然、重臣らによる合議を経て威徳院が裁可したものであっただろう）。重要なのはそれまで調興が務めてきた「公儀之御奉公」（対幕府交渉の窓口）だけでなく、「嶋中・朝鮮下知之儀」が追加されて命じられたことである。思えば、調興が家康の小姓となったとき義智は「然則数年後某〔宗義智〕以㆓調興㆒任㆓対馬事㆒」と述べていた。義智はすでに没していたが、義成は

これに従って調興に対して命令を下したのであろう。この時点から調興は本来義成が単独で担うべき朝鮮通交を含む領内仕置を任されるようになったと考えられる。(52)調興起請文はそれらを引き受けた調興による役職就任起請文のような性格を持つものであったと言い得る。(53)

しかし、先行研究において調興起請文は、対馬入国拒否問題などに端を発する「御一儀」の決着として調興から義成に対して提出されたものと理解されている。(54)確かにそうした側面がないとは言い切れないが、であるならば何故謝罪に相当する文言が含まれていないのであろうか。一ヶ月遅れで提出された松尾智保（柳川氏重臣）の起請文（以下、智保起請文とする）も同じである。(55)田代和生氏が指摘するように「柳川氏の勢力をあやぶんだ宗氏側が、とりあえずクギをさし」たものであったとするならば、(56)少なくとも右のような前書にはならなかったのではないだろうか。先にも指摘した通り役職就任起請文のような性格を有していたからこそ、調興の求めに応じて義成・威徳院も「誓旨」を交付したのだし、(57)家中一三〇名も「連署誓詞血判状」を提出するに至った。(58)「連署誓詞血判状」はこれから藩政を主導していく二人に対して出されたものであったと理解することができ、「御一儀」によって二分した家中を統合する意味合いがあったのではないだろうか。(59)

近年、池内敏氏は「柳川一件」における対立構造をそのままそれ以前の状況に当てはめることに警鐘を鳴らしている。義成・調興（＋智保）・規伯玄方はある時期まで役割分担をしながら、協力し合う姿が確認できるからである。(60)先の調興起請文を義成とともに藩政を担っていくために提出されたものと解する著者の立場も池内氏と同様のものであると言うことができる。「御一儀」といった家中対立がありながらも、義成と調興は義智亡き後の藩政を協力して担っていこうとしたのである。(61)

しかし、両者の関係が決定的に悪化したのが寛永六年（一六二九）に朝鮮へ派遣された上京使であった。同使節は義成側が主導したこともあって、それ以前から朝鮮との間で問題になっていた「歳遣船未収問題」が義成分しか解消されなかった。[62] 池内氏はその点を踏まえて「第二次柳川一件」が勃発する契機と見做した。[63] 以降の経過に関してはすでに多くの研究が述べるところであるので、[64] ここで繰り返すようなことはしない。最終的に幕府は調興の〝独断専行〟を重く見つつ、それを制御できなかった義成にも釘を刺すかたちで決着を図ったのである。

ところで、江戸城において義成と調興が対決する前日（寛永一二年〔一六三五〕三月一〇日）、義成には次のような幕府年寄連署奉書が発給されていた。[65]

以上

柳川（調興）豊前守・松尾（智保）七右衛門、十九年以前其方（宗義成）へ書上候誓旨（調興起請文・智保起請文）之本書可被差上候、為其如此候、恐々謹言

（寛永一二年）三月十日

松平（幕府年寄）伊豆守　信綱御判

酒井（幕府年寄）讃岐守　忠勝御判

土井（幕府年寄）大炊頭　利勝御判

宗（義成）対馬守殿

「十九年以前其方へ書上候誓旨」とは、言うまでもなく元和三年（一六一七）に義成に対して提出された調興起請文と智保起請文のことである。両起請文の幕府への「差上」に関してはすでに池内敏氏の精緻な分析があり、さらにその前日（三月九日）に同じく提出を命じられた「大文字之約条」「小文字之書物一巻」「海東諸国紀」との関連で論

じられている。[66] 審理の過程で実物を確認する必要があったことから、義成に対して提出が命じられることとなった。一方で家光親裁の直前でもあり、「柳川一件」の結果を左右するものではなかったことも指摘されている。[67] ただし、起請文の方は調興の〝独断専行〟をより浮き彫りにすることになったと考えられる。調興起請文は「公儀之御奉公并嶋中・朝鮮下知之儀」を忠実に担うことを誓った役職就任起請文のような性格を有していたからである。それに反して〝独断専行〟を行った調興の罪は重い。かくして「柳川一件」は全ての罪を調興になすり付けるかたちで結審したのである。[68]

さて、本節序盤で義成の相続状況について見てきた。義智没後、義成は家督と朝鮮通交を「如㆓義智時㆒」務めるよう幕府から命じられていた。朝鮮通交が幕府から命じられた点は義智期とは異なるが、さらに義成は若年であったこともあって、調興に「公儀之御奉公并嶋中・朝鮮下知之儀」が命じられることになった。その結果として調興の〝独断専行〟を招き、「柳川一件」へと発展したのである。事件後、特に朝鮮通交が義成以外の誰かに任されることはなかった。藩主自らが単独で担うことがいわば公然と化したからであろう。そうした状況を、節を改めて見ていくことにしたい。

三　宗義成後期

寛永一二年（一六三五）三月一一日に義成と調興は江戸城で対決し、翌日家光の親裁が下された。義成は無罪、調興は弘前津軽家へ預りとなり、その後一四日には家光臨席のもとで改めて親裁の内容が示されるに至った。[69]

此度之一件数度御僉議之上、御前対決被仰付、豊前（柳川調興）江証拠之儀申上候様ニ与被仰付候得共、証拠可仕様無之ニ

付、其方（宗義成）科無之段相露候、依之其方役儀無別条被仰付候、乍然十二年前甲子ノ年（寛永元年度信使）信使来聘之節者、其方ニも思慮も可有之年来ニ候処、家頼江相任セ其事ヲ不被存候条、智恵無之ニ相似候様ニ被思召候得共、諸事豊前江相委ね候儀先祖ゟ之例と被申上候を以御宥恕ヲ御加ヘ被遊候、向後不調法之次第於有之其身可為越度候条、其旨可被相心得之、自今以後朝鮮通用之儀急度差図候様ニ可被仕候、書翰ホニ付可奉伺御内意儀有之節者、早速言上ヲ遂、粗忽ニ取扱不被致候様ニと御諚有之ル

内容は、①「御前対決」の際、調興は「証拠」不十分であったことから義成に罪はなく、よって「役儀」を別条なく命じること、②義成は寛永元年度信使（一六二四年）のときには「思慮」も備わっていたはずだが、「役儀」を柳川氏に委ねることが「先祖ゟ之例」となっていたようなので、義成の罪は「御宥恕」されるべきであること、③ただし、今後このようなことが起こった際は義成の「越度」となることから、「朝鮮通用之儀」についてしっかりと「差図」すること、である。

ここに示される「役儀」とは大名家一般が務める領内仕置のことであったと考えられる。先の調興起請文を踏まえて対馬宗家の「役儀」を具体的に示すならば、「公儀之御奉公幷嶋中・朝鮮下知之儀」となるだろう。これを柳川氏に任せることが「先祖ゟ之例」、つまり義智期からの慣例となっていたことから、義成に罪はなく、改めて義成に「役儀」を命じる、といった内容になっている。後部に「朝鮮通用之儀」＝朝鮮通交を義成がしっかりと「差図」することが求められているが、これは「柳川一件」が特に朝鮮通交上の問題として幕府に認識されていたことを示すものだろう。「柳川一件」を経て対馬宗家の領内仕置の一環である朝鮮通交をしっかりと担うことが義成に念押しされたかたちである。(70)

この後、義成は「一件之儀、首尾能御裁許被仰付被下、外聞実儀御恩之程可申上様も無御座候、誓旨〔起請文〕を

以無二之丹誠ヲ表シ申度」といった理由から、[71]幕府に対して起請文の提出を願い出る。「各中江御相談」することを条件に提出が認められると、義成は幾度となく幕閣たちとのすり合わせを行うのである。寛永一二年（一六三五）八月四日に幕閣から返却された分が最終版となり、それが翌五日に提出されることとなった。このとき提出された起請文（以下、「柳川一件」起請文とする）を見ておこう。[72]

起請文前書事

一、①今度拙子（宗義成）一件数度御穿鑿被　仰付、殊更　殿中（江戸城）被召出達　上聞、拙子無誤通被聞召分、如前々嶋（対馬）をも致安堵
候様ニ被　仰出、万事御奉公之作法無相違儀、外聞実儀偏　御当代（徳川家）之御高恩与忝奉存候、冥加至極家之面目不
過之候、如此之上ハ拙子式難申上候得共、竭粉骨之忠節、毛頭不奉存弐命、不可奉忘其志候事

一、②至違　公儀輩者一切不可申談候事

一、③被　仰出御法度以下相背申間鋪事

一、④日本・朝鮮通用之儀ニ付、日本之御事を大切奉存知、御為ニ悪様ニハ毛頭仕間敷候、何事ニよらす朝鮮に
心ひかれ、日本之御事を存知かへ申候而、御うしろくらき（儀脱カ）いたすましき事　付、日本又朝鮮江何茂御隠密之儀
若承候共、親類・縁者たりといふ共、一言も其沙汰仕ましき事

一、⑤朝鮮之仕置以下如家業被　仰付候、重畳御恩深罷蒙候段、難有忝奉存候、何様之義も被仰出候之趣守其旨、
万端速御奉公油断仕間敷事

右之御高恩共子々孫々聊忘却仕間敷候、一言片辞挟偽心候者〈云々〉

前書の内容は、①審理の過程で身の潔白が証明され、以前のように対馬を安堵されたことはひとえに徳川家の「御高恩」だと思っているので、粉骨砕身忠節を尽くし、「弐命」を奉じないようにすること、②幕府に反目する輩とは

一切結託しないこと、③幕府からの命令等に背かないようにすること、④日本のことを大切に思い、朝鮮になびいて日本を裏切ったりしないようにすること、⑤「朝鮮之仕置以下」を「家業」のごとく仰せ付けられたことに深く感謝し、油断なく奉公に努めること、である。

この中で特に注目すべきは、⑤冒頭にある「朝鮮之仕置以下如家業被仰付候」であろう。義成は「先祖ゟ之例」に倣って調興にも朝鮮通交を含む領内仕置を任せてきたが、それは結果として調興の〝独断専行〟を招くことになった。ゆえに調興は処罰され、義成には改めて幕府から朝鮮通交を含む領内仕置が命じられたのである。このような経緯を踏まえれば、「朝鮮之仕置以下如家業被仰付候」といった文言は容易に理解することができる。「重畳御恩深罷蒙候段、難有忝奉存候」といった文章が続くことから、親裁の内容次第では幕府が朝鮮通交を取り上げる可能性があった。そのような状況も想定された中で朝鮮通交を含めた領内仕置が「家業」のように改めて認められたのである。当該起請文が幕府、特に家光に対して感謝を伝える内容となっているのはまさにこのためであろう。

他方、「朝鮮之仕置以下」といった表現はもっと注意されてよい。「朝鮮之仕置以下」＝領内仕置である点に変わりはないが、これまで領内仕置は「公儀之御奉公幷嶋中・朝鮮下知之儀」と表現されてきた。つまり朝鮮通交が領内仕置の中心に置かれることはなかったのである。これは明らかに「柳川一件」を経ての変化と見た方がよいだろう。先に指摘した通り幕府は「柳川一件」を朝鮮通交上の問題として認識していた。ゆえに義成は朝鮮通交を領内仕置の中心に据えたと考えられるのである。ただし「朝鮮之仕置以下」であり、あくまで領内仕置の一環でしかなかった点にも注意が必要であろう。いくら中心に置かれたとしても、相対化されていることに変わりはなかったからである[73]。対馬宗家の朝鮮通交は「柳川一件」を経て、このような内実のものに変質してしまった。

ところで、「柳川一件」起請文は対馬宗家が幕府に提出した初めての起請文である。これ以前に幕府に対して起請文が提出された形跡はない。先例がなかったからこそ幕閣との入念なすり合わせが必要だったのだろうし、それ自体が義成の忠節ぶりをアピールすることにもつながった。そしてまもなく対馬に帰国していることを踏まえれば（寛永一二年（一六三五）八月二〇日江戸出発）(74)、「柳川一件」起請文は後の藩主代替起請文の要素を持つものであったと言い得る。(75)

「柳川一件」起請文から当時の朝鮮通交に対する認識を読み取ってきたが、義成は在世中にいま一度幕府宛て起請文を提出している。一一歳の家綱に対するものであり、家光死去（慶安四年（一六五一）四月）に伴って将軍襲職が見込まれていた。将軍宣下は未だなされていなかったが、大名家は家綱への忠誠を誓うべく、将軍代替起請文を提出し(76)ていくのである。(77)義成の提出もこれに準じたものであった。

ただ対馬宗家の場合、家綱に対する将軍代替起請文が二通あったことが確認されている。その二通を掲出すれば次のようなものであった。(78)

起請文前書

御幼少ニ被成御座候とて　公儀（江戸幕府）をかろく不仕、弥以御為を第一奉存、聊以御うしろくらき儀仕間敷事

一、①銘々より被　仰出候御法度之趣堅相守、猶以於
殿中も不作法之儀無之様、急度相嗜可申事
付、自今以後被　仰出候御条目・壁書等、是又違背仕間敷事

一、②連判中者不及申、御一門を始、諸大名・諸傍輩与奉対　御為悪心を持申合一味仕間敷候、於
殿中ハ勿論、宿々にても用所なくして切々寄合仕間敷候事

右条々雖為一事於致違犯者

慶安四年（一六五一年）六月十二日

起請文前書

一、①拙者儀（宗義成）　御三代（徳川家康・秀忠・家光）御恩を蒙り、殊

大猷院様（徳川家光）之御代、寛永十二年（一六三五年）柳川豊前守（調興）と出入有之候時、数度御穿鑿之上　殿中へ被召出、御直ニ被聞召、

拙者無誤旨御裁判被　仰出、嶋（対馬）安堵本領無相違、諸事前々ニ不相替御懇ニ被仰付候、御厚恩難忘奉存候、

当上様（徳川家綱）御幼少ニ御座被成候共、少も弐心不奉存、御奉公可仕事付、被仰出御法度違背仕間敷事

一、②奉対　公儀、万一企悪心者有之候儀、慥承及候者、急度可致言上候、勿論申談御うしろくらき事も常仕間敷事

一、③日本・朝鮮通用之儀、如家業被仰付忝奉存候間、日本之御事を大切ニ奉存、御為ニ悪敷様ニハ少も仕間敷候、何事ニよらす朝鮮ニ心ひかれ、日本之御事を存知替申間敷候、自然御隠密之儀承候事御座候者、親類・縁者たりといふとも、一言も其沙汰仕間敷事

右之通於相背者

前者の起請文には年紀があり、後者にはそれがない。後者の起請文に年紀がないのは単なる写し忘れとも思われるが、前者の年紀の際、義成は江戸にいなかったことが分かっている[79]。つまり義成は直接起請文を提出できる状況にはなかったのである。ゆえに前者は「仮誓詞」であったと判断され、参府した後の慶安四年（一六五一）七月一九日に後者のものと取り替えられることとなった[80]。前者が後者に比べ一般的な内容ばかりを列ねるのはこのためであろう。前者はそもそも取り替えられることが前提となっていた。

図２　以酊庵図書印影
（縦 5.5 cm × 横 5.6 cm）
長崎県対馬歴史研究センター寄託「義真様御代朝鮮通用之図書　義成様御印形茂一枚有之」（齋藤家関係資料のうち）

ここで改めて後者（以下、家綱将軍代替起請文とする）の内容を確認しておこう。内容は、①「柳川一件」の結果として対馬が安堵されたことに「御厚恩」を感じており、幼少の家綱に対しても「弐心」を抱かず奉公に努め、命令等に背かないようにすること、②幕府に対して「悪心」を持つ者がいれば必ず言上し、自らも後ろめたい行動をとらないようにすること、③朝鮮通交を「家業」のごとく仰せ付けられたことに深く感謝しており、朝鮮になびいて日本を裏切ったりせず、また機密事項に関しても一切他言したりしないこと、である。全体として「柳川一件」起請文と類似していることが分かるだろう。

勿論、注目すべきは、③冒頭にある「日本・朝鮮通用之儀、如家業被仰付忝奉存候間」である。「柳川一件」起請文同様、ここにも「家業」といった言葉が使われている。「日本・朝鮮通用之儀」＝朝鮮通交が「家業」のごとく命じられてかたじけなく思っているといった内容であり、これは「柳川一件」起請文時に見た内容の部分的な繰り返しであると言うことができる。「柳川一件」起請文の五条目において義成は「柳川一件」によって取り上げられるかもしれなかった朝鮮通交が改めて他の領内仕置同様、「家業」として命じられたことに深く感謝していた。「日本・朝鮮通用之儀、如家業被仰付忝奉存候間」は、まさにこのことを朝鮮通交に限定して述べたものと言うことができる。「柳川一件」が結審して一五年以上が経過するとともに、事件を直接的に知らない家綱に代わってもなお義成は感謝の念を表明し続けた。他の幕府宛て起請文に比べ、義成期の起請文が特異に映るのは「柳川一件」の当事者であったという部分が大きいだろう。義成後期において朝鮮通交は他の領内仕置同様、対馬宗家の「家業」として幕府に認められることになったのである。

「柳川一件」を経て関係者が処罰されると、所持していた図書にも変化が見られた。弘前津軽家へ預りとなった調興が有した調興図書[81]と流芳院が有した流芳院図書、盛岡南部家へ預りとなった規伯玄方が有した玄方図書[82]が「柳川一件」の結果を知らせる使者によって朝鮮側へと返却されることになった（寛永一二年（一六三五）一一月）。玄方図書は以酊庵図書（印文「以酊庵」、【図2】）に取って代わったが、調興図書や流芳院図書が何かに取って代わることはなかった[83]。

また義成は藩主となって以後も慶長一七年（一六一二）に受領した彦七図書を使い続けていた[84]。朝鮮側も返却を要請するも義成はこれに応じず、寛永一六年（一六三九）に誕生した義真（義成嫡子）児名図書である彦満図書を要求して見せた。朝鮮側もこれに答えず、彦七図書返却を条件に彦満図書の造給方針を提示するのである。これに義成は従わざるを得ず、寛永一八年（一六四一）になってようやく彦七図書を返却した。ところが、朝鮮側は彦満図書（印文「彦満」、【図3】）送付と同時に返却された彦七図書を対馬へ送った[85]（寛永一九年（一六四二）五月）。添付された書簡（書契）には「而弊曹既体遠誠、且喜新慶、啓覆詳允、新旧図書姑許並還、此一時特施之恩、非他日可援之例」とあって[86]、彦満誕生を機に「一時特施之恩」[87]として彦七・彦満両図書の併行使用が認められたのである。これによって義成は再び二種類の

図3　彦満図書印影
（縦 5.9 cm×横 5.9 cm）
九州国立博物館所蔵「対馬宗家文書」P13542

図書（義成図書＋彦七図書）を使って朝鮮通交ができるようになったのであり、それは義成が死去するまで続いた（明暦三年〔一六五七〕）。児名図書が名義人の死亡まで使われるようになったのは、まさにこのときを起点にしているのかもしれない。

おわりに

壬辰戦争直後から義智は講和交渉に奔走したが、それは「宗氏家譜」に見られるような家康の講和交渉開始指示を受けてのものではなかった。寺沢正成が関与していたし、「清正一件」が起こったりもしていたからである。義智は家康の「強い関心」を忖度したうえで「通信使」招聘や被虜人送還を行っていたに過ぎない。その結果として朝鮮側から「許和」が示されると、義智はすかさず第三回偵探使（惟政・孫文彧）を家康・秀忠のもとへと案内する。これをもって講和成立と見做した家康は、改めて「通信使」招聘の意向を示すのである。この後、実際に慶長度信使（一六〇七年）が来聘すると、名実ともに講和が成立する。と同時に、幕府の中で朝鮮通交を対馬宗家に任せることが確定的となった。

そのことを象徴するかのように、義智の跡を継いだ義成は家督相続時に幕府から朝鮮通交が命じられた。ただ義成は若年であったことから、重臣らによる合議制と威徳院による裁可といった体制が敷かれていた。加えて義智は晩年に柳川調興を小姓として家康のもとへと送り出しており、いずれは「対馬事」を任せる意向であった。その間に義智は死亡するが、跡を継いだ義成によって調興には朝鮮通交を含む領内仕置が命じられたのである。これは柳川調信・智永に準じた扱いであった。調興はこれらを受けて調興起請文の提出を義成に対して行うのである。(88)

しかし、上京使をめぐる一件で両者の対立は深刻化し、「第二次柳川一件」が勃発する。幕府による審理は進み、寛永一二年（一六三五）三月一一日に江戸城で直接対決が行われると、翌一二日に家光の親裁が示された。内容は調興の〝独断専行〟を全面的に認めるものであったが、それを制御できなかった義成にも一定の責任があるといったものであった。ただし、「先祖ゟ之例」が考慮されて義成の罪が問われることはなかった。この後、幕府に対して「柳川一件」起請文が提出されるが、その中で義成は朝鮮通交を「家業」＝領内仕置の一環として認められたことに対する感謝の念を表明した。つまり義成は朝鮮通交が取り上げられるかもしれなかった状況をも想定していたのである。ゆえに事件から一五年が経過した家綱将軍代替起請文においても、幕府に対する感謝を忘れなかった。それだけ義成にとって朝鮮通交が認められたことが重要だったということであろう。「柳川一件」を経て、改めて朝鮮通交は対馬宗家の「家業」＝領内仕置の一環として位置付けられるに至ったのである。

註

（1）一七世紀後期から一八世紀初期にかけて文書・記録が「組織的かつ体系的に」整備されていく様を長正統氏は「記録の時代」と称した（同「日鮮関係における記録の時代」〈『東洋学報』五〇―四、一九六八年〉七二～七三頁）。

（2）荒木和憲「「壬辰戦争」の講和交渉」（『ＳＧＲＡレポート』八六、二〇一九年）六四頁。なお講和成立の過程に関しては特に断らない限り同論文による。

（3）中野等『戦争の日本史16　文禄・慶長の役』（吉川弘文館、二〇〇八年）二八一頁。

（4）義智は天正一五年（一五八七）六月一五日付の宗義調《よししげ》・義智宛て豊臣秀吉朱印状の中で「対馬守」を名乗っており（荒木和憲『対馬宗氏の中世史』〈吉川弘文館、二〇一七年〉二五一頁）、また天正度信使（一五九〇年）の実現によって「従四位下・侍従」に叙任されたことから（荒野泰典「大君外交体制の確立」〈同『近世日本と東アジア』東京大学出版会、一九八八年〈初出一九八一年〉〉一八二頁）、このころには「従四位下・侍従・対馬守」の地位にあったことが分かる。

（5）被虜人の送還については、米谷均「松雲大師の来日と朝鮮被虜人の送還について」（仲尾宏・曺永禄『朝鮮義僧将・松雲大師と徳川家康』明石書店、二〇〇二年）などに詳しい。

（6）第一～三回偵探使に関しては、荒木和憲「日朝講和交渉過程における偵探使の位置づけ」（韓日文化交流基金編『近世韓日関係の実像と虚像』景仁文化社、二〇二〇年）で検討されている。

（7）一六〇四年になされた釜山開市許可については多くの議論があるが、近年程永超氏はそれを「対馬と朝鮮との間の不定期に行う私貿易の許可」と見做し、明朝中国との関係性をも考慮すべきことを主張する（同「壬辰戦争直後の釜山開市許可をめぐる日朝中三国関係」〈同『華夷変態の東アジア―近世日本・朝鮮・中国三国関係史の研究―』清文堂出版、二〇二一年〈初出二〇二一年〉〉一七二頁）。

（8）壬辰戦争直前まで施行されていたのは丁巳約条（一五五七年）であったが、あえて義智は条件のよかった癸亥約条（一四四三年）の復活を要求した（荒木和憲「己酉約条の締結・施行過程と対馬の「藩営」貿易」〈韓日文化交流基金編『壬辰倭乱から朝鮮通信使の道へ』景仁文化社、二〇一九年〉一一六頁）。ちなみに柳川智永とは柳川調信《しげのぶ》（対馬宗家重臣）嫡子である。なお調信については、荒木和憲「十六世紀末期　対馬宗氏領国における柳川氏の台頭」（九州史学研究会編『境界からみた内と外―『九州史学』創刊五〇周年記念論文集　下―』岩田書院、二〇〇八年）に詳しい。

（9）己酉約条の締結に関しては、中村栄孝「江戸時代の日鮮関係」（同『日鮮関係史の研究　下』吉川弘文館、一九六九年）二九一～三〇〇頁、同「己酉約条再考」（『朝鮮学報』一〇一、一九八一年）四〇～四八頁、辻大和「朝鮮の対日通交再開と朝明関係」（同『朝鮮王朝の対中貿易政策と明清交替』汲古書院、二〇一八年）四六～五二頁、荒木前掲「己酉約条の締結・施行過程と対馬の「藩営」貿易」一〇九～一一八頁に詳しい。このとき対馬宗家は朝鮮に対して「東藩」の論理を用いたことで知られている。「東藩」の論理は羈縻関係を回復したい朝鮮側から譲歩を引き出すための切り札となり得るものであった（荒木前掲「己酉約条の締結・施行過程と対馬の「藩営」貿易」一四一～一四二頁）。

（10）米谷均「近世前期日朝関係における「図書」の使用実態」（『史観』一四四、二〇〇一年）三頁。義智に対する図書の造給は何もこれが初めてではなかった。天正七年（一五七九）の相続の際に義智は図書（印文「昭景」ヵ）を受領していたからである。したがって、このたびの義智図書は改給（図書改鋳）印であった可能性が高い（田代和生・米谷均「宗家旧蔵「図書」と木印」〈『朝鮮学報』一五六、一九九五年〉七五頁）。この義智図書の印影が【図1】であったと考えられ、九州国立博物館に伝来する義智図書

（木印、印文「義智」）とも明らかに異なるものである（「「義智」印」（九州国立博物館所蔵「対馬宗家文書」P13991））。

（11）米谷前掲「近世前期日朝関係における「図書」の使用実態」三〜五頁。

（12）「宗氏家譜」とは貞享三年（一六八六）一一月に成立した対馬宗家の正史のことである。前年夏に義真《よしざね》（三代藩主）の命があって平田直右衛門（対馬藩国元家老）・加納幸之助・陶山訥庵《とつあん》が編纂に当たり、完成までに一年余りを要した。完成までの期間が短いように感じられるが、それは以前にも藩内で家譜編纂の試みがあり（鈴木棠三「解題」（同編『対馬叢書第三集　十九公実録・宗氏家譜』村田書店、一九七七年）一九八〜一九九頁）、その素地ができていたためであろう。正史であることを踏まえれば、記載される内容は対馬宗家の〝公式見解〟であると言える。

（13）前掲『十九公実録・宗氏家譜』一六二頁。

（14）李晐鎮「朝日国交回復に関する江戸時代の歴史叙述―一七世紀の成立過程を中心に―」（『韓日関係史研究』七八、二〇二二年）三二八〜三三〇頁。

（15）前掲『十九公実録・宗氏家譜』一六五頁。

（16）山口啓二「藩体制の成立」（『山口啓二著作集　第二巻　幕藩制社会の成立』校倉書房、二〇〇八年〈初出一九六三年〉）一五七頁。まがきを意味する「藩籬」と「門屏」を合わせて「藩屏」である（関周一「東アジア海域の交流と対馬・博多」（同『中世日朝海域史の研究』吉川弘文館、二〇〇二年）二四九頁）。

（17）吉村雅美「一八世紀の対外関係と「藩屏」認識―対馬藩における「藩屏」の「役」論をめぐって―」（『日本歴史』七八九、二〇一四年）四三頁。また同部分に関しては、すでに同「近世対外関係と「藩」認識」（同『近世日本の対外関係と地域意識』清文堂出版、二〇一二年）二四四〜二四七頁で言及されていた。

（18）荒野前掲「大君外交体制の確立」一八七頁。

（19）「考証録」（九州国立博物館所蔵「対馬宗家文書」P11573）。芳洲は正徳四年（一七一四）秋に江戸へ行くこととなり、その前に「御実録草案」を訥庵に預けることにした。しかし、芳洲の江戸滞在は長引き、「大節（ママ、切カ）之御実録、長々預り居申」ことに居たたまれなくなった訥庵は、平田隼人（対馬藩国元家老）に相談して「御実録草案」を引き取ってもらうのである。芳洲の江戸滞在が長引いていたのは、新井白石と白石・芳洲論争を展開していたためであろう（田代和生「対馬藩経済思想の確立」（同『日朝交易と対馬藩』創文社、二〇〇七年〈初出二〇〇〇年〉））。

(20) 泉澄一「解題」（同編『清文堂史料叢書　第14刊　宗氏実録（一）』清文堂出版、一九八一年）四四九頁。
(21) 前掲「考証録」。
(22) 管見の限り現存する「宗氏家譜」のほとんどが改訂後のものである。改訂前のものは大正七年（一九一八）に歌野静山（和之）が所有した写本くらいのものであろう。この写本が底本となって前掲『十九公実録・宗氏家譜』が編まれた。
(23) 「宗氏家譜　二」（九州国立博物館所蔵「対馬宗家文書」P11569）。
(24) 前掲「考証録」。
(25) 前掲「宗氏家譜　二」。
(26) 荒木前掲「「壬辰戦争」の講和交渉」六四頁。
(27) このことがかえって義智の脅威ともなっていたらしい（荒野前掲「大君外交体制の確立」一八五頁）。なお寺沢が関与していたのは、それ以前から小西行長とともに豊臣政権の「取次」だったからであるが、後にその役割は「家康の直臣」に取って代わられたという（山本博文「豊臣政権の「取次」の特質」〔同『幕藩制の成立と近世の国制』校倉書房、一九九〇年〈初出一九八四年〉〕三五・四九頁）。
(28) 荒木前掲「「壬辰戦争」の講和交渉」六五頁。
(29) 訥庵が「宗氏家譜」（享保本）において講和交渉開始指示の記事を削除ないし書き改めなかったのは、この記事がなくなることで義智が講和交渉に奔走する大義名分がなくなってしまうからではなかったか。訥庵は「宗氏家譜」（享保本）によって主観を排除した歴史叙述を目指したが、実際は対馬宗家の存立に関わる部分は削除ないし書き改めることができなかったと思われる。
(30) 壬辰戦争直後の慶長三年（一五九八）から義智が没する元和元年（一六一五）までの日朝往復書簡（書契）を網羅的に分析した荒木和憲氏が（荒木前掲「「壬辰戦争」の講和交渉」、同前掲「己酉約条の締結・施行過程と対馬の「藩営」貿易」）、講和交渉開始指示の事実をついには発見しなかったことに鑑みれば、歴史的な事実として家康は指示を明確には出さなかったと見るべきだろう。この時期の幕府は家康が講和成立に「強い関心」を示しながらも、直接講和を求める書簡などは送らないといった微妙なものであった。米谷均氏はこうした点を踏まえて幕府が「間接的関与に留まる態度」と表現する（同「近世初期日朝関係における外交文書の偽造と改竄」〔『早稲田大学大学院文学研究科紀要　第四分冊』四一、一九九五年〕三一頁）。
(31) 「慶七松海槎録下」（釋尾春芿編『朝鮮群書大系続々第四輯　海行摠載　二』〔朝鮮古書刊行会、一九一四年〕四九頁）。

（32）米谷前掲「近世初期日朝関係における外交文書の偽造と改竄」三一頁。米谷均氏は被虜人の送還に関しても「対馬の奔走」といった言葉を使っている（米谷前掲「松雲大師の来日と朝鮮被虜人の送還について」三五四頁）。

（33）だからこそ家康は「通信使」招聘の意向を改めて示したのであろうし（荒木前掲「「壬辰戦争」の講和交渉」六八〜六九頁）、「宗氏家譜」（貞享本）において訥庵は「汝既掌二両国之通交一而、為二本国之藩屏一故」といった脚色を行ったと考えられる。

（34）米谷前掲「近世前期日朝関係における「図書」の使用実態」二頁。

（35）第一節では触れなかったが、同図書は慶長一六年（一六一一）九月に派遣された歳遣第一船（正官：内野勘左衛門）によってもたらされた（米谷前掲「近世前期日朝関係における「図書」の使用実態」四頁）。

（36）鈴木棠三編『対馬叢書　宗氏家譜略』（村田書店、一九七五年）四八頁。同様の記事は斎木一馬・林亮勝・橋本政宣校訂『寛永諸家系図伝　第6』（八木書店、二〇一四年）四五頁、高柳光寿・岡山泰四・斎木一馬編『新訂　寛政重修諸家譜　第8』（続群書類従完成会、一九六五年）二五六頁にも見える。

（37）前掲『十九公実録・宗氏家譜』一六九頁。

（38）「宗氏家譜　三」（九州国立博物館所蔵「対馬宗家文書」P11570）。

（39）「寛永諸家系図伝」では「本多佐渡守正信仰を承りて対州幷肥前の国の内田代の地悉これを拝領す。且朝鮮国接待の事等皆義智が時のことし。即対馬守に任す」（前掲『寛永諸家系図伝　第6』四五頁）とあって、「宗氏家譜」（貞享本）の記述はこの記事に立脚したものであったと考えることができる。また「寛政重修諸家譜」も「元和元年〔一六一五年〕京師にをいてはじめて東照宮〔徳川家康〕、台徳院殿〔徳川秀忠〕に拝謁し遺領を継。〈時に十二歳〉朝鮮接待等のこと父〔宗義智〕がときのごとく勤むべきむね仰をかうぶり対馬守に任ず。これよりのち代々例となる」（前掲『新訂　寛政重修諸家譜　第8』二五六頁）となっており、同様の内容であることが分かる。

（40）前掲『新訂　寛政重修諸家譜　第8』二五六頁。義成は元和元年（一六一五）の相続時に「対馬守」となり（前掲「宗氏家譜　三」）、同三年（一六一七）三月一七日に「従五位下・侍従」に、数日後の二一日には「従四位下」に叙任された（「宗義成疊官宣旨竝口宣案」（国史編纂委員会所蔵「ガラス乾板写真」사자 0388））。つまり相続まもなくに義智の地位に達していたのである。

（41）荒木前掲『対馬宗氏の中世史』二三七頁。

（42）荒野前掲「大君外交体制の確立」一九八頁。

(43)　前掲「宗氏家譜　三」。最後部に「等」とあることを踏まえれば、この一三名に限ったわけではなかったのだろう。そうした点を考慮してか、荒木和憲氏は「国政を被成御談議候衆中」と表現する（荒木前掲「己酉約条の締結・施行過程と対馬の「藩営」貿易」一三三頁）。

(44)　米谷前掲「近世前期日朝関係における「図書」の使用実態」九頁。

(45)　一般的に図書は日朝往復書簡（書契）に捺されるものであり、襲用した義智図書を、切り替えを要求する朝鮮に対して使用したところであまり意味はなかったであろう。むしろこの時期義智図書が藩内向けの使用に効果があったからこそ返却されなかったと考えたい。実際、「宗氏家譜略」には寛永二年（一六二五）一〇月吉日付の佐護《さご》郡宛て義成掟が写されており、そこに義智図書が突かれていた様子が窺える（前掲『宗氏家譜略』一四四頁）。また九州国立博物館所蔵の義智図書（木印、印文「義智」）には朱肉痕のほかにも墨肉痕が確認されるから（前掲「「義智」印」）、先の義成掟には義智図書が黒印として用いられていた可能性がある。このあたりの事情については、田代・米谷前掲「宗家旧蔵「図書」と木印」七六〜七七頁ですでに指摘されている。

(46)　義成図書の印影については、すでに伊藤幸司「東アジアを流転した対馬藩主宗義成の外交文書—台湾中央研究院所蔵「宗義成書契・別幅」の紹介」（『東風西声』二、二〇〇六年）二八頁、東京大学史料編纂所一般共同研究「史料編纂所所蔵明清中国公文書関係史料の比較研究」プロジェクト編『明清中国関係文書の比較研究—台湾所在史料を中心に—』（東京大学史料編纂所、二〇二一年）七〇〜七一頁でデジタル画像が掲載されている。

(47)　永年襲用は義智に対する思慕というよりも、渡航船を一隻でも多く派遣したいという義成の思惑によるものであっただろう。現に元和八年（一六二二）八月には万松院（義智菩提寺）・流芳院（柳川氏菩提寺）が受領した万松院図書（印文「万松之院」）・流芳院図書（印文「流芳之院」ヵ）によって万松院送使船・流芳院送使船が派遣できるようになっており（米谷前掲「近世前期日朝関係における「図書」の使用実態」六〜七頁）、義成期においても年間派遣回数を増やそうとしていたことが明らかだからである。李晐鎮氏が指摘した権現堂送使創設をめぐる交渉もこの流れの中に位置付けられるだろう（同「十七世紀後半の日朝関係と対馬藩—権現堂送使の新設交渉を中心に—」〔『史林』一〇〇—四、二〇一七年〕三五〜三七頁）。

(48)　派遣名目は「義成帰州の祝賀（太守帰州祝賀の最初）」であった（池内敏「訳官使考」〔同『絶海の碩学—近世日朝外交史研究—』名古屋大学出版会、二〇一七年〈初出二〇一六年〉〕一五一頁）。

(49)　前掲『十九公実録・宗氏家譜』一六七頁。

(50) 田代和生『書き替えられた国書―徳川・朝鮮外交の舞台裏―』(中央公論社、一九八三年)五五頁。調興が家康の小姓となったことについては、証人制との関わりで議論すべきかもしれない。差し当たり、三宅正浩「近世蜂須賀家の「家中」形成と証人制―大名家における家老の位置―」(同『近世大名家の政治秩序』校倉書房、二〇一四年〈初出二〇〇六年〉)四九頁、福田千鶴「江戸幕府の成立と公儀」(大津透・桜井英治・藤井讓治・吉田裕・李成市編『岩波講座 日本歴史 第10巻 近世1』岩波書店、二〇一四年)二二九頁が参考になる。

(51) 「柳川調興公事記録 上中下全集書」(慶應義塾図書館所蔵「宗家文書」95・50・1)。

(52) この時期の「仕置」という言葉について考察したものに、藤井讓治「近世前期の政治思想」(宮地正人・河内祥輔・藤井讓治・栄沢幸二編『新体系日本史4 政治社会思想史』山川出版社、二〇一〇年)二一六～二一九頁がある。

(53) 平野明夫氏は大名家による幕府宛て起請文を九つに分類した(同「徳川将軍家代替わりの起請文」〈同『徳川権力の形成と発展』岩田書院、二〇〇六年〈初出二〇〇一年〉〉三七五～三七六頁)。その中に「御役就任誓詞」があり、これは大名家が幕府役人に就任する際に提出したものであったという。調興は大名ではないし、幕府役人に就任したわけでもなかったが、調興起請文はそれに準じる内容を持つものであったと考えられる。

(54) 荒野前掲「大君外交体制の確立」一九八～一九九頁、田代前掲『書き替えられた国書』五五～五七頁、荒木和憲「対馬宗氏の日朝外交戦術」(荒野泰典・石井正敏・村井章介編『日本の対外関係5 地球的世界の成立』吉川弘文館、二〇一三年)二五七頁。

(55) 前掲「柳川調興公事記録 上中下全集書」。

(56) 田代前掲『書き替えられた国書』五七頁。

(57) 「誓旨」交付の事実は、荒木前掲「対馬宗氏の日朝外交戦術」二五七頁や、池内敏「「大文字の約条・小文字の書物」考―規伯玄方の嘘―」(同『徳川幕府朝鮮外交史研究序説』清文堂出版、二〇二四年〈初出二〇二二年〉)四六四頁に引用されている史料からも明らかである。懲罰的要素を含むものであったとするならば、提出先に「誓旨」を求めるような行為自体あり得ない。

(58) 荒木前掲「対馬宗氏の日朝外交戦術」二五七頁。

(59) 調興起請文三条目は調興のもとへ嫁いだ義成妹・宮のことを彷彿とさせる。この事実は「御一儀」に伴う家中対立の「融和」を演出するためであったとの見方が優勢であるが(田代前掲『書き替えられた国書』一二七～一二八頁、荒木前掲「対馬宗氏の日朝外交戦術」二五七頁)、調興起請文の提出が「御一儀」と無関係であったとするならば、宮が嫁いだことも「融和」とは無関係であったと見なければならない。そもそも「御一儀」から四年も経過した元和七年（一六二一）に「融和」を演出するというのはいささか不自然に映る。調興起請文は「御一儀」と分けて考えるべきであろう。

（60）池内敏「調興・玄方・七右衛門―柳川一件における対立の構図・ノート―」（池内前掲『徳川幕府朝鮮外交史研究序説』初出二〇二〇年）一二九頁。

（61）そのような意味で池内敏氏が「御一儀」を「「私之出入」であって公的な争論とはならずに済まされた」とする指摘は的確である（池内前掲「調興・玄方・七右衛門」一一二頁）。

（62）池内前掲「調興・玄方・七右衛門」一二八頁。

（63）「柳川一件」を「第一次柳川一件」と「第二次柳川一件」に分ける考え方は、荒木前掲「対馬宗氏の日朝外交戦術」二五七～二五八頁に基づくものである。

（64）たとえば、田代前掲『書き替えられた国書』一二三～一八一頁、池内敏「「柳川一件」考」（池内前掲『徳川幕府朝鮮外交史研究序説』初出二〇一九年）一八〇～一九六頁など。

（65）前掲「柳川調興公事記録　上中下全集書」。長崎県対馬歴史研究センターには当該文書の原本が保管されている（「幕府年寄連署奉書」（長崎県対馬歴史研究センター所蔵「宗家文庫史料」一紙物1367-1～3））。

（66）池内前掲「「大文字の約条・小文字の書物」考」。

（67）池内前掲「「大文字の約条・小文字の書物」考」一三四～一三六頁。寛永一二年（一六三五）二月二六日の議論を踏まえてのものであったにもかかわらず、「大文字之約条」「小文字之書物一巻」「海東諸国紀」の提出が求められたのは三月九日、調興起請文・智保起請文の提出が求められたのは三月一〇日であった。一一日が義成・調興による直接対決、翌一二日が家光の親裁であり、「宗義成の勝訴であることを列席の諸大名に可視化する役割を果たす」ものであったとされる（池内前掲「「柳川一件」考」一九一頁）。

（68）「大文字之約条」「小文字之書物一巻」「海東諸国紀」同様、調興起請文・智保起請文も江戸藩邸に準備されていたことを考えれば（泉澄一「寛永中期、柳川一件の審理とその後の対馬藩及び宗家」（同『対馬藩の研究』関西大学出版部、二〇〇二年）四三八～四三九頁）、調興の〝独断専行〟を裏付ける証拠として義成側が用意していた可能性がある。

（69）「寛永丙子信使記録　一」（東京国立博物館所蔵QB3299-1）寛永一二年三月一四日条。

(70) 親裁の内容が義成にとって手放しで喜べるものではなかったことは、池内敏「「柳川一件」の歴史的位置」（池内前掲『徳川幕府朝鮮外交史研究序説』初出二〇二〇年）二〇四～二〇五頁ですでに触れられている。それは「もし義成自らが不正に手を染めるようなことがあれば次は改易を命じると明言され」ていたことからも明らかであるという（同「寛永十三年通信使と柳川一件―史実とエピソードの距離―」〔池内前掲『徳川幕府朝鮮外交史研究序説』初出二〇二〇年〕二四二頁）。

(71) 「寛永丙子信使記録　二」（東京国立博物館所蔵 QB3299-2）寛永一二年四月一八日条。

(72) 前掲「寛永丙子信使記録　二」寛永一二年八月四日条。「柳川一件」起請文は荒野泰典氏によって初めて紹介されたと思しい（同「幕藩制国家と外交―対馬藩を素材として―」〔『歴史学研究』別冊特集、一九七八年〕九九頁）。

(73) 荒野泰典氏は「朝鮮之仕置以下」を「朝鮮外交に関わる諸業務」と理解する（荒野前掲「大君外交体制の確立」二一〇頁）。「以下」は一般的に「朝鮮之仕置」以外のものを指すと考えられるため、荒野氏の理解は適切ではない。

(74) 帰国許可が出たのは寛永一二年（一六三五）七月一二日のことであった（前掲「寛永丙子信使記録　二」寛永一二年七月一二日条）。

(75) 藩主代替起請文は宗義倫《よしつぐ》（四代藩主）のときから幕府へ提出されるようになった（本書第四章参照）。朝鮮通交に関わる内容が含まれており、かつ提出後まもなくに帰国していることを踏まえて、役職就任起請文のような性格を持つものであったと過去に指摘したことがある（古川祐貴「対馬宗家の江戸幕府宛て起請文」〔『人文社会科学論叢』一五、二〇二三年〕七～九・一七頁）。

(76) 将軍宣下以前のことであるからこうした呼称は適切ではないが、研究史上では将軍代替起請文として扱われている（大河内千恵「江戸幕府の起請文制度」〔同『近世起請文の研究』吉川弘文館、二〇一四年〕一一九～一二二頁など）。

(77) たとえば、山本博文『江戸お留守居役の日記―寛永期の萩藩邸―』（講談社、二〇〇三年〔初出一九九一年〕）三〇三～三〇四頁などに記載がある。

(78) 「起請文及び覚書看板」（九州国立博物館所蔵「対馬宗家文書」P14164）。本史料は起請文二通を木製看板両面に写し取ったものである。通常起請文がこのようなかたちで残されることはない。何故家綱将軍代替起請文だけが木製看板に写し取られたのかは不明である。

(79) 「厳有院殿御実紀巻一」に「○〔七月〕十九日臨時朝会あり。宗対馬守義成参勤の拝謁す。」とあり（黒板勝美・国史大系編修会編『新訂増補国史大系　第四十一巻　徳川実紀　第四篇』〔吉川弘文館、一九六五年〕慶安四年七月一九日条）、六月に義成は江戸にはいなかった。

(80) 大河内千恵氏は佐賀鍋島家の事例から「大名の在国中に将軍が替わっても、代替り誓詞は次回の上京（ママ）時に出せばよい、というのが幕府の正式な見解であったが、鍋島家はそうはしなかった。必ず国元から「仮誓詞」をまず提出し、次回の上京（ママ）の際本誓詞と取り替える、ということを繰り返していた」と指摘する（同「近世の起請文にみえる血判と端作り」〔大河内前掲『近世起請文の研究』初出二〇〇九年〕六四頁）。

(81) 調興図書に関しては不明な点が多く、智永図書が襲用されていたと考える向きもあるが（泉前掲「寛永中期、柳川一件の審理とその後の対馬藩及び宗家」四六四頁）、米谷均氏は調興図書が智永図書とは別に造給されていた可能性を指摘する（米谷前掲「近世前期日朝関係における「図書」の使用実態」五頁）。

(82) 玄方図書は師の景轍玄蘇が亡くなった後に以酊庵送使船を派遣するために朝鮮から受領したものである（米谷前掲「近世前期日朝関係における「図書」の使用実態」五～六頁）。

(83) 図書が返却されたからと言って、必ずしも渡航船やそこから得られる所務が失われたわけではなかった。調興図書に基づく柳川送使船は副特送使船として藩主図書によって運用されたし、流芳院図書に基づく流芳院送使船は中絶船の権益に組み込まれたからである（米谷前掲「近世前期日朝関係における「図書」の使用実態」五～七頁）。ちなみに以酊庵図書はその原物が万松院図書とともに国立中央博物館（韓国）に伝来する。同館に伝わる理由は分からない。

(84) 米谷前掲「近世前期日朝関係における「図書」の使用実態」四頁。

(85) 彦七図書の返却と彦満図書の受領、そして彦七図書の再受領を担ったのは徐首座であった（「同〔寛永十八〕年十一月西山寺住持徐首座を以彦三之印〔彦七図書〕被差返之、彦満之新図書付贈、翌十九年〔一六四二年〕壬午八月初而彦満使船被差渡之」〔「御児名図書一件記録　全」〈国史編纂委員会所蔵「對馬島宗家文書」記録類3399〉〕）。

(86) 田中健夫・田代和生校訂『朝鮮通交大紀』（名著出版、一九七八年）二四九頁。

(87) 対馬宗家は彦満誕生を機に児名送使船が受け取る公木量の増加を朝鮮側に対して要求していた。柳采延氏によれば児名送使船が受け取っていた公木量は約四三同で、それを万松院送使船（約六八同）以上にすることが目的であったという（同「朝鮮時代児名図書に関する考察」〔『韓日関係史研究』六二、二〇一八年〕一五〇頁、一同＝一束＝五〇疋）。ここで児名送使船が受け取る公木量を増やしてしまえば長期にわたって朝鮮側の負担となるが、彦七図書を再給して併行使用を認めてしまえば長期の負担とはならないと朝鮮側は判断したようである。このとき朝鮮側は彦七図書を義成在世中、使用することを認めたと言える。併行使用の承認は公木量の増加要求を回避する手段だったのである。

(88) 柳川調信・智永が同様の起請文を提出していたかどうかは分からない。

第四章　宗義真・義倫・義方期における朝鮮通交

はじめに

朝鮮通交は義智（初代藩主）期に対馬宗家に任せることとなり、跡を継いだ義成（二代藩主）は家督と同時に朝鮮通交を幕府から命じられた。「柳川一件」を経て改めて朝鮮通交が「家業」＝領内仕置の一環として認められると、義成は「柳川一件」起請文だけでなく、家綱将軍代替起請文に至るまで感謝の念を幕府に対して表明し続けたのである。「柳川一件」の当事者であった義成は終生幕府に対する感謝を忘れることがなかった。

本章ではこうした状況のその後について見ていこうとするものである。対象となるのは、義真《よしざね》（三代藩主、在位一六五七〜九二・一六九四〜一七〇一年）、義倫《よしつぐ》（四代藩主、在位一六九二〜九四年）、義方《よしみち》（五代藩主、在位一七〇一〜一八年）であり、引き続き朝鮮通交に注目していく。義真の在位期間が二つに分かれているが、それは後者の時期において義方が藩主たり得なかったためである。義方の身にいったい何が起こっていたのか。このあたりの事情も併せ、時系列に沿って見ていくことにしたい。

一　宗義真期

義真（当時彦満）は寛永一六年（一六三九）一一月一八日に義成と日野夫人（後の養玉院）との間に生まれた。二度にわたって家光に拝謁したことが知られており、一度目は五歳のとき、二度目は八歳のときであった。(1) それらを示す記事を掲げれば、「〃（一）、同年〔寛永二〇年〕八月三日、召ニ依テ内証ニテ大猷院君〔徳川家光〕・厳有院君〔徳川家綱〕ニ拝謁シ玩器ヲ玉フ、時ニ五才」、「〃（一）、正保三丙戌〔一六四六年〕五月廿八日、召ニ依テ初テ大猷大君〔徳川家光〕ニ拝謁シ玉フ、時ニ八才」である。前者に「内証ニテ」、後者に「初テ」とあることを考えれば、前者ではなく後者のときのものが正式なものとして捉えられていたのであろう。(2) 詳細がないことから推測するしかないが、後者の段階で義真は家光から義成の後継者として目されるようになったと考えられる。

明暦度信使（一六五五年）の来聘が決まると、義真は「従四位下・播磨守」に叙任され、義成とともに対馬への帰国を果たす。家督相続以前の帰国は同家にとっても珍しかったようで、後に義章《よしあや》（後の一三代藩主）が「朝鮮御用為御見習」、義質《よしかた》（一二代藩主）と帰国する際の先例ともなった。(3) 家督相続後の帰国が初入国と称されるように、対馬宗家においても相続後の帰国が一般的であった。

その後、明暦三年（一六五七）一〇月二六日に義成が死去すると、義真は一二月二七日に江戸城への呼び出しを受ける。そこで幕府老中から「殿様〔宗義真〕御登城被遊候処、御家督幷朝鮮御用如前々被蒙仰、殊御官位侍従被任」(4)と、家督と朝鮮通交、そして「侍従」への任官が命じられたのである。加えて一二月晦日に元服を迎えると、このときより「対馬守」を名乗るようになる。以上をもって義真は、家督とともに朝鮮通交を相続し、また「従四位下・侍従・対馬守」といった義成同様の地位に就くことができたのである。

こうした事実は朝鮮側にも伝えられるべき事柄であり、国元対馬ではその準備が進められていた。朝鮮へ派遣されたのは告襲参判使と呼ばれる使節である。そもそも参判使自体が幕府や対馬宗家の「重要な使命」を帯びて派遣されるものであり、「柳川一件」以前まで派遣されていた偽日本国王使に代わるものと捉えられている。[5]幕府役人が実際に朝鮮渡航するわけではなく、あくまで「公儀之体裁」[6]をとる対馬宗家派遣の使節であったから、持参される書簡（書契）は事前にその和文案を幕府老中に見せる慣わしがあった。[7]今回も一門中の松平正信[8]（幕府奏者番）を通じて、万治元年（一六五八）四月二九日に幕府老中の裁可を得たようである。告襲参判使書簡（書契）和文案には「然者我〔宗義真〕等事、旧冬無相違家督幷官位〔宗〕義成同前ニ被仰付、重畳難有仕合可有推察候、殊朝鮮取次之儀不相替如前代被仰付候、弥以誠信相互可申通与存候」とあって、義真が家督・朝鮮通交相続を果たすとともに、義成同様の地位に就いたことが示された。そして書簡（書契）は対馬で清書されたうえで、告襲参判使（正官：杉村又左衛門）へ渡されるのである（万治元年〔一六五八〕八月対馬出発）。

一方で義真は万治元年（一六五八）六月二一日に幕府へ暇乞いすると、九月一三日には初入国を果たした。これを受けて対馬では義真図書獲得に向けた図書参判使（正官：唐坊佐左衛門）を朝鮮に派遣している（万治元年〔一六五八〕一一月対馬出発）。同使節が持参した書簡（書契）も事前に幕府老中の裁可を得たものであったが、唐坊にはまた次のような「覚書」も藩から手交されていた。[9]

一、従　公儀（江戸幕府）被遣之候硫黄之為御礼、対州（対馬）迄訳官可被差渡之由、尤ニ思召候与之事

一、義成様（義成図書）御印替之事

一、唯今之倭館ニ而ハ船之繋場悪敷、風波之時分往還之船難儀仕之由承候条、釜山丸山（釜山城）ニ倭館ヲ被移候様ニ可被

仰付与之事

右之段礼曹参判・参議幷東萊（東萊府使）・釜山（釜山僉使）江各々ニ以御書簡（書契）被仰渡也

「覚書」の内容は、①幕府が朝鮮に送った硫黄について対馬まで御礼の訳官使を派遣するのが適当であること、②義成図書を義真図書と取り換えること、③現在の倭館の位置では不自由であるために丸山（釜山城）へ移したいこと、である。唐坊は図書参判使として朝鮮渡航する予定であったが、「覚書」の内容から図書以外の使命をも帯びていたことが分かる。ただ「覚書」の末尾には「右之段礼曹参判・参議幷東萊〔府使〕・釜山〔僉使〕江各々ニ以御書簡〔書契〕被仰渡也」ともあって、図書参判使書簡（書契）にも示された公式的な使命であったことが分かる。図書参判使に限らず参判使は冠された内容のみの使命を遂行するだけの存在ではなかったのである。ここで図書以外の使命についても見ておこう。

幕府が朝鮮に対して送った硫黄とは、明暦度信使（一六五五年）の要請に基づくものである。当時中国大陸は李自成の乱に端を発する明清交替の真っ只中にあり、その影響は朝鮮にも及んでいた。朝鮮は明暦度信使（一六五五年）を介して義成（二代藩主）に礼曹参判書簡（書契）を送り、「贈硫黄」を請うていたのである。[10] 礼曹参判書簡（書契）を受領した義成は、早速幕府への転送を開始する。朝鮮に供給できるほどの硫黄を幕府が有していたとは思えないので、どこからか入手したのであろう。急遽「旧記雑録」に薩摩島津家の硫黄献上に関する幕府老中連署奉書が見えることから、あるいは島津家に対して硫黄献上を命じていた可能性がある。[11] 島津家による硫黄の献上行為自体珍しいと言うから、[12] 島津家による献上は時期的にも符合する朝鮮への供出を目的としたものであったと考えたい。幕府へ献上された硫黄は、さらに対馬宗家へと渡され、明暦三年（一六五七）二月二五日に幾度三郎兵衛を通じて朝鮮へ送り届けられた。なお「徳川実紀」にも「〔明暦三年二月〕廿五日朝鮮より願により。硫黄一万斤かの国〔朝鮮王朝〕へつか

図1　義真図書印影
（縦 6.1 cm × 横 5.7 cm）
長崎県対馬歴史研究センター所蔵「宗家文庫史料」一紙物 1194-59-1〜2

はさる。よて宗対馬守義成より。礼曹参議がもとにをくる書簡〔書契〕を調て義成にたまふ」とあって、(13)朝鮮への硫黄供出に幕府が関与していたことは確実である。

他方、倭館移転に関しては壬辰戦争後に設置された豆毛浦倭館からの移転を指す。移転交渉は寛永一七年（一六四〇）から始まっていたようで、このたびの交渉は二度目ということになる。(14)しかし、実際に移転が成ったのは延宝六年（一六七八）のことであり、移転先も丸山〔釜山城〕ではなく草梁の地であった。ここからいかに交渉が難航していたのかが窺えるが、草梁に移って以降の倭館は明治六年（一八七三）に明治政府によって接収されるまで約二〇〇年続いた。

さて、図書参判使として朝鮮渡航していた唐坊は、倭館移転以外の交渉をまとめ、万治二年度訳官使（一六五九年）来島へと漕ぎ着ける。(15)名目は「硫黄送付の謝意、義真襲爵祝賀、光雲院〔宗義成〕の弔意」であり、(16)唐坊に示された「覚書」の一条目に基づく派遣であった。仁位格兵衛〔倭館館守〕に伴われるかたちで来島した一行は、五月五日に金石城〔対馬宗家居城〕へと登城すると、義真に対して「朝鮮之御書翰〔書契〕」を捧呈し、さらに「硫黄御礼進物」「御家督御慶御書簡〔書契〕・御進物」を渡して、幕府の硫黄送付に対する謝意、義真の家督・朝鮮通交相続に対する祝意を述べた。そしてこのときに行われたのが義真図書（印文「義真」、【図1】）の引き渡しであった。(17)

一、御代替ニ付、義真様へ新御印（義真図書）朝鮮国ゟ持参、仁位格兵衛（倭館館守）持出、広縁ニて知事（洪）へ渡ス、知事請取、御印之奏者古川式部（対馬藩国元家老）へ中段ニて渡ス、式部請取、上段床際ニおき退、則両使（洪知事・朴判事）罷出拝礼仕ル訳官使が持参した義真図書を仁位が持ち出し、洪知事へ渡した後に古川式部（対馬藩国元家老）が受け取り、それを広間上段床際に置いている。上段には義真が座していたと考えられ、これにて義真図書の受け取りが完了した。図書を取り次いだ古川式部とは中世以来、文引・書簡（書契）の発行業務を「給分」として宛行われていた古川家のことであり、江戸時代においても藩主図書の管理、捺印業務に携わっていたことが知られている。[18] 図書の受け取りに「御印之奏者」として関与していたのも、このような事情によっているのだろう。[19] 一方でこの時点で旧印となった義成図書も当該訳官使を通じて返却がなされた。[20] 以上をもって図書参判使本来の目的であった義真図書受領の手続きは完了するのである。

ところで、義真は家督相続の段階から朝鮮通交を幕府から命じられていた。これは義成の家督相続時と同様であったと言うことができるが、義成期には「柳川一件」が勃発し、義成が終生幕府に対する感謝の念を忘れていなかったことは第三章で確認した通りである。では義真は朝鮮通交をいったいどのようなものと捉えていたのであろうか。ここからは義成同様、起請文の分析からその実態に迫ってみたい。

起請文前書

義真が最初に提出した幕府宛て起請文は綱吉将軍代替起請文であり、家綱が死去した延宝八年（一六八〇）五月から動き出しが見られる。[21] 久保吉左衛門[22]（正永、幕府右筆）の助言を受けながら提出交渉を進めていたが、久保の指導もあって、結局天和元年（一六八一）五月まで話は進捗しなかった。五月九日になって久保のもとを訪れた伊賀文四郎（対馬藩江戸留守居ヵ）は、先に起請文提出を済ませていた旗本の起請文前書を久保から見せてもらっている。[23] それを踏まえて前書を完成させた対馬宗家は、堀田正俊（幕府老中）の内見を受け、実際に次のような起請文を提出した。

一、①御代替ニ付、一入重　公儀（江戸幕府）大切可奉存事
一、②無表裏別心、自然邪儀於被申掛者、御一門を始、雖為親類・縁者・知音之好、早速可申上候事
一、③日本・朝鮮通用之儀、大切奉存、御為悪様仕間敷候、不依何事日本之御事、朝鮮ニ存替申間敷候、若御隠密之儀被　仰出候者、親類・縁者ニ茂一言沙汰仕間敷候事
一、④朝鮮通用書簡（書契）之儀、心之及候程弥以念を入、私無之様ニ可仕事
一、⑤異国へ御制禁之武具、朝鮮国へ不差渡候様、随分念を入可申付事
右之趣於相背者
神文如式目
延宝九年（一六八一年）辛酉五月十三日　　御名字官
御諱御判
稲葉美濃守（正則）殿
大久保加賀守（忠朝）殿
堀田筑前守（正俊）殿
板倉内膳正（重通）殿
阿部豊後守（正武）殿

前書の内容は、①将軍代替につきより一層幕府を重んじること、②「邪儀」を持ち掛けられてもすぐに幕府へ言上すること、③朝鮮通交を大切に思い、いかなることがあっても日本を裏切らず、また機密事項を命じられたとしても一切他言したりしないこと、④書簡（書契）に私曲を交えたりしないこと、⑤朝鮮へ「御制禁之武具」を持ち出さな

いこと、である。一・二条目は旗本提出の起請文前書と全く同じであり（本章註23参照）、三・四条目は前回の家綱将軍代替起請文の一・三条目を派生させたもの（本書第三章参照）、そして五条目は「寛文抜船一件」[24]を経て挿入されたものと解することができる。ここに至って対馬宗家は家綱将軍代替起請文とは異なる起請文を提出するに至ったが、気になるのは「家業」の語が見えないことだろう。

義成期に提出された「柳川一件」起請文、家綱将軍代替起請文には「家業」の語が用いられていた。ともに朝鮮通交が「家業」＝領内仕置として認められたことに対する感謝を述べる部分においてであるが、義真が提出した綱吉将軍代替起請文には「家業」の語を認めることができない。これは義真が朝鮮通交＝「家業」と捉えていなかったことを示すわけではなく、起請文の形式統一がなされた結果であったと考えるべきである。

将軍代替起請文に関しては綱吉期から幕府役人の指導を受けるかたちで形式統一がなされていたことが指摘されている[25]。現に対馬宗家は久保（幕府右筆）の指導を仰いでいたし、実際に提出された綱吉将軍代替起請文は一・二条目が旗本提出の起請文そのままであった。つまり幕府役人の指導に基く形式統一がなされていたからこそ「家業」の語はなくなってしまったのである。逆に家綱将軍代替起請文までは形式統一がなされることがなかったために比較的自由に前書を作成することができた。また「柳川一件」の当事者であった義成とその次の世代といった違いもあっただろう。義真期においても朝鮮通交は引き続き「家業」＝領内仕置の一環と捉えられていたと考えたい。

この後、義真は堀田正俊（幕府大老）が朝鮮御用老中に就任した際にも幕府宛て起請文を提出しているが[26]、文面を確認する限りここにおいても「家業」の語は見られない。義真期に至って対馬宗家は朝鮮通交が「家業」＝領内仕置の一環であることを内面化していたと言うことができる。

二　宗義倫期

義倫（当時右京）は寛文一一年（一六七一）に義真と側室・三浦夫人（後の高寿院）との間に生まれ[27]、八歳のときに家綱への拝謁を済ませた[28]（延宝六年〔一六七八〕二月二二日）。義倫は庶子であったことから、この拝謁が丈夫届・嫡子成に相当したものと考えられる[29]。そして貞享元年（一六八四）一二月に半元服を済ませると、「従四位下・右京大夫」に叙任され、同三年（一六八六）一二月の元服を経て、諱（実名）を「義倫」へと改めるのである[30]。

この間に義真は義倫児名図書である右京図書の鋳造を朝鮮に対して依頼していた[31]（貞享元年〔一六八四〕）。しかし、朝鮮側は右京図書造給の条件として、義真児名図書＝彦満図書の返却を求めてきた。これを受けて対馬宗家は彦七・彦満両図書の併行使用の過去を提示するのである。ただ「朝鮮通交大紀」に「彼国〔朝鮮王朝〕これをあらそひしなり」とあることを踏まえれば[32]、このときは解決しなかったものと見られる。対馬宗家が再び右京図書を求めたのは貞享二年（一六八五）になってからであった。

対馬宗家の再度の働きかけに対して朝鮮側は次のような回答を行った。すなわち、①以前、彦七・彦満両図書の併行使用を認めたのは対馬宗家が義真の誕生を機に児名送使船の公木量の増加要求を行ってきたためであり、併行使用も「一時特施之恩」として認めたものに過ぎないこと、②そうした「古例」を盾に右京図書を求めるというのであれば、朝鮮側も「古例」に則って「副特送以下の諸図書」の回収を実行するまでであること、である[33]。朝鮮側としては彦七・彦満両図書の併行使用は義真誕生を祝賀する「一時特施之恩」に過ぎず（実際は児名送使船の公木量の増加要求を回避するための手段、本書第三章参照）、それが先例となることはない、と書簡（書契）内で明言していた[34]。にもかかわらず、対馬宗家は「古例」を盾に右京図書を要求する姿勢を崩さないのである。

こうした態度は望ましいものではなく、ついに朝鮮側も「古例」に則り「副特送以下の諸図書」の回収を通告する。「朝鮮通交大紀」の関連記事はここで終了するが、対馬宗家はなおも交渉を行っていた模様である。[35]朝鮮側が条件として提示した彦満図書を返却して右京図書を得る、といった方法もあったが、義真がそれを選択することはなかった。それは義真の狙いが一隻でも多くの渡航船を派遣することにあったためであろう。[36]渡航船数を増やすためには併行使用を認めてもらうほかに方法はない。[37]右京図書を得られなかったことで対馬宗家は、初めて次期藩主の児名図書が藩内に存在しないといった事態に直面することとなったのである。

ところで、義真は三〇年以上にもわたって実権を握り続けたが、元禄五年（一六九二）四月二三日になって隠居の意向を阿部正武（幕府老中）へ伝えている。[38]理由は「殊外病者ニ御座候而、漸公儀〔江戸幕府〕之御勤被成候、歯も落、眩暈も有之候」ためであった。狩野常信[39]（幕府絵師）を介してなされたこの相談は、結局阿部一人では決められないとして義真の年齢を聞くにとどまっている。

同じころ田嶋十郎兵衛（対馬藩江戸留守居ヵ）も狩野のもとを訪れ、義真の隠居と義倫への家督相続、江戸家老の将軍御目見復活に関する協議を行っていた。特に江戸家老の将軍御目見は「柳川一件」以来「中絶」していたものであり（「以前者柳川豊前〔調興〕与申候而、代々御目見仕来候得共、先対馬守〔宗義成〕与主内之申分〔「柳川一件」〕有之而、従公儀〔江戸幕府〕流罪被仰付候、其後対馬守如何様ニ存候哉、家老共御目見致中絶候」）、対馬宗家としては義倫の家督相続を機に復活させようと考えていた。

狩野の意見は隠居願いを早々に出すべきだが、御目見復活とは分けてなされるべきといったものであった。対馬宗家はこれに従い、元禄五年（一六九二）六月九日に松平正久（幕府奏者番）を通じて隠居願いを提出した。内容は身体的な不調から「例月之出仕」もままならず、義倫への家督相続を願うものとなっている。義真は当時五四歳であったが、「増火消」の役を回避していたことなどを勘案すれば、身体的な不調は相当程度のものだったのだろう。これをもって義真の隠居願い、義倫への家督相続願いは幕府によって聞き届けられたのである。

その結果は元禄五年（一六九二）六月二七日に義真・義倫が揃って登城した際に白書院において伝えられた。戸田忠昌（幕府老中）から「〔宗義真の〕願之通達上聞、隠居被仰付候、右京大夫〔宗義倫〕儀、家督無相違被仰付候」と命じられたのである。加えて「朝鮮筋之儀、対馬守〔宗義真〕仕来候通、右京大夫〔宗義倫〕可相勤由、上意ニ而御座候」と伝達され、義倫には上意によって家督と朝鮮通交の双方が認められた。また翌二八日には江戸家老の将軍御目見に関する指示が阿部正武（幕府老中）からなされ、七月一二日に江戸家老三名の披露が実現している[40]。「柳川一件」以来、実に半世紀ぶりの復活であり、藩主代替時の先例となっていく[41]。

ただ義倫は未だ義真同様の地位に達してはいない。「侍従」任官と「対馬守」の名乗りがまだ許されていなかったからである。義真期には家督・朝鮮通交相続の時点で「侍従」への任官が許され、「対馬守」を名乗ることができていた。こうした状況に鑑みた多田与左衛門（対馬藩江戸家老）は、七月一九日に阿部のもとを訪れ、阿部用人に対して次のようなことを述べている。

> 扨又先頃茂申上置候様ニ、右京大夫方（宗義倫）ゟ為通用対馬守銅印（義真図書）を指返し、右京大夫実名ニ於朝鮮国為彫替申候、此儀以別使追付彼国（朝鮮王朝）へ申渡候、銅印到来次第右京大夫方ゟ諸事通用仕候、…印判無御座候而者、右京大夫通用不罷成候付、家督蒙仰候上者、諸事右京大夫方ゟ通用不仕候而者、家督之詮茂立不申候付、追付使者指渡申候、対馬守家督初而書簡（書契）指渡候節者、侍従ニ被任候以後ニ而御座候、此段為御心得先規之様子申上置候

朝鮮に義真図書を返却し、新たに義倫図書を受領することで義倫による朝鮮通交を開始したい旨が記されている。

しかし、訴えの主眼はそこにはなく、最後部の「対馬守家督初而書簡（書契）指渡候節者、侍従ニ被任候以後ニ而御座候」にあった。冒頭に「扨又先頃茂申上置候様ニ」とあることを考えれば、多田は以前にも同じ相談を幕府に対して行っていたことになる。[42] ただ朝鮮と書簡（書契）のやり取りを行うのに「侍従」任官が必要だったということは聞かない。多田は義倫の早期任官を実現すべく、事情の分からない幕府を急かす方便としてこうした言辞を用いていた可能性がある。

そのような多田の働きかけが奏功したのだろう。元禄五年（一六九二）一二月一八日になって義倫は急遽登城を命ぜられる。幕府役人が列座する中で大久保忠朝（幕府老中）から「侍従」任官が伝えられたのである。そして翌日大久保宅を訪問した義倫は「望名　対馬守」と書かれた「書付」を提出し、以後「対馬守」を名乗るようになる。これが実現したのは義真がすでに「刑部大輔」へ名乗りを変えていたためであろう（義真は元禄五年（一六九二）一〇月二三日に対馬へ向けて江戸出発）。そして年が改まって義倫は参判使書簡（書契）和文案の幕府老中内見を済ませ（元禄六年（一六九三）正月二二日）、初入国に向けて江戸を出発するのである。[43]

義倫の家督・朝鮮通交相続の動きを受けて朝鮮へ派遣される使節は三つ。一つは退休参判使、二つは告襲参判使、そして三つは図書参判使である。退休参判使とは隠居を伝えるための使節であり、義真の帰国に合わせて元禄五年（一六九二）一一月二二日に対馬から派遣された（正官：平田隼人）。対馬宗家が同使節を派遣するのは初めてのことであったが、この使節に義真図書返却の使命が託された形跡はない。図書は参判使が返却するものではなかったということであろう。[44]

次に派遣されるのは告襲参判使であり、元禄六年（一六九三）四月二三日に朝鮮に向けて対馬を出発した（正官：樋口左衛門）。義真期に派遣された告襲参判使は単に家督・朝鮮通交相続を伝えるためのものであったが、今回のは義倫図書鋳造を依頼する任務をも帯びていた。こうした変化が何に起因するものなのかは分からない。しかし、図書受領までの期間が短縮されていることに鑑みれば、効率的な受領を実現するためのものであったと言い得る。現に元禄六年（一六九三）九月二一日に派遣された図書参判使（正官：杉村采女）は、一二月二二日には義倫図書（印文「義倫」）(45)を受け取ることができているからである。前回と比べて三ヶ月ほど期間が短縮されたことになる。(46)

義倫図書受領後、旧印となった義真図書は、義倫の相続を祝う元禄六年度訳官使（一六九三年）を通じて返却がなされた。派遣名目は「義倫世襲・帰州の賀、義真退休の賀」である。(47)返却の際、対馬宗家は「押形」二枚を作成し、一枚を御前（藩主のもと）へ、もう一枚を御印箱に入れて保管した。(48)義智図書・義成図書・彦七図書の「押形」は確認できないことから、このときからこうした慣行が始まったものと見られる（理由不明）。義真は死去したわけではなかったので、彦満図書の返却はなされなかった。

ところで、義倫は初入国に向けて江戸を発つ前に幕府に対して起請文の提出を行っている。将軍代替が起こったわけでも、朝鮮御用老中が交代したわけでもなかったが、急遽幕府宛て起請文が提出されたのである。史料上でも特に記載はなく、阿部正武（幕府老中）宅を訪れて「御代替之節、御隠居様〔宗義真〕御誓旨〔起請文〕被成候付、殿様〔宗義倫〕ニも此度御誓旨可被遊哉」と述べて、「誓旨之前書一通」を提出した。史料の記載に沿っていましばらく経緯を眺めておきたい。

ここに言う「御代替」とは将軍代替のことであり、義真が経験した「御代替」とは綱吉のもののみである。したがって、これは義真が綱吉将軍代替の際に起請文を提出したので、それに準じて義倫も幕府宛て起請文を提出したい、と読むべきだろう。(49)阿部の回答はその日の夕刻になされ、「誓旨〔起請文〕之義御尤存候、今朝御見せ被成候前書之通御認被成、御用番〔御月番老中〕へ近日被掛御目、拙子〔阿部正武〕へ被仰聞候通ニ被仰達可然存候」と伝えられた。

対馬宗家は同じ相談を御月番老中であった土屋政直（幕府老中）に対しても行っていたようであり、月が改まると土屋から交代した戸田忠昌（幕府老中）によって提出許可が伝えられた。「誓旨之前書一通」を阿部宅に持参していたことからも窺えるように、対馬宗家は戦略的に起請文提出を実現したものと見られる。実際に提出された起請文を次に掲げよう。

起請文前書

一①、御代替ニ付、一入重　公儀（江戸幕府）大切可奉存事

一②、無表裏別心、自分邪（ママ、然ヵ）儀於被申掛者、御一門を始、雖為親類・縁者・知音之好、早速可申上事

一③、日本・朝鮮通用之儀、大切奉存、御為悪様仕間敷候、不依何事日本之御事、朝鮮ニ存替申間鋪候、若御隠密之儀被　仰出候者、親類・縁者ニ茂一言沙汰仕間鋪事

一④、朝鮮通用書簡（書契）之儀、心之及候程弥以念を入、私無之様ニ可仕事

一⑤、異国江御制禁之武具、朝鮮国江不差渡候様ニ随分念を入可申付事

右条々雖為一事於致違犯者

梵天・帝釈・四大天王、惣而日本国中六十余州大小神祇、殊伊豆・箱根両所権現、三嶋大明神、八幡大菩薩、天満大自在天神、部類眷属神罰・冥罰可罷蒙者也、仍起請如件

元禄六年（一六九三年）二月六日　宗対馬守（義倫）　御据判

大久保加賀守（忠朝）殿　血判

阿部豊後守（正武）殿

戸田山城守（忠昌）殿

土屋（政直）相模守殿
大目付　前田（直勝）安芸守殿

文字の異同こそあるが、神文も含めて義真が提出した綱吉将軍代替起請文と同じである。違いと言えば、宛先に幕府大目付名を含むことくらいのものであろう。対馬宗家は提出許可を受けた時点で「誓旨〔起請文〕前書・神文、先規之通相認、持参仕候様ニ御座候」と述べており、綱吉将軍代替起請文を踏襲する意向を示していた。それは同家にとって藩主代替起請文の提出が初のことであり、参照すべき先例がなかったことを意味していよう。だからこそ藩主代替起請文であるにもかかわらず、将軍代替起請文特有の文言「御代替ニ付」[50]がそのまま用いられた。それでも問題なく受理されていたことに鑑みれば、幕府も大名家から提出される藩主代替起請文をそこまで重視していなかったのであろう。

さて、藩主代替起請文が義倫期から提出されるようになった理由だが、先にも述べた通り史料上にも特に記載がなく判然としない。ただ隠居した義真は次節以降で述べるように、朝鮮通交の重要性を幕府に訴える働きかけを事あるごとに行っていた。提出された義倫藩主代替起請文は綱吉将軍代替起請文の内容を踏襲したものであったが、前書の内容は朝鮮通交を含めた領内仕置に関わるものである。こうした起請文が初入国直前に出されていたことを考えれば、義倫藩主代替起請文はこれから領内仕置に臨むことに対する役職就任起請文のような性格を持っていたと言い得る。起請文として提出することで対馬宗家が領内仕置＝「家業」を担うことを宣誓したかたちである。このような事実を踏まえるならば、藩主代替起請文の提出を考案したのは義真以外にあり得ない[51]。

三　宗義方期

このようにして義倫は四代藩主となったが、早くも元禄七年（一六九四）六月には体調を崩し、養子を置いた方がよいとの協議が藩内でなされている(52)。義倫には実子がおらず、仮養子願にはいつも義方（当時根緒次郎）という人物を書いていた。義方とは貞享元年（一六八四）に対馬府中（厳原《いづはら》）で生まれた義真の庶子のことである。六月二八日になって急遽跡式に関する協議が一門中でなされ、翌二九日には阿部正武（幕府老中）の内意を受けて義方を後継者としたい旨の願書案が作成されている。清書された願書は御月番老中であった大久保忠朝（幕府老中）へ提出されたが、後に焼失してしまったためにその内容を詳しく知ることはできない（「…御家督記録焼失故、委細不相知也」）。願書提出を受けて幕府は、早速義方に出府を命じる。しかし、義方が到着する前に義倫は江戸で死去してしまうのである。

出府した義方は阿部から「宗」を名乗るよう指示され、諱（実名）も「義方」に改める。まもなく家督相続が認められるはずであったが、義方には若年といった問題があった。義方はこのとき一一歳であり、義真（三代藩主）の家督相続が一九歳、義倫（四代藩主）の家督相続が二二歳のときであったから、幕府より相続の妥当性を問われる可能性があった。そのため樋口孫左衛門（対馬藩江戸家老）・平田直右衛門（同）は狩野常信（幕府絵師）を訪ね、義方の家督相続に関する協議を開始するのである。

懸念された事項は二つ。一つは対馬への国目付派遣、もう一つは「侍従」任官に関してであった。前者は当主が若年の場合に幕府から派遣されるものであり、これに対して対馬宗家は、①対馬が小国であること、②対馬にはすでに書簡（書契）を取り扱う以酊庵僧がいること、(53)③義真が健在で義方の後見にもなり得ること、を理由に、拒否する意向であった。田代和生氏によれば、この時期の対馬宗家は定高以上の日本銀を朝鮮に輸出していたと言うから、(54)国目付の派遣は何としても避けなければならなかったのであろう。

もう一つの「侍従」任官は一般的に家督相続が「一七歳の制約」に基づいて認められる傾向にあり、官職への任官もこれに準じていた。(55)そのため狩野との協議では、無官のままだと礼曹参判・参議宛て書簡（書契）の体裁が悪いこと、過去に義成（二代藩主）は一二歳で家督・朝鮮通交を相続し、「侍従」任官まで果たしていたこと、を理由に、若年での「侍従」任官を何とか実現することが決まった。先代の義倫期にも早期の「侍従」任官が取り沙汰されていたが（本章第二節参照）、要は朝鮮へ送る書簡（書契）の自称（差出名義）に「拾遺」（「侍従」の唐名）を用いれないことを懸念したものだったのだろう。(56)改めて朝鮮通交を盾に「侍従」任官を実現しようとする対馬宗家の姿をここに垣間見ることができる。

協議を終えた狩野が幕府へいかに働きかけたかは分からない。ただ元禄七年（一六九四）一一月二五日になって義方は急遽登城を命じられる。白書院において阿部から伝達されたのは「家督之儀、対馬守〔宗義倫〕願之通、無相違次郎〔宗義方〕江被仰付候、朝鮮筋御用之儀、乍隠居相勤候様ニ与刑部大輔〔宗義真〕江以奉書被仰付候」であった。これによって義方は家督相続できたわけだが、朝鮮通交相続は認められなかった。すでに隠居していた義真に対して奉書をもって命じられたからである。義方は何故朝鮮通交相続が叶わなかったのであろうか。

確かに義方はこの時点で義倫同様の地位（従四位下・侍従・対馬守）にはなかった。叙任されたのは元禄九年（一六九六）一二月二二日のことであり、(57)家督相続から実に二年余りが経過していた。これは一二歳で家督・朝鮮通交相続を果たし、一四歳で義智（初代藩主）同様の地位（従四位下・侍従・対馬守）に達した義成（二代藩主）の例に則ったものと思われる。ただし、その地位に就いてもなお義方は朝鮮通交相続が認められなかった。ここから「従四位下・侍従・対馬守」といった地位と朝鮮通交相続との間に相関関係がなかったことが分かる。義方は別の理由によって朝鮮通交相続が叶わなかったと見るべきである[58]。

しかし、その原因は意外なところから明らかとなった。元禄一〇年（一六九七）六月三日付の阿部宛て義真書状を見ておこう[59]。

一筆致啓上候、公方様（徳川綱吉）倍御機嫌克被成御座恐悦至極奉存候、次御手前様（阿部正武）弥御堅固之旨珍重奉存候、然者同氏対馬守（宗義方）儀、来年十五歳ニ被成候、依之朝鮮之御用被仰付被下候様ニ仕度候、乍然未若年ニ御座候処、大切之御用相勤候段茂無心元奉存候、私（宗義真）茂病身ニ者候得共、唯今迄之通勤候而御奉公ニ罷成義ニ候者、対馬守十七、八歳ニ被成候迄者相勤申様ニ成共、兎角者上之思召（江戸幕府）ニ応候様ニ仕度奉存候、就夫来年参府仕、右之趣各様迄可奉伺候哉、此段先為可奉得御内意御手前様迄如此御座候、御差図次第来年参府之儀各様迄可申上候、恐惶謹言

猶以御厚恩有難奉存候、何分ニも御奉公ニ罷成候様ニ可相勤候間御差図被成可被下候、已上

六月三日（元禄一〇年）

阿部豊後守様（正武）

参人々御中

内容として、①未だ義方は若年であり重要な朝鮮通交を担わせるわけにはいかないため、義方が一七～一八歳になるまでは自身が朝鮮通交を務めたいこと、②来年＝元禄一一年（一六九八）に参府し、このことを協議したいこと、③そのために事前に阿部の「御内意」を得ておきたいこと、が記されている。あくまで「上之思召」としながらも、

ここに垣間見えるのは朝鮮通交相続を意のままにしようとする義真の姿である。義真は自身の経験から幕府が朝鮮通交事情に不案内であることを承知していた。(60)「病身ニ者候得共」は事実であるが、これをあえて文言として入れることで朝鮮通交をより重要であるかのように見せることができた。こうした義真の訴えが義方の家督相続以前から幕府に伝わっていたからこそ、(61)義方には朝鮮通交が命じられなかったと考えたい。原因は何と義真にあったのだ。

朝鮮通交を幕府から命じられていない義方は初入国することすらもできず、出府して以来、江戸滞在の日々を送っていた。朝鮮通交が担えないだけで他の領内仕置は担えそうなものだが、「柳川一件」を経て朝鮮通交が領内仕置の中心に据えられていたために（本書第三章参照）、義方は帰国すらできなかったのであろう。(62)義方に代わって領内仕置を担ったのは朝鮮通交を再相続していた義真であった。そのような意味で義倫が亡くなってまもなくの藩主を義方とするのは適切ではない。義方が朝鮮通交相続を実現し、藩主となるまでの間、実際に藩政を担っていたのは義真だったからである。「はじめに」において義真の藩主在位期間を二つに分けた理由はこのような事情からであった。

一方で気になるのは、義真がいかにして朝鮮通交を担ったのか、といったことであろう。朝鮮通交には図書が必要であり、義倫が四代藩主となった時点で義真図書は返却されていた。義真の手元に残っていたのは彦満図書だけである。そこで義真は古川蔵人を「御使者」として朝鮮に派遣し（元禄八年〔一六九五〕六月八日）、次のような交渉を行わせた。すなわち、①義真が朝鮮通交を再び担うに当たって義真図書が必要であること、②しかし、義真が再び朝鮮通交を担うのは義方が若年ゆえの措置であることから、まもなく義方が朝鮮通交を担うようになること、③そのため新たな義真図書を要求するようなことはせず、義真が現在持っている彦満図書を使って朝鮮通交を行いたいこと、④このことを朝鮮朝廷へ報告するか否かを判断して欲しいこと、である。義真の朝鮮通交再相続が時限的なものであることを理由に彦満図書でもって朝鮮通交を担いたい、といった趣旨であろう。このことは接慰官を通じて東萊府使へともたらされ、朝鮮朝廷へ報告されるに至った。

こうした義真の主張に朝鮮は書簡（書契）でもって交渉するよう伝達してきた。対する義真は、通常の「印替」とは異なるのだから書簡（書契）を出すつもりがないことを回答する。こうした応酬がしばらく続けられるが、最終的に朝鮮側が義真図書（印文「義真」、【図2】）を倭館に到着させたことで決着を見る（元禄八年〈一六九五〉九月一八日）。この義真図書は「以前之古御印ニ而御座候」とあることからも窺えるように、義真が過去に使用し、義倫によって返却された図書そのものであった。返却して二年近くが経過していたが、鋳潰されることもなく、朝鮮側で保管され続けたようである。古川は義真図書を受領すると対馬へ帰国し、元禄八年（一六九五）九月二五日に義真のもとへと図書を届けた。一方で旧印となった義倫図書は、この後来島した元禄九年度訳官使（一六九六年）を通じて返却がなされた。派遣名目は「義真通交再掌の賀、義倫卒去の弔意」である。[63]「押形」二枚も作成されたと思しいが、管見に入らない。

図2　義真図書印影
（縦6.1 cm×横5.7 cm）
九州国立博物館所蔵「対馬宗家文書」P13542

以上をもって義真は朝鮮通交を再び担うこととなった。しかし、そのような状況に変化が生じたのは、義方が一八歳を迎えて以降のことであった。義真が朝鮮通交を譲りたい旨の願書を阿部に対して提出したのである。[64]元禄一四年（一七〇一）九月一七日に義方は江戸城に呼び出されると、朝鮮通交相続が命じられた（「朝鮮国之御用、向後対馬守〈宗義方〉被仰付候、弥念入可相勤候、刑部大輔〈宗義真〉儀茂後見可仕旨被仰出之」[65]）。これを受けて対馬宗家は参判使書簡（書契）和文案の幕府老中内見、藩主代替起請文の

提出を済ませるのである。例によって義方藩主代替起請文を次に掲げておこう。(66)

起請文前書

一、①今度私（宗義方）儀、朝鮮国之御用如先規被
仰付之候、弥重　公義（江戸幕府）大切相勤可申候事

一、②日本・朝鮮通用之儀、心之及候程入念御為能様可仕候、若御隠密之儀被
仰出候共、一切他言仕間鋪候事

一、③朝鮮通用書簡（書契）之儀、入念私無之様可仕候、尤日本之儀、朝鮮与存替申間鋪候事

一、④異国江御制禁之武具、朝鮮国江不相渡候様ニ堅可申付候事

一、⑤従前々御法度之趣堅相守、自今以後被　仰出候儀、猶以同事可相守候、御一門始、諸大名与以悪心申合、一
味仕間敷候、万一悪事相頼族於有之者、早速可申上候事

右条々雖為一事於致違犯者

（朱書）是ヨリ奥牛王（ママ、玉カ）

梵天・帝釈・四大天王、惣而日本国中六十余州大小神祇、殊伊豆・筥根両所権現、三嶋大明神、八幡大菩薩、天
満大自在天神、部類眷属神罰・冥罰各可罷蒙者也、仍起請如件

御血判

元禄十四辛巳年（一七〇一年）九月廿七日　宗対馬守（義方）　御据判

（朱書）料紙肌吉紙、牛王（ママ、玉カ）も同紙、尤堅紙也

阿部豊後守（正武）殿

土屋(政直)相模守殿
小笠原(長重)佐渡守殿
秋元(喬知)但馬守殿
稲葉(正通)丹後守殿
安藤(重玄・幕府大目付)筑後守殿

一見して義倫藩主代替起請文と同じであることが分かる。一条目冒頭も「御代替ニ付」から変更され、藩主代替起請文らしい体裁が整えられることとなった。[67]

義方は元禄一五年（一七〇二）五月七日に初入国を果たすが、その前後には対馬から三つの使節が朝鮮に対して派遣されている。一つ目は三月に派遣された告逓参判使（正官：不明）。これは義真の朝鮮通交退任を知らせるためのもので、退休参判使同様、義真期に初めて見られるものである。[68]二つ目は七月に派遣された告襲参判使（正官：杉村舎人）。義方の朝鮮通交相続を知らせるとともに、藩主図書鋳造を依頼する使節であった。[69]そして一〇月に図書参判使（正官：平田主計）が派遣され、義方図書（印文「義方」、【図3】）受領に至る。ここで旧印となった義真図書は「義方帰州の賀」を名目とする宝永元年度訳官使（一七〇四年）[70]を通じて返却がなされた。この時点で義真は死去していたことから（元禄一五年（一七〇二）八月七日死去）、彦満図書も同時に返却されることとなったのである。[71]二種の図書を

図3　義方図書印影
（縦 6.2 cm × 横 5.8 cm）
九州国立博物館所蔵「対馬宗家文書」P13530

一紙に捺した「押形」二枚が作成されたが、一枚しか現存していない。[72]

ところで、義方が他の藩主と比べて特異なのは提出した幕府宛て起請文の多さである。藩主代替起請文の提出は右に掲げた一回限りだが、将軍代替起請文は家宣・家継・吉宗と三代にわたって提出がなされた。[73]これら全てに「家業」の語は見えない。義方藩主代替起請文は「家業」の語がなかった義倫藩主代替起請文と同内容であったし、家継・吉宗将軍代替起請文は家宣将軍代替起請文と同内容であり、その家宣将軍代替起請文も「家業」の語の見えなかった綱吉将軍代替起請文を踏襲したものだったからである。[74]ただそうであったとしても朝鮮通交が「家業」＝領内仕置の一環であるという認識に変わりはなかったであろう。だからこそ義方は家督相続しても初入国することができなかったのである。初入国できていなかった事実にこそ朝鮮通交が「家業」＝領内仕置の一環であり、中心であったという対馬宗家の認識を読み取ることができる。

おわりに

「柳川一件」を経て改めて朝鮮通交が「家業」＝領内仕置の一環として認められた義成（二代藩主）は、終生幕府に対する感謝の念を忘れなかった。それは二度提出された幕府宛て起請文（「柳川一件」起請文・家綱将軍代替起請文）に明らかであり、そうした認識は以後の藩主にも基本的には継承されたものと見られる。

義成の跡を継いだ義真（三代藩主）が最初に提出した幕府宛て起請文は綱吉将軍代替起請文であった。同起請文からは義成が表明したような幕府に対する感謝の念や、朝鮮通交が「家業」＝領内仕置の一環であるといった認識を読み取ることはできない。これは義真が義成同様の認識を持っていなかったことを意味するのではなく、将軍代替起請文の形式統一がなされた結果と捉えるべきであろう。幕府役人の指導を介した提出が浸透していく中で、義成のときのように比較的自由に前書を作成することができなくなっていたのである。義真期にはもう一度幕府宛て起請文＝堀田正俊朝鮮御用老中就任起請文が提出されているが、これにも感謝の念や「家業」の語は見えない。形式統一を機に対馬宗家ではこうした認識が内面化していったものと考えられる。

義真隠居後、跡を継いだ義倫（四代藩主）期において初めて藩主代替起請文が提出された。前書は義真の綱吉将軍代替起請文と同じであったが、初入国に向けて出発する直前に提出されていることを考慮すれば、これから領内仕置に臨む義倫の宣誓行為と見做すことができる。後に多少の修正がなされ、それが藩主代替起請文として定着する。ところが、義倫は藩主就任後まもなくに死去してしまうのである。家督相続したのは義方であったが、若年であることを理由に朝鮮通交相続は叶わなかった。朝鮮通交が認められていない義方に領内仕置を担うのは難しいと見られて、義方は家督相続後も江戸滞在の日々を送っている。朝鮮通交を相続したのは隠居していた義真であり、彼は義方に代わって領内仕置を国元で担ったのである。そのような意味でこの時期の藩主を義方とするのは適当ではない。

こうした状況に変化が生じたのは、義方が一八歳を迎えて以降のことであった。義方は幕府から朝鮮通交が命じられると、初入国直前には参判使書簡（書契）和文案の幕府老中内見、藩主代替起請文の提出を行うのである。この時点で義方はようやく藩主になれたと言えるだろう。対馬宗家の場合、藩主になるためには家督を相続するだけでなく、朝鮮通交相続も果たす必要があった。それは朝鮮通交が「家業」＝領内仕置の中でも中心に据えられていたためで、こうした認識は「柳川一件」を経た義成（二代藩主）期に形成されたものであった（本書第三章参照）。義真（三代藩主）期以降において義成が持っていたような認識は幕府宛て起請文には見られなくなるが、確実にその後の世代にも受け継がれていったと言うことができる。

ただ藩主代替起請文の提出を創出したり、若年の当主に朝鮮通交を相続させなかったりする動きは義成期において確認することができない。これらを画策した義真は確かに義成期以来の認識を継承してはいたが、一方で朝鮮通交の重要性を幕府に対して訴える必要があるとも考えていた。それは対馬宗家の朝鮮通交に対する幕府の「軽々敷」態度が目立つようになっていたからである。(75) 義成期以来の認識を内面化しつつ義真は、朝鮮通交の重要性を幕府に訴えなければならないという新しい事態に直面していた。義成期とはその点に大きな違いを見出すことができる。

註

（1）鈴木棠三編『対馬叢書　宗氏家譜略』（村田書店、一九七五年）五六頁。

（2）前者の拝謁は寛永二〇年度信使（一六四三年）来聘に係る義成の功績を称えて実現したものであった。朝鮮側の記録に「彦満年五歳、已蒙見朝之恩、馬島人以為栄幸云、関白晩得嗣子、而我国送使致賀、以為大慶、此実島主賛翼功也」とあって（「癸未東槎日記」〈釋尾春芿編『朝鮮群書大系続々第五輯　海行摠載　三』〈朝鮮古書刊行会、一九一四年〉二三五頁〉）、特別に実現した拝謁であったことが分かる。なお野村玄『徳川家光―我等は固よりの将軍に候―』（ミネルヴァ書房、二〇一三年）三八四～三八五頁にもこのときの拝謁が取り上げられている。

（3）「義章様御事若殿様朝鮮御用為御見習御暇被為蒙仰初而御下向ニ付御国諸手配且御下着之上諸御手数向始終之覚書」（国史編纂委員会所蔵「對馬島宗家文書」記録類 3732）。

（4）「義真様御家督日記書抜」（長崎県対馬歴史研究センター所蔵「宗家文庫史料」記録類1-1-S②-148）。本節の以下の記述は特に断らない限り同史料による。

（5）荒野泰典「大君外交体制の確立」（同『近世日本と東アジア』東京大学出版会、一九八八年〈初出一九八一年〉）二二九頁。

（6）石川寛「対馬藩の自己意識―「対州の私交」の検討を通じて―」（九州史学研究会編『境界のアイデンティティ―『九州史学』創刊50周年記念論文集　上―』〈岩田書院、二〇〇八年〉）三〇九頁。

（7）こうした慣行がいつ始まったのかは定かではないが、恐らく「柳川一件」後からであろう。事件の結審後に示された親裁の内容に「書翰ホニ付可奉伺御内意儀有之節者、早速言上ヲ遂、粗忽ニ取扱不被致候様ニと御諚有之ル」とあるからである（「寛永丙子信使記録　一」〔東京国立博物館所蔵 QB3299-1〕寛永一三年三月一四日条、本書第三章参照）。

（8）義成娘・藤が松平正信の正室であった（泉澄一「元和～寛永初期の対馬藩と宗家」〔同『対馬藩の研究』関西大学出版部、二〇〇二年〕三三〇頁など）。ちなみに正久（正信嫡子）も幕府奏者番・幕府若年寄を務め、対馬宗家一門中としての役割を果たしていた。

（9）「朝鮮江御用之儀被仰渡候覚書并訳官渡海之時被仰聞候覚書之控帳」（国史編纂委員会所蔵「對馬島宗家文書」記録類 3593）。

（10）「善隣通書　二十七　硫黄一件往復并小序」（国史編纂委員会所蔵「對馬島宗家文書」記録類 4776）、三宅英利「幕藩体制安定期の通信使」（同『近世日朝関係史の研究』文献出版、一九八六年）三三二頁。明暦度信使（一六五五年）は依頼分とは別に硫黄五〇〇〇斤を大坂で入手し、本国へ持ち帰っている（米谷均「一七世紀前期日朝関係における武器輸出」〔藤田覚編『十七世紀の日本と東アジア』山川出版社、二〇〇〇年〕六三頁）。また硫黄調達だけでなく「兵器購入」も意図していたようである（金文京「十七世紀日朝武器密貿易とその清朝への波及」〔『朝鮮史研究会論文集』五六、二〇一八年〕一四～一五頁、李薫「国書の形式と伝達から見た「通信使外交」」〔同『朝鮮の通信使外交と東アジア』景仁文化社、二〇一九年〕三三三頁）。

（11）鹿児島県維新史料編さん所編『鹿児島県史料　旧記雑録追録　1』（鹿児島県、一九七一年）二八九頁には次のような幕府老中連署奉書が掲載されている。

御文庫拾三番箱五拾四巻中　　光久（島津）公御譜中ニ在り

進上之硫礦目録之通遂披露候之処、一段之御仕合候、恐々謹言

明暦二年（一六五六年）三月廿一日　　阿部豊後守（幕府老中）　忠秋判

松平伊豆守（幕府老中）　信綱判

酒井雅楽守（幕府老中）（ママ）　忠清判

松平大隅守（島津光久）殿

(12) 上原兼善氏の御教示による。当時の琉球が明朝中国に対して硫黄を供出していたことを踏まえれば（石原道博「明末清初請援琉球始末」〈同『日本乞師の研究』冨山房、一九四五年〉）、このとき幕府へ献上された硫黄も琉球産であった可能性が高い。

(13) 黒板勝美・国史大系編修会編『新訂増補国史大系　第四十一巻　徳川実紀　第四篇』（吉川弘文館、一九六五年）明暦三年二月二五日条。

(14) 田代和生「草梁倭館の設置と機能」（同『近世日朝通交貿易史の研究』創文社、一九八一年）一六九頁、尹裕淑「草梁倭館への移館と倭館の造営・修理・改建」（同『近世日朝通交と倭館』岩田書院、二〇一一年〈初出二〇〇三年〉）一七〇頁。

(15) 「自公儀朝鮮江硫黄被遣候御礼御家督之御慶新御印洪知事朴判事持渡之時覚」（国史編纂委員会所蔵「對馬島宗家文書」記録類3594）。

(16) 池内敏「訳官使考」（同『絶海の碩学—近世日朝外交史研究—』名古屋大学出版会、二〇一七年〈初出二〇一六年〉）一五一頁。

(17) 前掲「自公儀朝鮮江硫黄被遣候御礼御家督之御慶新御印洪知事朴判事持渡之時覚」。

(18) 荒木和憲「中世対馬の経済構造と朝鮮貿易」（同『中世対馬宗氏領国と朝鮮』山川出版社、二〇〇七年〈初出二〇〇五年〉）二六八頁。

(19) たとえば、寛永一二年（一六三五）一一月の義成書簡（書契）に古川右馬助が義成図書を捺していた事実が窺えるし（泉澄一「寛永中期、柳川一件の審理とその後の対馬藩及び宗家」〈泉前掲『対馬藩の研究』〉四六五頁）、少し時期は下るが、家老中の職務について示した延宝二年（一六七四）二月日付の壁書には「一、書簡・印箱之儀年寄（家老）共預置候間、月番之者詰間ニ可召置候、書翰印（図書）押申時者古川孫四郎幷名代之者可罷出候間、月番之者前ニ而押可申候、寄合日又ハ用事之刻宿江罷下候節ハ佑筆壱人、書院小姓二人番中付置可罷下候事」とあって、この中にも古川の名が見える（同「初期の藩政と人事」〈同前掲『対馬藩の研究』〉五・九頁）。

(20) 米谷均「近世前期日朝関係における「図書」の使用実態」（『史観』一四四、二〇〇一年）三頁。義成死去に伴って彦七図書も返却する必要があったが、同図書は義成図書よりも一年ほど早い万治元年（一六五八）に仁位格兵衛（倭館館守）によって返却がなされていた（「同年（万治元年）彦三之印、天龍院様（宗義真）ゟ館守仁位格兵衛ニ順附被差返」〈「御児名図書一件記録　全」〈国史編纂委員会所蔵「對馬島宗家文書」記録類3399〉〉）。返却時期が別であった理由は分からない。

(21) 「延宝八年　綱吉公御代替記　巻一」（長崎県対馬歴史研究センター所蔵「宗家文庫史料」記録類1-1-R②-1）、「延宝八年　綱

吉公御代替記　巻五終」（同所蔵「宗家文庫史料」記録類1‐1‐R②‐5）。本節の以下の記述は特に断らない限り同史料による。

(22) 久保とは対馬宗家が「十万石以上格」への格上げ交渉を展開した際に助言を行った久保正永（幕府右筆）のことであろう（越坂勇太「近世前期における献上と大名家格秩序―宗家の「十万石以上格」創出に注目して―」〈『日本歴史』八五六、二〇一九年〉三〇～三一頁）。

(23) 旗本が提出した起請文前書は次のようなものであった。

起請文前書

一①、御代替ニ付、一入重　公儀《（江戸幕府）》大切可奉存事

一②、無表裏別心、自然邪儀於被申掛者、御一門を初、雖為親類・縁者・知音之好、早速可申上事

右之趣於相背者

神文如式目

(24) 同事件に関しては、武野要子『悲劇の豪商・伊藤小左衛門』（石風社、一九九九年）、荒野泰典「小左衛門と金右衛門―地域と海禁をめぐる断章―」（網野善彦・大林太良・谷川健一・宮田登・森浩一編『海と列島文化　第10巻　海から見た日本文化』小学館、一九九二年）、酒井雅代「寛文抜船一件からみる日朝関係」（同『近世日朝関係と対馬藩』〈吉川弘文館、二〇二一年〉初出二〇一二年）に詳しい。

(25) 綱吉期において「表右筆が大名からの代替り誓詞を書き留めておく慣習があったらしい」こと、端作り文言・前書・神文が「かなり統一されてくる傾向があ」ったこと、が指摘されている（大河内千恵「江戸幕府の起請文制度」〈同『近世起請文の研究』吉川弘文館、二〇一四年〉一三〇頁、同「将軍代替り誓詞の再検討」〈大河内前掲『近世起請文の研究』〉三一頁）。

(26) 李晐鎮「一七世紀末～一八世紀初対馬藩の対幕府交渉の論理変化―「通交」の概念拡張と「藩屏の武備」論の登場―」（『日本歴史研究』五五、二〇二一年）一三頁、本書第二章を参照のこと。

(27) 義真正室は京極高和娘であり、一男（彦満）を儲けていたが、幼くして亡くしている（高柳光寿・岡山泰四・斎木一馬編『新訂寛政重修諸家譜　第8』〈続群書類従完成会、一九六五年〉二六三頁）。「宗氏家譜略」には二男（福松・彦満）ともあって（前掲『宗氏家譜略』六一頁）、義真が京極夫人との間に儲けた男児の数が定まらない。

(28) 前掲『宗氏家譜略』六六頁、前掲『新訂　寛政重修諸家譜　第8』二六三頁。

(29) なお丈夫届や嫡子成に関する理解は、笠谷和比古「幕藩関係文書の諸類型」（同『近世武家文書の研究』法政大学出版局、一九九八年）一三七頁に基づく。

(30) それぞれ根拠となる記事を掲げれば、「〃（一）、貞享元（一六八四年）甲子臘廿五日半冠」、「〃（一）、同日（一二月二五日）四品ニ叙セラレ、廿七日右京大夫君ト改メラル」、「〃（一）、同（貞享）三丙寅臘十二日元服〈此年熱海へ入湯セラル〉」、「〃（一）、元禄元（一六八八年）戊辰十二月廿日義倫ト諱ヲ改メラル、林家吟味銀ノ字ニ反ル也」である（前掲『宗氏家譜略』六六頁）。

(31) 田中健夫・田代和生校訂『朝鮮通交大紀』（名著出版、一九七八年）二七一〜二七二頁。

(32) 前掲『朝鮮通交大紀』二七一頁。

(33) 前掲『朝鮮通交大紀』二七二〜二七四頁。

(34) 「一時特施之恩、非他日可援之例」（前掲『朝鮮通交大紀』二七二頁）とあって、先例とはならない旨が記されていた。ちなみにこの書簡（書契）は「朝鮮国礼曹参議李基祚書契」（九州国立博物館所蔵「対馬宗家文書」P14800）として現存するが、当該箇所は「一時特念之事也」と対馬宗家によって改竄されている。対馬宗家があからさまな改竄を行ったのは、改竄することで改めて議論の俎上に乗せようとしたためと考えられる。

(35) 柳采延「朝鮮時代児名図書に関する考察」（『韓日関係史研究』六二、二〇一八年）一五二〜一五六頁にその詳細がある。

(36) こうした事実は義真期に至っても権現堂送使創設交渉が続いていたことからも裏付けられよう（李晐鎮「十七世紀後半の日朝関係と対馬藩—権現堂送使の新設交渉を中心に—」（『史林』一〇〇—四、二〇一七年）三五〜三七頁）。

(37) であったとしても、一般的に考えて義真の方が義倫よりも先に没するのであるから、彦満図書を返却してでも右京図書を得ておくべきだっただろう。しかし、義倫は義真よりも先に死去してしまい（後述）、図らずも対馬宗家は早期に児名図書を失わずに済んでいた。

(38) 「義真様御隠居義倫様御家督記録　上」（長崎県対馬歴史研究センター所蔵「宗家文庫史料」記録類1-1-S②-153）。本節の以下の記述は特に断らない限り同史料による。

(39) 木挽町狩野家二代目。朝鮮国王へ贈る屏風を製作するなど対馬宗家との関わりが深かったことで知られる（田代和生「朝鮮通信使行列絵巻の研究—正徳元年（一七一一）の絵巻仕立てを中心に—」（『朝鮮学報』一三七、一九九〇年）二七頁）。

(40) ただし、このときは盛岡南部家の江戸家老とともに披露がなされた。つまり江戸家老の将軍御目見は朝鮮通交に関わるものではなかったということである。

(41) たとえば、「寛政重修諸家譜」の「宗義倫」項には「元禄五年〔一六九二年〕六月二十七日封を襲、七月十二日襲封を謝するのとき家臣三人御前に出る。のち代々例とす」とある（前掲『新訂　寛政重修諸家譜　第8』二六三頁）。

(42) 現に多田は元禄五年（一六九二）六月一二日に家督相続後の献上物に関する指示を受けるため阿部のもとを訪れており、その際に義真期の先例＝家督・朝鮮通交相続が同時に行われること、「侍従」任官のことなどを説明していた（前掲「義真様御事御隠居御願之覚書」）。

(43) なお義倫の叙任の詳細については、鶴田啓「近世大名の官位叙任過程―対馬藩主宗義倫、義誠の事例を中心に―」（橋本政宣編『近世武家官位の研究』続群書類従完成会、一九九九年〔初出一九九六年〕）二一九〜二二七頁においても検討が加えられている。

(44) 通常藩主が死去した際には告訃参判使が派遣されるが、同使節も図書返却の使命を帯びていたわけではない（古川祐貴「対馬藩主図書考」〔『訳官使・通信使とその周辺』七、二〇二三年〕二〜三頁）。

(45) 義倫図書の印影を確認できる史料は管見の限り存在しない。

(46) 前回の義真図書受け取りの際に訳官使が派遣されたのは、硫黄送付に対する御礼の訳官使の派遣を対馬宗家が求めていたためである。したがって通常、図書受領に際して訳官使が派遣されることはなく、本来的に図書は図書参判使が受領するものであった。

(47) 池内前掲「訳官使考」一五一頁。

(48) 「義真様御旧印押形壱枚」（長崎県対馬歴史研究センター所蔵「宗家文庫史料」一紙物1194-59-1〜2）の包紙に「依之御旧印押形弐枚控置、壱枚者御前江差上、壱枚者御印箱ニ入置」とある。「義真様御旧印押形」（九州国立博物館所蔵「対馬宗家文書」P13537）がそのもう一枚であろう。

(49) 「御代替」を義真の藩主代替と読む場合、幕府に対して「御代替」と述べる不自然さと、義真が実際に藩主代替起請文を提出していない事実の二点を解消しなければならない。

(50) 大河内千恵氏は綱吉将軍代替起請文から「代替」の語が見え始めることを指摘し、それを「代替り誓詞の誕生」と位置付ける（大河内前掲「江戸幕府の起請文制度」一一八〜一一九頁）。

(51) 思えば、義真は阿部正武（幕府老中）が朝鮮御用老中に就任した際、幕府宛て起請文の提出を断られていた（本書第二章参照）。

これは幕府に対するアピールの機会を一つ失ったことを意味し、ゆえに藩主代替起請文の提出に代えたと考えることができる。幕府は何故朝鮮御用老中就任起請文の提出を断りながらも、藩主代替起請文の提出を許可したのであろうか。ここでは前者が対馬宗家単独のものであったのに対して、後者が広く大名家が行い得るものであった点に求めたい。

(52) 「義方様御家督記録　一」（長崎県対馬歴史研究センター所蔵「宗家文庫史料」記録類1-1-S②-157）。本節では特に断らない限り同史料による。また大森映子「対馬藩宗家の仮養子史料―近世中期の相続問題を中心に―」（二〇一〇～一二年度科学研究費補助金・基盤研究（B）「藩世界と東アジア世界―西日本地域を中心に―」研究成果報告書『対馬・沖縄調査報告集』研究代表者：紙屋敦之、二〇一二年）三～六頁も参照した。

(53) 以酊庵輪番制が監察機関ではなかったことが指摘されて久しいが（池内敏「以酊庵輪番制考」〈池内前掲『絶海の碩学』初出二〇〇八年〉）、国目付派遣を断る論理として用いられている点は興味深い。実態として監察する機能はなくとも監察を期待される側面があったということだからである。

(54) 田代和生「貿易帳簿からみた私貿易の数量的考察」（田代前掲『近世日朝通交貿易史の研究』）二六九～二七二頁。

(55) 大森映子『お家相続―大名家の苦闘―』（角川学芸出版、二〇〇四年）一六～二二頁。

(56) 確かに朝鮮宛て書簡（書契）の自称（差出名義）には「対馬州太守拾遺平某」とあって、「侍従」以外の地位を示すものがない。ゆえに対馬宗家ではかくも「侍従」任官にこだわりを見せたのだと考えられる。実際問題として「拾遺」がなくとも朝鮮側は書簡（書契）を受け取ったであろうが、要は対馬宗家側の見栄の問題であった。

(57) 前掲『新訂　寛政重修諸家譜　第8』二六四頁。

(58) この時期「元禄竹島一件」が勃発していたために義方に対する朝鮮通交相続がなされなかったと考えられなくもないが、同事件が最終的に決着してもなお相続は認められなかった。「元禄竹島一件」の最終的な決着は池内敏氏によれば、元禄一二年（一六九九）のことである（同「東平行一件の再評価―元禄九～一二年の日朝交渉―」〈同『大君外交と「武威」―近世日本の国際秩序と朝鮮観―』名古屋大学出版会、二〇〇六年〈初出二〇〇四年〉〉三二一頁）。

(59) 「御隠居様御自筆豊後守様ゟ御差図被成候御状之御案文」（長崎県対馬歴史研究センター所蔵「宗家文庫史料」一紙物1072-47）。これは案文であるが、同内容の書状が実際に送られたと考えられる。

(60) たとえば、義真は朝鮮御用老中に就任した阿部正武（幕府老中）に対して「朝鮮関係書類」の提出を行ったが、その際に阿部から年例送使や図書、訳官使に関する質問を受けた（本書第二章参照）。質問の内容自体、初歩的なものであり、こうしたやり取りを通じて義真は朝鮮通交事情に不案内であることを認識したのではないだろうか。

(61) 幕府との共有を裏付ける文書は今のところ見付かっていない。

(62) 参勤交代を開始する年齢がおよそ一七歳であり、運用が始まっていた仮養子願を提出できなかったために帰国できなかったとも考えることができるが（大森映子「大名相続における年齢制限をめぐって」『湘南国際女子短期大学紀要』八、二〇〇〇年〕一六〜一七頁、同「大名家における後継者決定過程—池田綱政の継嗣をめぐって—」『湘南国際女子短期大学紀要』七、一九九九年〕五頁）、後に述べるように義真はこうした慣行を利用することで、朝鮮通交が誰もが担うことのできない重要なものとして演出しようとしていた可能性がある。

(63) 池内前掲「訳官使考」一五一頁。

(64) 義真は元禄一四年（一七〇一）六月に江戸参府を果たし（元禄一一年〔一六九八〕に参府する予定であったが延引していた）、阿部正武（幕府老中）・土屋政直（同）・小笠原長重（同）・秋元喬知（同）・稲葉正通（同）と対面している。その際、阿部に対して「対馬守〔義方〕義盛人■仕候間、追而奉得御内意可奉願与奉存候、其節ハ宜様ニ御差図被成可被下候」と伝えていた（「御隠居様御参府ニ付御老中様方江御対面覚書」〔長崎県対馬歴史研究センター所蔵「宗家文庫史料」記録類1-1-S②-58〕）。これが願書提出の前触れとなったことは言うまでもない。

(65) 「義真様御役義方様江御譲記」（長崎県対馬歴史研究センター所蔵「宗家文庫史料」記録類1-1-S②-163）。阿部に提出された願書は「然者私〔宗義真〕朝鮮御役之儀、対馬守〔宗義方〕家督被仰付候節、幼少御座候故、当分私可相勤候旨、以御奉書蒙仰候ニ付、只今迄相勤来申候、対馬守儀盛人仕候間、朝鮮御役対馬守江被仰付被下候様ニ奉願度奉存候」といった内容であった。

(66) 「御誓詞之写」（長崎県対馬歴史研究センター所蔵「宗家文庫史料」一紙物755-4〜5）。

(67) ここで変更されたことからも窺えるように、義倫藩主代替起請文中の「御代替」は将軍代替であった。

(68) 退休参判使に加え、告逓参判使といった前例のない参判使が創出された背景には「公儀之体裁」を有する使節の方が接待内容がよかったためであろう。ゆえに義真は積極的に参判使を創出していったものと考えられる。

(69) ここから「告襲」の意味が単に家督相続だけでなく朝鮮通交相続をも含めた概念であったことが判明する。

(70) 池内前掲「訳官使考」一五一頁。

(71) 本来、義真図書（+彦満図書）は「新太守義方世襲の賀、義真捐館の弔意」を派遣名目とする元禄一六年度訳官使（一七〇三年）を通じて返却がなされるはずであった（池内前掲「訳官使考」一五一頁）。しかし、遭難事件が発生したことで正使二名を含む一〇八名が死亡することとなり、訳官使自体が中止となった。宝永元年度訳官使（一七〇四年）はその代わりに派遣された訳官使である。なおこの遭難事件を扱ったものに、小松勝助「鰐浦沖遭難訳官使姓名簿の発見―「渡海訳官幷従者姓名」、元禄一六年―」（『対馬歴史民俗資料館報』二〇、一九九七年）がある。

(72) 「天龍院様両図書之御印形」（九州国立博物館所蔵「対馬宗家文書」P13542）。

(73) 「家宣様御代替ニ付如先例御願被成義方様御誓詞被遊候一件」（国史編纂委員会所蔵「對馬島宗家文書」記録類5304）、「家継様御代替ニ付如先例御願被成義方様御誓詞被遊候一件」（長崎県対馬歴史研究センター所蔵「宗家文庫史料」記録類3-7-A-9）、「吉宗様御代替ニ付如先例御願被成義方様御誓詞被遊候一件」（同所蔵「宗家文庫史料」記録類3-7-A-12）。

(74) 古川祐貴「対馬宗家の江戸幕府宛て起請文」（『人文社会科学論叢』一五、二〇二三年）七・一〇頁。

(75) 幕府の「軽々敷」態度は本多正永（幕府老中）・土屋政直（同）の朝鮮御用老中就任時（宝永元年〔一七〇四〕・同二年〔一七〇五〕）において通知方法が「軽く」なったことを対馬宗家側が問題視したものであった（本書第二章参照）。義真が藩主代替起請文を義倫に提出させたり（元禄六年〔一六九三〕）、若年当主に朝鮮通交を担わせないといった慣行を創出したりしたのは（同七年〔一六九四〕）、通知方法が「軽く」なる以前の出来事である。しかし、幕府の「軽々敷」態度は何も本多就任時から始まったわけではなく、たとえば堀田正俊（幕府大老）死去後の朝鮮御用老中の設置を不可としたり（貞享元年〔一六八四〕）、朝鮮御用老中就任起請文の提出を不要としたり（同）、はたまた定高仕法を朝鮮貿易に適用したりする行為（貞享三年〔一六八六〕、本書第五章参照）なども該当したと考えられる。幕府の諸事を軽くする方針が影響を与えていたであろうことも想像に難くない。ゆえに時系列的な矛盾はないと判断する。

補論二　児名図書受領の要件
――彦千代・岩丸を例に――

はじめに

元禄一四年（一七〇一）九月一七日、江戸城に呼び出された義方は幕府から朝鮮通交を命じられた。この段階に至って義方はようやく藩主になれたのであり、参判使書簡（書契）和文案の幕府老中内見、藩主代替起請文の提出を行っていくのである。そして実際に対馬へ初入国を果たしたのは、同一五年（一七〇二）五月七日のことであった。

それまで朝鮮通交を含む領内仕置を担っていたのは隠居の身の義真（三代藩主）であったが、彼は義方の初入国を見届けるかのように元禄一五年八月七日に死去する。これを受けて朝鮮から「新太守義方世襲の賀、義真捐館の弔意」を名目とした元禄一六年度訳官使（一七〇三年）[1]が派遣される。しかし、当該訳官使は途中で遭難し、目的を果たすことなく中止されてしまうのである。対馬宗家では義真図書と彦満図書を返却する予定であったから、代わりに派遣されてきた「義方帰州の賀」を名目とする宝永元年度訳官使（一七〇四年）[2]を通じて返却を完了させた。これによって義方は自身の図書に基づく朝鮮通交を開始できるようになったのである。

ただ彦満図書を返却したことで対馬宗家は児名送使船を送ることができなくなっていた。同送使船は慶長一七年

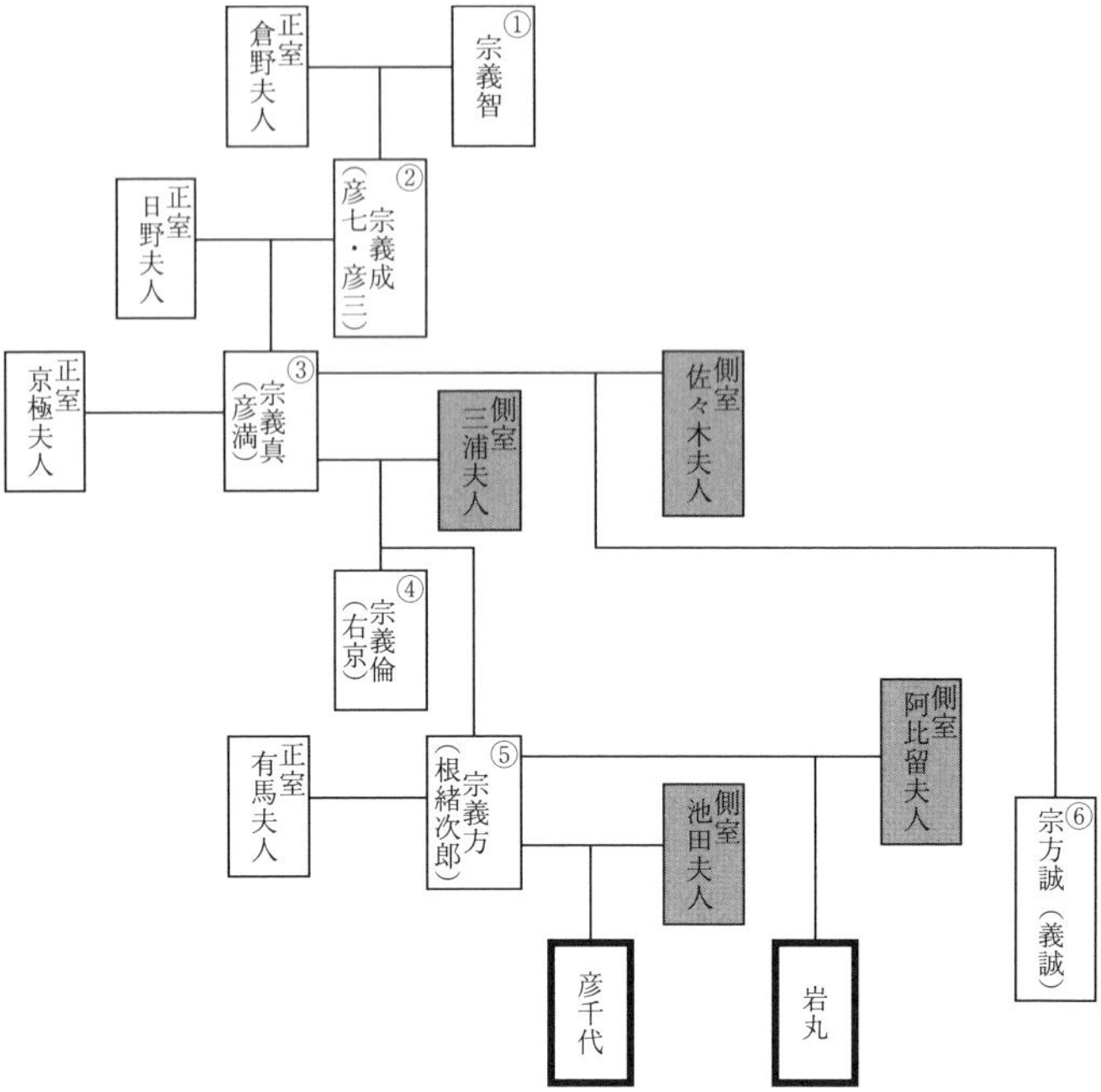

図１　対馬宗家系図
義智（初代藩主）～方誠（６代藩主）
矩形内①～⑥は藩主の代数を、網掛けは側室を表す

（一六一二）に義成（後の二代藩主）が彦七図書を受領して以来派遣され続けてきたものであり、寛永一四年（一六三七）の「兼帯の制」に際しては九送使[3]の一つとして数えられた。同一九年（一六四二）には彦七・彦満両図書の併行使用が朝鮮側から認められ、二隻体制で児名送使船が派遣できるようになったのである（明暦三年（一六五七）の義成死去まで）。しかし、再び右京図書（義倫（後の四代藩主）児名図書）との併行使用を画策した対馬宗家は（貞享元年（一六八四）以降）、朝鮮側の拒否に遭い、結局右京図書を断念せざるを得なくなる。彦満図書を返却して右京図書を得る、といった方法もあったが、その選択が取られることはなかった。そして義真が死去したことで彦満図書は返却されなければならなくなったのである。[4]

本補論では彦満図書返却後の状況について彦千代・岩丸両図書の受領過程から見ていきたい。特に彦千代図書に関しては柳采延氏による精緻な分析があるが、朝鮮側の主導性を強調するあまり、対馬宗家側の事情が全くと言っていいほど捨象されてしまっている。[5] 児名図書は対馬宗家が運用するものであり、その実態は対馬宗家文書を見ていくことでしか分かり得ない。朝鮮側史料を分析するだけでは児名図書の実態を解明しようがないのである。彦千代・岩丸両図書を経て、児名図書の運用がどのように変わったのかについても見ていきたい。なお参考のため義智（初代藩主）～方誠《みちのぶ》（六代藩主）[6] に至る系図を【図1】として掲げた。

一　彦千代図書

彦千代は義方の実子として宝永二年（一七〇五）五月一一日に生まれた。[7] 母は池田氏で京都の人であったという。[8] 同四年（一七〇七）一二月一四日に旗本の甲斐庄喜右衛門を通じて土屋政直（幕府老中）へ「出生之儀」が届け出られると[9]（丈夫届に相当ヵ）、翌年には家宣への御目見を果たし、正式に義方の後継者であることが認められた（嫡子成に相当ヵ）。

これを受けて国元対馬では訳官使の派遣要請を朝鮮に対して行い、宝永五年度訳官使（一七〇八年）の来島に漕ぎ着ける。派遣名目は「立嫡の慶賀」であり、[10] 訳官使の名目としては初のものであった。一行は対馬での儀礼を終えると、護送裁判に任じられた龍田権兵衛によって倭館まで送り届けられる。[11] このとき龍田は彦千代図書造給を要請する義方書簡（書契）を持参していたようで、これが造給依頼になったものと思われる。

ところが、両国は交奸事件をめぐって対立していた。[12] その原因は両国で量刑が異なることにあったが、朝鮮側は龍田が持参した義方書簡（書契）の返信に交奸事件が解決するまでの間、彦千代図書造給を見送る方針を示したのである。これに対して龍田は、①自身は彦千代図書の造給を依頼したまでで交奸事件とは全く関係がないこと、②ゆえに交奸事件に触れた内容の返信を受け取るわけにはいかないこと、を主張する。龍田は倭館に滞在して返信の改訂を請い続けたが、その甲斐空しく、宝永七年（一七一〇）五月二〇日に倭館を後にする。交奸事件が影響して龍田は本来の目的を果たすことができなかったのである。

対馬宗家の次なる動き出しは正徳二年（一七一二）に見られる。二月一七日に寺田市郎兵衛が正徳度信使（一七一一年）の護送裁判に任じられ、児名図書の受領をも命じられたからである。今回寺田は義方書簡（書契）を持参していなかったようで、それは以前に龍田が捧呈したため、といった理由からであった。加えて上々官を通じて三使（正使・副使・従事官）に要望を伝えてもいた。寺田としては彦千代図書を受領するだけの任務と捉えていたに違いない。正徳二年（一七一二）二月二七日に倭館に到着すると、三月二〇日に茶礼の接待を受けている。通常であればこの時点で義方書簡（書契）の捧呈がなされるはずだが、このたびの寺田は義方書簡（書契）を持参していない。困惑した接慰官は東萊府使を通じて事態を朝鮮朝廷へ報告するのである。

ところが、朝鮮朝廷からの回答はすぐには来なかった。寺田から数度訓導・別差に対する督促が行われたが、全て素気無い返答であった。訓導から、正徳二年（一七一二）六月になって漢城にいる内通者からの情報が得られたことが伝えられたことくらいのものであろう。その情報によれば、朝鮮朝廷は寺田の口上だけでは軽々しく、義方書簡（書契）が発給されることを望んでいる、といったものであった。これに対して寺田は、①義方書簡（書契）は過去に龍田が捧呈していること、②それに対する朝鮮側の返信が交奸事件に触れた内容であったために龍田は返信を受領しなかったこと、③そう何度も義方書簡（書契）を発給できないこと、をもって反論する。しかし、その内通者が言うには、義方書簡（書契）さえ出してくれれば事態は順調に進み、別幅すらも不要である、といったことであったので、寺田は国元家老衆に相談することとなる（正徳二年（一七一二）六月一〇日）。

この後、対馬宗家側と朝鮮側の応酬がしばらく続けられる[13]。しかし、最終的には正徳二年（一七一二）一〇月一六日になって義方書簡（書契）が対馬から倭館へと送り届けられた。彦千代図書受領のため対馬宗家側が譲歩したかたちになったが[14]、寺田が義方書簡（書契）の到着をやや誇張気味に朝鮮側へ伝えていることを勘案すれば[15]、①このたびの対応が以後の先例とはならないこと、②藩主の権威を落とさぬよう配慮されていたこと、が窺える。以上の経緯を経て、正徳三年（一七一三）正月二八日に対馬宗家は彦千代図書（印文「彦千代」、【図2】）を受領することができたのである。彦満図書を返却して以来、実に九年ぶりのことであった。その間、児名送使船が派遣できていなかったことは言うまでもない。

しかし、苦労して入手したにもかかわらず、彦千代は正徳三年（一七一三）八月六日に死去してしまう。彦千代図書が対馬府中（厳原《いづはら》）に到着してわずか四ヶ月後のことであった。彦千代死去に伴い、早速図書を返却する必要が生じ、九月一〇日には箕原作右衛門が返却の「御使者」として任命されている。「御使者」による返却は異例であったが、「延引」するわけにもいかないとのことで、特別に朝鮮側から認めてもらったもののようである[16]。これと同時に「押形」二枚が作成され、一枚は御印箱へ、もう一枚は国元家老（朝鮮御用支配担当）預りの御用箪笥に納められた[17]。

図2　彦千代図書印影
（縦 5.9 cm × 横 5.9 cm）
九州国立博物館所蔵「対馬宗家文書」P13529

箕原が対馬を出発したのは正徳四年（一七一四）五月のことであり、同二三日には倭館に到着した。揚陸時に幕を張るなどの指示が国元家老からなされていたが、こうした対応から彦千代の権

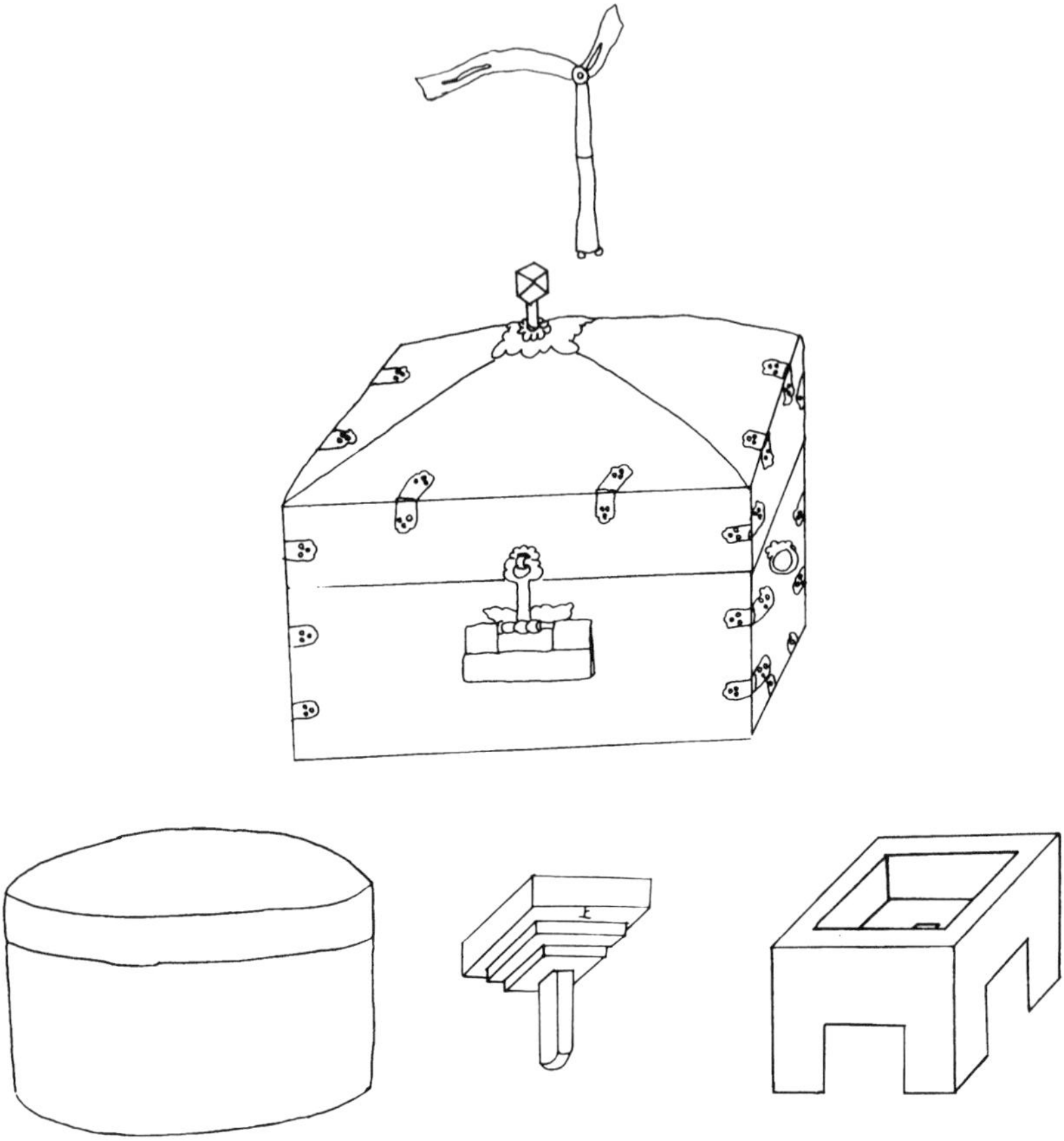

図３　彦千代図書と付属品

国史編纂委員会所蔵「對馬島宗家文書」記録類6175よりトレースしたものを編集

威を損なわぬよう配慮されていたことが分かる。茶礼（七月一二日）、封進宴席（同　六日）が行われ、茶礼の際に義方書簡（書契）とともに彦千代図書が返却されることになった。漢城から派遣された接慰官の到着遅れで出宴席が九月二日まで遅延したが、その際に朝鮮側の返信が渡され、まもなく箕原は倭館を後にするのである。

なお彦千代図書に関しては児名図書の中でも唯一、本体や収納箱などが図示された史料が残されている(18)（【図３】）。一つも原物の残らない江戸時代の児名図書を知るうえで貴重な史料と言えるだろう。[19] また彦千代像（画幅）も養玉院（対馬宗家江戸菩提寺）に伝来する。[20]

二　岩丸図書

岩丸は正徳五年（一七一五）七月二日に義方の実子として生まれた。[21] 母は阿比留増右衛門の娘とあることから対馬の人だったのだろう。享保元年（一七一六）二月一六日に幕府老中へ出生を届け出ると（丈夫届に相当ヵ）、まもなく家継への御目見を果たすのである[22]（嫡子成に相当ヵ）。朝鮮から「講定信使節目、回棹、立胤慶賀」を名目とする享保三年度訳官使（一七一八年）が来島するが、[23] 翌年に享保度信使（一七一九年）を控えていたこともあって、岩丸図書の造給依頼は先送りにされていた。動き出しが見られるのは信使が帰国した後のことである。

享保六年度訳官使（一七二一年）は「方誠〔六代藩主〕継爵の祝賀、大衍院〔宗義方〕捐館の弔意」を派遣名目とするものであった。[24] 三浦酒之允は当該訳官使の護送裁判に任じられ、それと同時に「岩丸様御図書御請被成候御用」も命じられた。[25] 三浦が持参した東萊府使宛て方誠書簡（書契）和文には「胤子岩丸殿儀、已ニ東武〔江戸幕府〕ゟ胤子之命を蒙、貴国〔朝鮮王朝〕ゟ茂賀胤使〔享保三年度訳官使〕迄被差越たる事ニ而、最早年茂成長之儀ニ御座候、…弥旧例之通今度岩丸殿児名図書御鋳送有之候様ニ都〔朝鮮朝廷〕表江被仰達可被下候」とあって、①岩丸が嫡子成を果たしたこと、②それを祝賀する享保三年度訳官使（一七一八年）がすでに派遣されたこと、③もって岩丸図書造給を取り次いで欲しいこと、の三点が記されていた。彦千代図書の造給契機ははっきりとしていなかったが、ここから明らかに嫡子成がきっかけとなっていたことが分かる。

対馬を出発した三浦は享保六年（一七二一）七月一二日に倭館に到着すると、早速訓導・別差に対して茶礼後すぐに方誠書簡（書契）＝「若殿様〔岩丸〕御児名図書之儀御懇請被成候御書翰〔書契〕」を東莱府使へ上申することを確認した。また漢城に戻る享保六年度訳官使（一七二一年）に対して、岩丸図書造給に関する朝鮮朝廷への周旋も依頼している。三浦がこのような行動をとったのは、前回の彦千代図書受領の際に朝鮮側の返信をめぐる対立があったためであろう。

また前回最終的に受け取った返信には対馬宗家にとって不快な文言が含まれていた。寺田市郎兵衛はそれを解消することなく受領してしまっていたようである。こうした「対州之心」に適わない返信を受け取らざるを得なかったのは、それ以前に義方書簡（書契）をめぐる対立が朝鮮との間に生じていたためであろう。三浦は寺田が作成した文書・記録を読み込んでいた可能性があり、それを踏まえたかたちで今回の対応に臨んだものと見られる。訓導・別差からは、①彦千代が亡くなり現在児名送使は「中絶」状態となっているが、児名図書は先例があることなので滞りなく造給されるであろうこと、②朝鮮側の返信に関して可能な限り働きかけてみること、を引き出すことに成功した。ここから岩丸図書獲得にかける三浦の意気込みが感じられるだろう。

こうした三浦の働きかけに対する回答が享保六年（一七二一）閏七月一五日に訓導・別差を通じて伝えられた。内容は、①岩丸は義方（五代藩主）の嫡子であることから児名図書の造給を許可する方針であること、②東莱府使から方誠書簡（書契）が届き次第、図書を造給する予定であること、であった。一方で漢城に戻った享保六年度訳官使（一七二一年）からも手紙が届き、朝鮮朝廷への周旋を行い、合点がいった様子であったことなどが伝えられた。残るは図書を受領するのみとなった。

実際に岩丸図書（印文「巌丸」[26]、【図4】）が東莱府使のもとに到着したのは享保六年（一七二一）八月二七日のことである。東莱府使としては早く受け取って欲しかったようであるが、図書を受領するためには国元へ「御印之写」

（印影）を送って藩主の裁可を得なければならない。このあたりの手続きは藩主図書と同じだったのであろう(27)。しかし、三浦は国元家老衆の指示を待つことなく、岩丸図書を受け取っていたようである（享保六年〔一七二一〕九月一五日）。その理由は定かではないが、三浦としては些細なことで朝鮮側と揉める事態を避けたかったのであろう。三浦が受領の際に「国元の判断次第では」と強調して述べているのは、先んじた受領が特別なことであり、万が一の場合には差し戻しもあり得ることを示したかったからにほかならない。国元家老衆の指示がいつなされたのかも判然としないが、図書は三浦が受領したもので問題なかったようである。

一方で朝鮮側の返信に関しては図書受領の五日後に黄判事によって東萊府使へともたらされた。三浦は返信を東向寺僧に確認させた後、その写を国元に対して送っている。この返信も特に問題なかったようで、享保六年（一七二一）一〇月二五日に正式に受領された(28)。国元家老衆からは、岩丸図書を納めるのに適当な箱がないことから三浦の挟箱に入れて帰国すること、鰐浦関所で「わく」を用意しているのでそれに載せて対馬府中（厳原）まで運ぶこと、が伝えられた。三浦は一二月七日に倭館を後にすると、鰐浦関所にて運搬の手続きを取り、まもなく方誠のもとへと復命するのである。

図4　岩丸図書印影
（縦6.1 cm×横5.8 cm）
九州国立博物館所蔵「対馬宗家文書」P13534

岩丸図書を用いて早速、享保七年（一七二二）正月に児名送使船（正官：嶋雄菅右衛門）が派遣された。しかし、倭館での儀礼が進む最中《さなか》に岩丸は死去してしまうのである(29)（享保七年〔一七二二〕一〇月二一日）。嶋雄らが訃報に接したのは一二月一八日のことであり、ここまで滞在が長引いていたのには理由があった。すなわち、当該児名送使を岩丸図書受領年（＝前年の享保六年〔一七二一〕）の使節として扱って欲しい、といった交渉を行っていたからである。(30)結局、児名送使はこの一度しか派遣されることなく、岩丸図書は朝鮮側に返却されることとなった。(31)ちなみに返却に関するまとまった文書・記録は残されておらず、同八年（一七二三）に新倭館館守・仁位孫右衛門が渡航した際に返却されたことが知られるくらいのものであろう。(32)

三　要件の変化

岩丸図書返却後も対馬宗家による児名図書獲得は続けられていく。たとえば、方誠（六代藩主）と側室・樋口夫人（後の仙寿院）との間に享保元年（一七一六）一〇月一八日に誕生した義如《よしゆき》（当時弥一、後の八代藩主）は、同九年（一七二四）一一月二日に「嗣子成」（嫡子成）を果たし、(33)朝鮮から「家重建儲の祝賀、弥一立胤の祝賀、回棹」を名目とする享保一一年度訳官使（一七二六年）が派遣され、(34)同一二年（一七二七）四月一六日には裁判・幾度六右衛門によって弥一図書（印文「弥一」、【図5】）が受領されている。(35)また義質《よしかた》（一二代藩主）と正室・前田夫人（後の寛寿院）との間に生まれた義章《よしあや》（当時彦満、後の一三代藩主）は、朝鮮から「我州胤子誕生の賀」を名目とする文政五年度訳官使（一八二二年）が派遣され、(36)その訳官使の護送裁判・樋口孫左衛門が文政七年（一八二四）正月二日に彦満図書（印文「彦満」、【図6】）を受領している。(37)さらに義和《よしより》（一四代藩主）と側室・樋口夫人（碧《みどり》）との間に弘化四年（一八四七）六月一二日に生まれた勝千代は、腹違いの兄・彦七郎が早世したため、その身代わりとして安政四年（一八五七）に後継者となり（彦七郎改め「勝千代」(38)）、朝鮮から「義和嫡子の賀」を名目とする安政五年度訳官使（一八五八年）が派遣された。(39)その護送裁判・番縫殿介が万延元年（一八六〇）一二月に勝千代図書（印文「勝千代」、【図7】）を受領

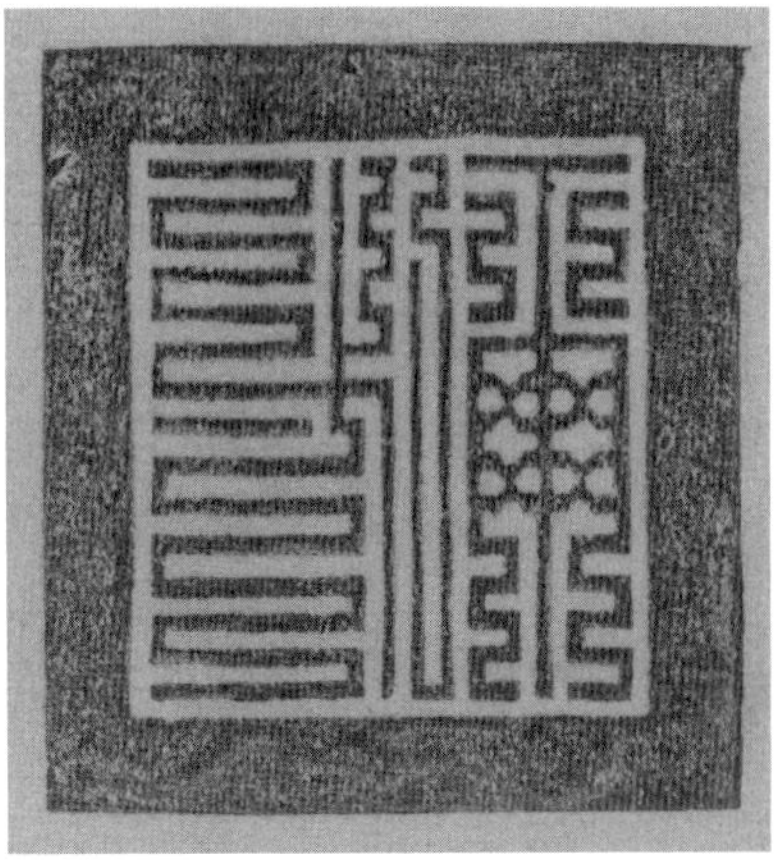

図５　弥一図書印影
（縦 6.1 cm × 横 5.7 cm）
九州国立博物館所蔵「対馬宗家文書」P13535

図６　彦満図書印影
（縦 5.8 cm × 横 5.8 cm）
九州国立博物館所蔵「対馬宗家文書」P13536

した。(40)

以上の事実から明らかなのは、幕府から正式に後継者と目されることが児名図書受領の要件となっていたことであろう。前節までの考察も踏まえれば、特に実子が庶子だった場合に将軍御目見が必要だったことが分かる。嫡子成を果たす必要があったためである。このことは一八世紀以降の後継者が庶子出身で占められていたことをも示唆する。では彦千代以前はどうだったのであろうか。改めて確認しておこう。(41)

江戸時代が始まって対馬宗家が最初に入手した児名図書は義成（二代藩主）が使用した彦七図書であった。これは壬辰戦争を機に失効した図書の復旧を義智（初代藩主）が求める中で実現したものである(42)（慶長一七年（一六一二）正月受領）。義成（当時彦七、後に彦三）は正室・倉野夫人（後の威徳院）との嫡子であったが、義智の後継者として幕府に正式に認められたのは慶長一八年（一六一三）三月のことであった。このとき初めて秀忠の「聞召」を受けているからである(43)。ただ彦七図書受領が先んじており、後継者認定と児名図書受領が関係し合っていたようには見えない。

続いて義真（三代藩主）が使用した彦満図書についてであるが、

図7　勝千代図書印影
（縦 6.0 cm × 横 5.6 cm）
九州国立博物館所蔵「対馬宗家文書」P13532

同図書が義成によって造給依頼されたのは寛永一七年（一六四〇）のことである。[44] このとき義成が自身の彦七図書を返却していないことが改めて問題とされた。彦七図書と引き換えに彦満図書を受領するが、その際再び義成は彦七図書を朝鮮側から受け取っている。児名送使船の公木量の増加要求を回避すべく、朝鮮側は彦七・彦満両図書の併行使用を認めたからである。[45] ただ義真が家光の御目見を受けたのは早くとも寛永二〇年（一六四三）八月のことであり、[46] またしても児名図書受領の方が先んじていた。ここにおいても後継者認定と児名図書受領が関係し合っていたようには見えない。

　最後に造給こそ叶わなかったが、義倫（四代藩主）が使用する予定であった右京図書についても見ておこう。義倫は寛文一一年（一六七一）に側室・三浦夫人（後の高寿院）との間に生まれた。延宝六年（一六七八）二月二二日に八歳で家綱に御目見したことが知られており、[47] このときに丈夫届と嫡子成がなされたものと見られる。しかし、右京図書の造給依頼がなされたのは貞享元年（一六八四）のことであった。嫡子成後に「義真帰州・義倫将軍拝謁の祝賀」を名目とする延宝六年度訳官使（一六七八年）が派遣されているが、[48] 右京図書の造給依頼までに約六年もの歳月があり、関連し合っていたようには見えない。右京図書の造給依頼はあくまで義真の裁量に基づくものであったと考えるべきである。

　以上を踏まえると、彦千代以前は嫡子がそのまま後継者となる場合が多かったものの、必ずしも幕府によって後継者認定されることが児名図書受領の要件とはなっていなかった。これは明らかに彦千代を境として変化があったことを示している。対馬宗家が後継者認定（嫡子成）を要件としなければならなかった理由はいったいどこにあったのだろうか。それは児名送使船の「中絶」状態を解消するためであった。

彦満・右京両図書の併行使用が認められなかった対馬宗家は、右京図書を断念し、彦満図書だけでの児名送使船運用を余儀なくされた。しかし、義真が死去し（元禄一五年〔一七〇二〕八月七日）、彦満図書の返却が現実のものとなると、「中絶」状態を予期した対馬宗家は次郎図書（義方児名図書）の造給依頼を画策するのである（宝永元年〔一七〇四〕、本補論註4参照）。ただ義方はすでに藩主となっており、朝鮮側に拒否されたことから[49]、次郎図書も断念せざるを得なくなる。この時点で児名送使船の「中絶」状態が確定した。「中絶」はこれまで児名送使船によって得られてきた所務の全てを失うことを意味したから、対馬宗家は九送使ではなく八送使での運用となったわけである。藩財政上に占める損失がいかほどであったかは分からない。しかし、少なくともこの時期の対馬宗家は貨幣改鋳によって大きな打撃を受けていたことから[50]、かなりの痛手であったことは間違いなかろう。ゆえに対馬宗家は早期に「中絶」状態を解消する必要があった。

そこで案出されたのが後継者認定（嫡子成）を利用するといった方法であった。庶子である彦千代が異例の早さで幕府に届け出られたのは[51]、対馬宗家に右のような事情があったためである。幕府によって後継者認定（嫡子成）されたといった知らせに朝鮮側も無関係ではいられず、「立嫡の慶賀」を名目とする宝永五年度訳官使（一七〇八年）[52]の派遣を初めて認めていく[53]。そしてこの訳官使を護送するという名目で裁判（龍田権兵衛）が立てられ、彦千代図書の造給依頼をも行うといった流れが形成される。こうして対馬宗家は一度「中絶」した児名図書を復活させ、九送使による年例送使運用を再び可能にしたのである。

彦千代の早世によって図書は一度も使用されることなく返却されることになったが、一度できた獲得の流れは容易には失われず、要件として定着するに至る。岩丸図書造給依頼の際に見られた「胤子岩丸殿儀、已ニ東武〔江戸幕府〕ゟ胤子之命を蒙、貴国〔朝鮮王朝〕ゟ茂賀胤使〔享保三年度訳官使〕迄被差越たる事ニ而、最早年茂成長之儀ニ御座候」といった言辞は象徴的に映ろう。江戸時代後期においても後継者認定（嫡子成）→「立嫡の慶賀」の訳官使派遣→児名図書受領といった流れが確認できたのは、彦千代図書が契機となっていたことを如実に物語っている。

おわりに

児名図書の「中絶」といった事態に直面した対馬宗家は、図書を受領する実子が幕府から認められた後継者であるといった事実を朝鮮側に提示することで「中絶」状態の解消を試みた。その戦略は奏功し、以後後継者認定（嫡子成）が児名図書受領の要件として定着する。一七世紀初期において朝鮮との交渉は「東藩」の論理を用いたものが夙に知られている。(54) しかし、この時点において「東藩」の論理が用いられることはなかった。朝鮮側が児名図書復活に応じたのは、究極的には拒否することで朝鮮—幕府関係に何らかの影響が出ることを危惧したためであろう。つまり朝鮮側も日本との安定的な関係を志向していたのであって、(55) 対馬宗家はその点に付け込むかたちで復活を画策したと言える。「東藩」の論理を使わなかったのはその論理がもはや通用しなくなっていたという側面もあろうが、(56) 幕府—朝鮮関係が安定していたことも一因としてあるだろう。対馬宗家は朝鮮との交渉の中に幕府の存在を仄めかすことによって自らの要求を通そうとしたのである。(57)

このようなかたちで対馬宗家は再び九送使での年例送使運用が可能となった。しかし、ここで見逃してはならないのは、児名図書の受領が以前と比べて散発的になっているという事実である。彦満図書（義真児名図書）までは連綿と藩内に児名図書が存在し、最低でも年間一隻の児名送使船を派遣できていた。ただ彦満図書を返却してからと言うもの、児名図書の受領が散発的となってしまい、加えて彦千代送使に基づく所務はなし（本補論第一節参照）、岩丸送使に関しても二ヶ年分の所務を得たに過ぎなかった（本補論第二節参照）。彦千代・岩丸が早世したためではあるが、一八世紀以降、児名送使は実質的に年例送使ではなくなった可能性がある。一七世紀初期より続く所務が当てにならないのであるから、対馬宗家にとって〝損失〟となっていたことだろう。[58]貨幣改鋳に伴う私貿易の危機的状況にばかり目が行きがちであるが、[59]九送使として当たり前の運用ができなくなっていたところにも朝鮮通交上の〝危機〟を読み取らなければならない。

註

（1）池内敏「訳官使考」（同『絶海の碩学─近世日朝外交史研究─』名古屋大学出版会、二〇一七年〔初出二〇一六年〕）一五一頁。

（2）池内前掲「訳官使考」一五一頁。

（3）九送使とは「兼帯の制」によって集約された年例送使の総称のことである。具体的には、①歳遣第一船送使、②歳遣第二船送使、③歳遣第三船送使、④歳遣第四船送使（歳遣第五～一七船送使を兼帯）、⑤一特送使（二～三特送使、中絶船を兼帯）、⑥以酊庵送使、⑦万松院送使、⑧副特送使、⑨児名送使のことを指す。成立に関しては、田代和生「「兼帯の制」成立と貿易仕法の改変」（同『近世日朝通交貿易史の研究』創文社、一九八一年〔初出一九七六年〕）に詳しい。

（4）彦満図書の返却によって児名図書が「中絶」することを危惧した対馬宗家では、宝永元年（一七〇四）に次郎図書（義方児名図書）の受領を画策する。しかし、義方がすでに藩主となっていたこと、朝鮮側の拒否に遭ったこともあって、結局次郎図書が造給されることはなかった（「訳官記録」〔国史編纂委員会所蔵「對馬島宗家文書」記録類1505〕、柳采延「朝鮮時代児名図書に関する考察」〔『韓日関係史研究』六二、二〇一八年〕一五六頁）。

(5) 柳前掲「朝鮮時代児名図書に関する考察」一五七～一六三頁。とは言え、同論文は児名図書が彦満図書で断絶したと考えられてきた従来の研究状況に（荒野泰典「大君外交体制の確立」〈同『近世日本と東アジア』東京大学出版会、一九八八年〈初出一九八一年〉〉二二九頁など）、初めてそれ以降の図書が存在することを指摘したものとして重要である。

(6) 方誠（六代藩主）は享保一〇年（一七二五）六月二八日に諱（実名）を「義誠《よしのぶ》」に改めているが、本補論の内容は改名前の時期に相当することから、そのまま「方誠」を用いた。

(7) 鈴木棠三編『対馬叢書　宗氏家譜略』（村田書店、一九七五年）七三頁。また彦千代に関しては、大森映子「対馬藩宗家の仮養子史料―近世中期の相続問題を中心に―」（二〇一〇～一二年度科学研究費補助金・基盤研究（B）「藩世界と東アジア世界―西日本地域を中心に―」研究成果報告書『対馬・沖縄調査報告集』研究代表者：紙屋敦之、二〇一二年）七頁にも記載がある。

(8) 前掲『宗氏家譜略』七三頁。ちなみに義方正室は有馬夫人（後の桂光院）である。

(9) 「大衍院様御実録下書　二」（長崎県対馬歴史研究センター所蔵「宗家文庫史料」記録類3-7-C-1）。

(10) 池内前掲「訳官使考」一五一頁。

(11) 「御児名図書記　全」（国史編纂委員会所蔵「對馬島宗家文書」記録類3398）。本節の以下の記述は特に断らない限り同史料による。なお『分類紀事大綱Ⅰ―對馬島宗家文書資料集1―』（国史編纂委員会、二〇〇五年）二八八～二八九頁にも同様の記事がある。

(12) 交奸とは倭館滞在中の対馬男性が朝鮮女性を館内へ連れ込んで性的関係（主に売春）を持つことである。江戸時代に一一件発覚しているが、宝永四年（一七〇七）のそれは対馬宗家側と朝鮮側の応酬が繰り広げられ、最終的には辛卯約条（一七一一年）の締結に至る。事件に関する詳細は、尹裕淑「日朝通交体制確立期における倭館統制と諸約条」（同『近世日朝通交と倭館』岩田書院、二〇一一年〈初出一九九八年〉）四四～五五頁で述べられている。

(13) 国元家老衆としても内通者による情報だけでは信憑性がなく、義方に相談しにくいといった事情があったようである。

(14) 譲歩した理由の一つに、近々再び東莱府使の交代があり、今のうちに義方書簡（書契）を出してくれれば確実に朝鮮朝廷へ上申されるであろう、といった訓導・別差の観測があった。現に当時の東莱府使・李正臣はその年の一一月に交代している（『2009釜山博物館特別展示会　東莱府使―忠と信の牧民官―』〔釜山博物館、二〇〇九年〕一一頁）。

(15) 諸々の事情を国元へ伝えてようやく義方書簡（書契）が発給されることになったこと、倭館へも「重キ侍」を付けて義方書簡

〔書契〕が運び入れられること、寺田自身が大庁まで運ぶこと、などである。

(16)「分類紀事大綱」に「但御使者を以図書被差返候義、御使者を以被仰遣候事、先例無之候得共、訳官渡海、又者裁判渡海を御待被成候而者及延引、其上図書附贈以後、一礼も不被仰述候故、使者を以御返し可被成之旨、去年〔正徳三年〕朝鮮江被仰付、〔倭館〕館守ゟ其趣東萊〔府使〕江被申達候処、別条有之間敷与之返事ニ候故、御使者を以被仰遣也」とある（前掲『分類紀事大綱Ⅰ』二八四頁）。対馬―朝鮮間で「壬戌年〔天和二年〕不時之御使者御渡被成間敷与之儀」が取り決められていたが、「此度之義者格別之事」であるとして「御約条」違反には当たらなかったようである（前掲『分類紀事大綱Ⅰ』二八五頁）。

(17)「彦千代様御図書之控」（九州国立博物館所蔵「対馬宗家文書」P13529）。「押形」の収納場所が藩主図書とは異なるが（藩主図書の場合は御前と御印箱に収納、本書第四章参照）、区別した理由は分からない。

(18)「御児名御図書幷外包箱之図」（国史編纂委員会所蔵「對馬島宗家文書」記録類6175）。

(19)対馬宗氏が室町時代に入手した児名図書＝熊満図書（「嘉靖元年〔一五二二年〕五月日造」銘）・熊寿図書（「嘉靖四十三年〔一五六四年〕三月日造」銘）が九州国立博物館に伝来する（「「熊満」印」（九州国立博物館所蔵「対馬宗家文書」P13968）、「「熊寿」印」（同所蔵「対馬宗家文書」P13976））。田代和生・米谷均「宗家旧蔵「図書」と木印」（『朝鮮学報』一五六、一九九五年）四一〜四二・五二〜五四頁に詳細がある。

(20)『平成25年度特別展　大井に大仏がやってきた！―養玉院如来寺の歴史と寺宝―』（品川区立品川歴史館、二〇一三年）一二四頁にデジタル画像が掲載されている。

(21)前掲『宗氏家譜略』七五頁。

(22)岩丸の御目見を直接的に示す史料は今のところ見付かっていない。ただ後掲する史料に「胤子岩丸殿儀、已ニ東武〔江戸幕府〕ゟ胤子之命を蒙、…」とあることから（「御児名図書一件記録　全」（国史編纂委員会所蔵「對馬島宗家文書」記録類3399））、将軍御目見を果たしたと判断した。家継が享保元年（一七一六）四月三〇日に死去していることを踏まえれば、御目見はそれ以前のことだったのだろう。

(23)池内前掲「訳官使考」一五一頁。

(24)池内前掲「訳官使考」一五一頁。

(25)前掲「御児名図書一件記録　全」。本節の以下の記述は特に断らない限り同史料による。

(26) 印文は「岩丸」ではなく明らかに「巌丸」である。

(27) 藩主図書受領に関して、たとえば方誠（六代藩主）のものは倭館に到着した後、東向寺僧や雨森芳洲らによる詳細な確認作業が行われている。その際、国元に「御印之写」（印影）が送られ、それをもとに藩主は受領の可否を決定したようである。問題がなければ国元家老衆の指示が倭館に届き、図書が受領される仕組みであった。方誠図書受領に関しては、古川祐貴「対馬藩主図書考」（『訳官使・通信使とその周辺』七、二〇二三年）九～一〇頁で触れたことがある。

(28) このとき三浦が受領すべき返信は「御児名図書御返翰」と「裁判帰国之御返翰」の二つであった。前者は特に問題なかったが、後者は「全篇旧図書〔彦千代図書〕送還之意味計相見へ、訳官護送之謝意少茂無之候」、「殊ニ訳官護送之儀者公儀〔江戸幕府〕江茂被仰上候所ニ、護送之謝意無之候而者相済不申候」といった理由から、「裁判ゟ弥書改之義被申聞」る次第となった。したがって、必ずしも受領した返信に問題がなかったわけではない。詳細は前掲『分類紀事大綱Ⅰ』二九九～三〇二頁を参照のこと。

(29) 「御児名送使記録」（国史編纂委員会所蔵「對馬島宗家文書」記録類3437）。

(30) 前掲『分類紀事大綱Ⅰ』三〇五～三四九頁。

(31) 「分類紀事大綱」に「岩丸様児名使ハ両度迄被差渡候故」とあるのは（前掲『分類紀事大綱Ⅰ』三五〇頁）、先の要求が朝鮮側の入れるところとなり、享保六年（一七二一）分と同七年（一七二二）分の所務を受け取ることができたためであろう。こうした所務の獲得は彦満図書以来約二〇年ぶりのことであり、ゆえに対馬宗家も必死の交渉を行ったものと見られる。

(32) 前掲「岩丸様御印之押形」。なお返却に際して「御印形二枚控置、一枚ハ御印箱ニ入置候、一枚ハ朝鮮〔御用〕支配方年寄中江預ヶ之御用簞笥ニ入置之」とあることから、彦千代図書と同じだったことが分かる。

(33) 前掲『宗氏家譜略』八四頁。

(34) 池内前掲「訳官使考」一五一頁。

(35) 「弥一様御児名御印之押形」（九州国立博物館所蔵「対馬宗家文書」P13535）。弥一の嫡子成は一般的に享保一六年（一七三一）五月一六日とされているが（高柳光寿・岡山泰四・斎木一馬編『新訂　寛政重修諸家譜　第8』〔続群書類従完成会、一九六五年〕二六六頁、大森前掲「対馬藩宗家の仮養子史料」一一頁）、「家重建儲の祝賀、弥一立胤の祝賀、回棹」を名目とする享保一一年度訳官使（一七二六年）が派遣されていることに鑑みれば、前掲『宗氏家譜略』八四頁に見られる享保九年（一七二四）一一月二日の「嗣子成」を嫡子成と見做すべきだろう。

(36) 池内前掲「訳官使考」一五二頁。

(37) 「彦満様御児名之御印押形」(九州国立博物館所蔵「対馬宗家文書」P13357)。九州国立博物館にはもう一点同名の史料が伝わるが(「彦満様御児名之御印押形」〔同所蔵「対馬宗家文書」P13536〕)、これらが御印箱と御用箪笥に分けて納められた「押形」二点であろう。

(38) 守友隆「幕末期対馬藩主宗義達(善之允)の「嫡子成」における江戸藩邸・国元藩庁と幕府との折衝・情報伝達―宗家文庫、万延二辛酉年「義和様御二男善之允様御前様御養御嫡子成御記録」の分析を中心に―」(『比較社会文化研究』二九、二〇一一年)一〜三頁。

(39) 池内前掲「訳官使考」一五二頁。

(40) 「御賀胤・御図書請取　送訳官記録」(国立国会図書館所蔵「宗家記録」WA1-6-35)。「勝千代様御印押形」(九州国立博物館所蔵「対馬宗家文書」P13532)には「嘉永七庚申年三月十二日」に勝千代図書を受領したとの記載があるが、明らかな誤りである(嘉永七年〔一八五四〕はそもそも「庚申」ではない)。

(41) ここからは内容的に本書第三・四章の記述と一部重なる。

(42) 米谷均「近世前期日朝関係における「図書」の使用実態」(『史観』一四四、二〇〇一年)四頁。

(43) 前掲『宗氏家譜略』四八頁。

(44) 米谷前掲「近世前期日朝関係における「図書」の使用実態」四頁。義真は正室・日野夫人(後の養玉院)との間に生まれた義成嫡子である。

(45) 柳前掲「朝鮮時代児名図書に関する考察」一五〇頁。

(46) 前掲『宗氏家譜略』五六頁。しかも寛永二〇年(一六四三)の御目見は正式なものではなかった。

(47) 前掲『宗氏家譜略』五六頁。

(48) 池内前掲「訳官使考」一五一頁。

(49) 前掲「訳官記録」、柳前掲「朝鮮時代児名図書に関する考察」一五六頁。

(50) 対馬宗家が幕府の貨幣改鋳で大きな打撃を受けていた事実は、田代和生「輸出銀をめぐる諸問題」(田代前掲『近世日朝通交貿易史の研究』)に詳述されている。

(51) 彦千代は庶子であったにもかかわらず、三歳という異例の早さで幕府に届け出られた（本補論第一節参照）。

(52) このころの対馬宗家は訳官使の派遣を財政的な理由から渋っていたと言うから（李晐鎮「訳官使の役割拡大と接待儀礼」『朝鮮学報』二五四、二〇二〇年）一三頁）、「立嫡の慶賀」のみを名目とした訳官使の派遣を要請したこと自体、異例と言わなければならない。その理由こそが児名図書の「中絶」状態解消であったと考えられる。

(53) 柳采延氏は幕府の権威を借りた対馬宗家側の主張を全て「武威」と絡めて理解するが（柳前掲「朝鮮時代児名図書に関する考察」一五九頁）、それは適切ではないだろう。朝鮮も幕府同様の「紛争回避を優先」する方針を根底に持っていたと考えられ（山本博文「武威の構造」〔同『鎖国と海禁の時代』校倉書房、一九九五年〕二〇八頁）、ゆえに新規名目の訳官使を認めざるを得なかったのである。これ以前の宝永三年（一七〇六）に将軍家の慶事（「建儲の賀」）を名目とした訳官使派遣が認められたことも影響したかもしれない（李前掲「訳官使の役割拡大と接待儀礼」二七～三二頁）。

(54) 荒木和憲「「壬辰戦争」の講和交渉」（『SGRAレポート』八六、二〇一九年）六九頁、同「己酉約条の締結・施行過程と対馬の「藩営」貿易」（韓日文化交流基金編『壬辰倭乱から朝鮮通信使の道へ』景仁文化社、二〇一九年）一四一～一四二頁。「東藩」はそもそも「朝鮮の東の「藩屏」の意」であり、その論理は中世日朝関係に淵源を持つ（関周一「東アジア海域の交流と対馬・博多」〔同『中世日朝海域史の研究』吉川弘文館、二〇〇二年〕二三〇・二四九頁）。

(55) 山本前掲「武威の構造」二〇八頁。無論、児名図書の復活を断ったからと言って幕府との関係に何らかの影響が生じるとは考えにくい。幕府は児名送使船の存在を認知していたかすらも定かではなく、仮に知っていたとしても対馬宗家の領内仕置に関わるものとして干渉することはなかっただろうからである。

(56) 荒木和憲氏は「東藩」の論理が光海君時代には通用しなくなっていた事情を指摘するが（荒木前掲「己酉約条の締結・施行過程と対馬の「藩営」貿易」一四二頁）、寛永四年（一六二七）段階においても同論理の使用を確認することができる（米谷均「一七世紀前期日朝関係における武器輸出」〔藤田覚編『十七世紀の日本と東アジア』山川出版社、二〇〇〇年〕五六頁）。「東藩」の論理が通用しなくなったのは少なくとも寛永四年（一六二七）以降のことであろう。

(57) 幕府の存在を朝鮮側に感じさせるに当たっては、要求を行う対馬宗家の朝鮮通交が幕府によって重視されているといった事実があることに越したことはなかった。「嫡子成」の早期実現はまさに重視されていることを端的に示すことになっただろう。だからこそ対馬宗家は朝鮮通交の重要性を幕府に訴えていく必要があったと考えられる。

(58) 一七世紀後期における官営貿易(封進+公貿易)額は公木換算で約一一三四束であった(田代前掲「「兼帯の制」成立と貿易仕法の改変」一五〇頁)。また児名送使が受け取っていた公木量は一七世紀中期時点において約四三同で(柳前掲「朝鮮時代児名図書に関する考察」一五〇頁、一同=一束=五〇疋)、それは文政期(一八一八~三〇年)においても変わりがなかったことから(田代和生「近世後期日朝貿易史研究序論―『御出入積写』の分析を通じて―」〔『三田学会雑誌』七九―三、一九八六年〕二九頁)、全体の公木量の四%弱に相当しただろう。岩丸送使を送った際に二ヶ年分の所務を得たことに象徴されているように、対馬宗家は年四%程度の公木も見逃せないほどの状態であった。

(59) 田代和生「貿易帳簿からみた私貿易の数量的考察」(田代前掲『近世日朝通交貿易史の研究』)二五八頁。

第三部　対馬宗家の対幕府交渉

第五章　「金高之儀」「御金拝借之儀」「往古銀御免」の請願

はじめに

李自成の乱に端を発する東アジア世界の動乱＝明清交替は、清朝中国が南明政権（一六四五～六一年）、三藩の乱（一六七三～八一年）、鄭氏政権（一六六一～八三年）を制圧したことで収束を迎えていた。これによって日本を含めた東アジア世界が安定したことは周知の事実である。[1]康熙二三年（一六八四）に「海禁」（「遷界令」）を解除した清朝中国は、四つの海関（江海関〈江蘇〉・浙海関〈浙江〉・閩海関〈福建〉・粤海関〈広東〉）を新設して船舶（中国船を含む）からの徴税を行った。[2]一方で対日本貿易の拠点として知られた上海（江蘇）・乍浦（浙江）・寧波（同）から「海禁（「遷界令」）時代の鬱憤をはらすかのように」長崎に向けて中国船が大挙することとなったのである。[3]日本銀の海外流出を憂えた幕府はこれを問題視し、貞享二年（一六八五）に定高（年間貿易総額）を設定した（定高仕法）。[4]加えて元禄元年（一六八八）には来航船数を七〇隻に制限して、それ以上の船に対しては積戻りを命じてもいる。こうした対応によってある程度は日本銀の海外流出を抑えることができたものの、密貿易が増加したことは言うまでもない。[5]

対馬宗家の朝鮮貿易は厖大な日本銀を輸出することによって成り立っていた。[6]銀産出が比較的堅調であった時期は特に問題とならなかったが、幕府財政に大きな比重を占める鉱山収入が減少して、[7]日本銀の海外流出が取り沙汰されるようになると、初めて朝鮮貿易は幕府の制約を受けることとなったのである。これは琉球貿易を担う薩摩島津家も同じであった。こうした制約に大名家側も決して黙っていたわけではない。あらゆる手段を講じて自藩の利益を最大限にしようとしていたからである。そうした様子は琉球貿易をめぐる島津家と幕府との対抗関係を描いた上原兼善氏の研究によって明らかだが[8]、朝鮮貿易のそれは田代和生氏の一部の研究を除いてほかには存在しない[9]。輸出限度額の設定（貞享三年〈一六八六〉）や限度額の増額（元禄一三年〈一七〇〇〉）[10]、「朝鮮人参調達資金」三万両の拝借（元禄一四年〈一七〇一〉）[11]に結果することが知られるくらいのものであろう[12]。本章ではこれらの請願の具体を解明するとともに、その中に垣間見える対馬宗家の自己認識について注目するものである。

一　輸出限度額の設定

貞享二年（一六八五）三月一四日に義真（三代藩主）は阿部正武（幕府老中）と対面していた[13]。その中で阿部から伝えられたのは、「長崎町人共」が「薩摩糸幷朝鮮ゟ出候糸端物」を「於長崎相払候様ニ」したいと願い出ているが、これを認めても問題ないだろうか、といったものであった。対する義真は、その場で回答するようなことはせず、翌一五日になって田嶋十郎兵衛（対馬藩江戸留守居ヵ）を派遣して、口頭で「併於長崎相払候而者、対馬守（対馬宗家）殊之外迷惑仕儀ニ御座候、其上上方諸職人為ニ茂宜ケル間敷与存候」と回答させ、次の「口上書」を提出させた[14]。

（二ヶ条省略）

一、日本・朝鮮通用之為商売之儀申定候儀、年久敷事ニ御座候故、糸端物之儀所々ニ而為払見候処、唯今之通於京都為払候方対馬守（対馬宗家）勝手ニ宜御座候、…対馬守糸端物之儀、日本代物相調候而、差渡候返物之事ニ候故、長崎

糸端物直段之様子見斗払候而茂、近年ハ勝手ニ不宜候、自然長崎ニ而払候様ニ被仰付候而者、対馬守為殊外難儀仕事ニ御座候、長崎一口ニ被仰付候而者、畢竟〆売可仕候哉、人参茂薬屋斗ニ而ハ心任ニ直段揚申候故、御当地（江戸）・京・大坂ニおゐて対馬守手前ゟ相払申候付、薬屋共〆売仕候儀不罷成様子ニ御座候、依之糸端物長崎売之儀、諸人之為ニ茂宜ケル間敷哉幷対馬守勝手ニ不罷成候付、弥唯今之通ニ被仰付置被下候様ニ与奉存候、

以上

（貞享二年）三月十五日

内容は、①糸端物の「長崎売」は価格の面で自家のためにはならないこと、②「〆売」状態となって価格が高騰し「諸人之為」にもならないことから、朝鮮人参同様の扱いとして欲しいこと、③したがって、糸端物の取り扱いは従来通りの京都を希望すること、の三点である。「諸人之為」にはならない、といった発言があるが、対馬宗家の真意が「対馬守〔対馬宗家〕勝手ニ不罷成」の部分にあったことは言うまでもない(15)。こうした理由で義真は糸端物の「長崎売」を拒否しようとしたのである(16)。

「口上書」の内容を確認した阿部は、次に対馬から朝鮮への輸出品、朝鮮から対馬への輸入品がどのくらいあるのかを尋ねてきた。その質問に田嶋は元方役(17)の専管事項であり、自身は把握していない旨を回答すると、それでも思うままに概略を述べよ、とのことだったので、「不極義をうかと申上咄茂被遊、後日ニ相違も御座候て者、如何ニ奉存候、此段不遅儀ニ御座候者、国元〔対馬〕江申遣、追而差上申度」と述べて、来年の藩主参勤に合わせて「書付」を提出することを約束した。

阿部がこうした質問を行ったのは、対馬宗家と島津家が貿易で多くのものを輸出している、といった噂があり、幕府内で不審を抱く役人が存在したためである（「朝鮮・琉球ニ松平薩摩守殿〔薩摩島津家〕・対馬守殿〔対馬宗家〕ゟ大分

之商売ニ而、諸色差遣候由沙汰有之、皆之衆〔幕府役人〕御不審茂有之様子ニ候故、いつそ掛御目、此段申入様子承居候様ニ与存候」）。確かにこの時期の対馬宗家は長崎貿易を凌ぐほどの銀を輸出していたことが知られており[18]、後に〝天龍院（宗義真）時代〟と称される空前の好景気を現出していた。噂はこうした対馬宗家の状況を反映したものと考えられ、ゆえに阿部はその真偽を確かめようとしたのであろう[19]。

貞享三年（一六八六）七月二一日に阿部宅を訪問した田嶋は、中村源右衛門（阿部取次）を通じて、①日本ゟ差渡候諸色・朝鮮ゟ買調候品々之覚書一冊、②朝鮮江差渡候送使人数并音物之覚書一冊、③内証向之覚書の計三冊を提出した。これが先に用意する旨を伝えた「書付」であったが、義真が登城した四月の段階で提出されていなかった理由は分からない。

「書付」の提出を受けた阿部は七月二六日に義真を呼び出し、「〔銀は〕以前者弐拾五万両、或三拾万両渡り申候得共、今程ハ拾五万両ニ急度相定、其上ハ不差渡様ニ被仰付候、金銀者大切之物と申ニ付而、異国へ大分渡候事不宜と御吟味有之候、此段者御手前〔対馬宗家〕斗ニ而も無之、松平薩摩守殿〔薩摩島津家〕より琉球ニ渡り候商売物も其通ニ候、是ハ大久保加賀守〔忠朝〕殿用事御聞候故、加賀殿ゟ被仰入、吟味有之事候、兎角高ヲ被減可然候と存候」と述べて、朝鮮貿易の輸出銀減額の正当性を示した。ここから阿部の一連の動きが輸出限度額の減額にあったことが理解できるだろう。これを受けて義真は、朝鮮とは「古来ゟ約束」があることから減額は朝鮮にとっても自家にとっても受け入れがたい旨を返答する。しかし、阿部は「朝鮮江迷惑仕候而も、御自分〔対馬宗家〕之御難儀ニ成候而茂、上〔江戸幕府〕ゟ何程渡し候へと御減少被成候而者、被成様も無之事ニ候、兎角高を御減可然存候」と譲らず、義真もようやく減額案の提示に同意したのである。

七月二七日に阿部のもとに出頭した田嶋は、日本代物代銀八〇〇貫目のうち銀二八〇貫目（金四六六六両）を減額した案を提示した。これは「白米調候代之内ゟ」銀六〇貫目、「白糸調代之内ゟ」銀一七四貫目、「虎豹皮・照布・巻物・筆墨・松実等調代之内ゟ」銀四六貫目を減じた結果であり、朝鮮人参代からの減額は盛り込まれていなかった。しかし、阿部は提示された減額案にも不満だったようで、「長崎表ゟ唐〔清朝中国〕口江渡候銀高茂近年被減候、夫ニ応シ候而ハ、朝鮮渡り銀大分ニ候、上〔江戸幕府〕ゟ被仰出候而者、御断茂不罷成事ニ候、十分一、或ハ五分一渡り候様ニ与有之候而茂、可被成様無之事ニ候、対馬守殿〔対馬宗家〕御為宜様ニ与存候ニ付、昨日〔七月二六日〕内意申入事ニ候、何とそ今少減度」と、幕府より正式に命じられる前に自主的に減額しておいた方がよいことが改めて伝えられた。[20]対する田嶋も、今回の減額案であっても朝鮮側は難儀してしまうと言うのに、これ以上の減額は朝鮮との「古来ゟ之申合」に違うことになってしまう、として譲ろうとしなかった。

議論が平行線を辿る中で阿部は朝鮮の求めに応じて以前から輸出しているものの概略を「書付」にして提出するよう命じる。これは対馬宗家が朝鮮との「古来ゟ約束」「古来ゟ之申合」を理由に、これ以上の減額案を示そうとしない現状を打破しようとしたものと考えられる。翌二八日に再び阿部宅を訪問した田嶋は、池村八郎兵衛〔阿部用人〕を介して「朝鮮通用始之御書付一通、帳面二通」を提出する。「朝鮮通用始之御書付一通」は阿部の求めに応じた「書付」そのものであったが、「帳面二通」には前日に提示した減額案からさらに銀一八〇匁を減じた額が示されており、ついに対馬宗家が妥協したことが分かる。[21]これらを受け取った阿部は提示額に満足するとともに、他の幕府役人へも説明できるよう手元に置いておく旨を述べている。

ところが、貞享三年（一六八六）八月九日に大久保忠朝〔幕府老中〕・阿部正武〔同〕・戸田忠昌〔同〕から命じられた内容は対馬宗家の想定を遥かに超えるものであった。幕府から伝達された「書付」には朝鮮への輸出限度額が「〔金〕一万八千両」と記されていたからである。[22]このことに関して大久保は対馬宗家と阿部との協議内容は上聞に達しており、当然のことながら今回の決定にも反映されていると述べ、また阿部も「書付」の内容は幕閣だけで決したものではなく、綱吉の意向に沿ったものである旨を回答している。「書付」を受領した義真はとりあえずの御礼を言上したが、この決定によって朝鮮貿易は提示額よりもさらに銀四六〇貫目少ない、銀一〇八〇貫目（金一万八〇〇〇両）に制限されることとなったのである。(23) これは無制限に輸出できていたそれ以前の状況とは明らかに異なるものであった。ちなみに同じく対象とされていた島津家の琉球貿易に関しては、一二月一五日に銀一二〇貫目（金二〇〇〇両）に制限されることとなった。(24)

二 「金高之儀」の実現――輸出限度額の増額交渉――

このようなかたちで初めて幕府は朝鮮貿易に制約を加えた。しかし、対馬宗家はその影響をほとんど受けることがなかった。なぜなら対馬宗家がそもそも提示していた額はいわば虚偽であり、それを操作したところであまり意味はなかったからである。対馬宗家は表面上幕府の減額指示を受け入れながらも、水面下で限度額を凌ぐ貿易品（特に銀）を輸出していた。(25) 幕府が虚偽を見抜けなかったのは専門知識や経験が不足していたためではない。対馬宗家が提示したもので事足りると踏んでいたからであろう。(26) そのような意味で貞享二年（一六八五）に施行された定高仕法は、幕府直轄の長崎貿易においては顕著な成果を挙げることができたが、朝鮮貿易に関しては不徹底に終わったと言わざるを得ない。ちなみに琉球貿易に関しても島津家が減額を想定した虚偽申告を行っていたようであり、結果として実態以上の限度額が認められたことが明らかにされている。(27)

しかし、元禄八年（一六九五）に断行された貨幣改鋳はこうした状況を一変させることになった。国内通用銀であり朝鮮貿易銀でもあった慶長銀（品位八〇％）がより品位の低い元禄銀（品位六四％）に取って代わったのである。(28) その結果として対馬宗家は朝鮮側から元禄銀（品位六四％）の受け取りを拒否されるようになり、朝鮮貿易の中でも「私貿易は、重大な危機に遭遇する」こととなった。(29) このような状況に対して対馬宗家は、朝鮮に元禄銀（品位六四％）の受領を要請するとともに、幕府に対しては輸出限度額の増額交渉や朝鮮人参代「御引替」金交渉を展開し、事態の打開に取り組んでいく。元禄銀（品位六四％）の受領交渉に関してはすでに精緻な分析があるので、(30) ここからは二節にわたって幕府に対する交渉の方を見ていこう。

まず輸出限度額の増額交渉が開始されたのは、元禄一三年（一七〇〇）八月一五日のことである。(31) この日、大浦忠左衛門（対馬藩江戸家老）は阿部に対して対馬宗家の窮状をまとめた「書付」を提出している。(32)「書付」に示された窮状を掲げれば、①朝鮮側が元禄銀（品位六四％）に慶長銀（品位八〇％）を半分混ぜなければ朝鮮人参を売らないと言っており、そのために朝鮮人参輸入が滞ってしまっていること、②朝鮮側が元禄銀（品位六四％）だけの支払いに一・四〇％の加給を求めてくること、といったものである。阿部は「書付」の内容を理解すると、国元から正式な「書付」を提出するよう大浦に指示する。これを受けて大浦は次のような書状を国元家老衆宛てに送った。

（一ヶ条省略）

一、新金銀（元禄金銀）之儀、先年者豊後守（阿部正武）様御請方不宜候故、其以後絶而被仰上儀茂不罷成候処、此度彼方様（阿部正武）ゟ御尋被遊候段幸ニ奉存、右之段々遂相談申上候処、以前とハ違、御請方茂宜珍重奉存候、…殊ヶ様之時節を取はつし候而者如何ニ奉存、及承候通書付差出申候、且又金高之儀茂内々御耳添置候ハヽ、重而被仰上候ニ茂被成能可有御座与了簡仕、我々存寄之通申上候、豊州様ゟ茂御国（対馬）ゟ否之儀申来次第、重而申上候様ニ与之御事ニ候間、人参出シ兼候段幷新金銀之訳御相談被成、一日茂早々以早追可被仰越候、尤金高之儀御願被成候ハヽ、此節ニ候間、

是又早々可被仰越候、延々ニ罷成候而ハ、如何ニ奉存候、…

（元禄一三年）八月十七日

（対馬藩江戸家老）大浦忠左衛門

（対馬藩江戸家老）樋口孫左衛門

（対馬藩国元家老）杉村主税殿

（対馬藩国元家老）平田直右衛門殿

（対馬藩国元家老）杉村三郎左衛門殿

（対馬藩国元家老）樋口佐左衛門殿

（対馬藩国元家老）杉村頼母殿

ここには、①阿部の態度が以前と異なって軟化していることから、「人参出兼候段幷新金銀之訳」について阿部に相談することができること、②国元の返答次第で阿部に報告することになっているので、「人参出兼候段幷新金銀之訳」についてまとめた「書付」を早々に江戸まで送って欲しいこと、③またとない機会であるので「金高之儀」についてもこのたび願い出たいと思っていること、の三点が記されている。「金高之儀」とは輸出限度額の増額を指していると考えられ、これこそ「人参出兼候段幷新金銀之訳」を解決する手段と大浦は捉えていたようである。(33) 当該書状を受け取った国元家老衆は大浦の見解に賛意を表し、これを好機として「金高之儀」＝輸出限度額の増額交渉を行うべきことを返答している。(34)

元禄一三年（一七〇〇）一〇月一九日に大浦は阿部宅を訪問し、三沢吉左衛門（阿部用人）を介して義方・義真(35)の言葉を伝えると、「口上書幷金高人参代積之書付」及び「口上」の三点を提出した。「口上書」は貨幣改鋳後、元禄銀（品位六四％）を一・二七％加給で妥結していたものが、朝鮮側の誤りで一・四〇％加給となる可能性があり、加給歩合が確定するまでの間、朝鮮人参輸入が滞っている現状を述べたもの、[36]「金高人参代積之書付」は朝鮮人参代金を書き付けたもの、そして「口上」は国内に十分な量の朝鮮人参を流通させるためには朝鮮側の要望を聞き入れざるを得ないが、それに伴う損失は全て対馬宗家側が負担しなければならないことを述べたもの、となっている。実はこのとき「金高之儀」＝輸出限度額の増額交渉以外に「御金拝借之儀」について触れた部分があり、「金高之儀」と「御金拝借之儀」が一体的なものとして理解されていたことが分かる。しかし、「御金拝借之儀」は「金高之儀」の実現を妨げる恐れがあったことから、阿部の指示に基づき、このたびは見送られることになった。

また少し遡るが、対馬宗家はこの機会に柳沢吉保（幕府側用人）・荻原重秀（幕府勘定奉行）との関係構築も行っていた。[37]元禄一三年（一七〇〇）九月一〇日に急遽呼び出しを受けた大浦は、薬師寺宗仙院[38]（幕府奥医師）から朝鮮人参輸入が滞っている現状について柳沢が知りたがっていることを伝えられた。[39]対する大浦は、阿部の存在を憚りながらも柳沢自身が知りたがっていることなので遠慮することはない、といった宗仙院の言葉に後押しされ、阿部とのやり取りの全てを柳沢に対して開陳するのである。さらに宗仙院より荻原を紹介され、[40]早速大浦は荻原のもとを訪れている。後に続く柳沢・荻原との関係性はこのときに構築されたものと考えられ、対馬宗家は阿部とは異なる相談先を持つこととなった。[41]実際、阿部に国元からの「書付」を提出した後には柳沢・荻原のもとを訪れ、それぞれに詳細な報告を行っている。このとき柳沢から「豊後守様〔阿部正武〕ゟ御相談之節、御挨拶之被成様も有之」、荻原から「成程承届候間、〔阿部正武より〕御沙汰茂御座候ハヽ、宜御挨拶可仕候」といった言質を引き出せたことは、対馬宗家にとって大きな励みとなったことだろう。

さて、元禄一三年（一七〇〇）一一月三日に呼び出しを受けた大浦は、阿部から次のような「書付」を伝達された。[42]

朝鮮商売金高之儀、段々以書付被相伺候趣何茂申談候、新金銀（元禄金銀）之わけに付、先十年之内朝鮮商売金高三万両ニ可

被仕候、第一人参之儀早速差渡、手つかへ無之様ニ可被致候、右之段各被申事ニ候、可被存其旨候、以上

（元禄一三年）十一月三日　阿部豊後守（正武）

宗対馬守殿（義方）

向こう一〇年、輸出限度額を金三万両（銀一八〇〇貫目）に引き上げるので朝鮮人参輸入が滞らないよう注意することが命じられている。阿部による単独書状であるが、「各被申事ニ候」とあることから幕閣内で広く議論されたものであったことが分かる。これをもって対馬宗家は輸出限度額が金一万八〇〇〇両（銀一〇八〇貫目）から金三万両（銀一八〇〇貫目）へと引き上げられることとなった。「金高之儀」を実現した大浦は「御金拝借之儀」の実現に向けて動き出すのである。[43]

三　「御金拝借之儀」の実現——朝鮮人参代「御引替」金の交渉——

「金高之儀」から一ヶ月余りが経過した元禄一三年（一七〇〇）一二月九日に大浦は荻原（幕府勘定奉行）のもとを訪れていた。目的は朝鮮人参の国内販売価格引き上げに関する相談であったが、[44]その中で荻原より「御金拝借之儀」について質問を受けたことから、大浦は現在国元家老衆へ問い合わせ中である旨を回答している。対する荻原は、朝鮮人参代「拝借」では「自余之障」となるため、「御引替」とすべきことを提案する。「御引替」とは代金の全てを一旦幕府が立て替え、売り上げの中から代金を上納していく方式のようである。「自余之障」がいったい何を指すのか、何故荻原が「御引替」を勧めるのかは定かではないが、[45]少なくとも荻原は今回も対馬宗家にとって有利な取り計らいをしてくれようとしていたことは確実であろう。

一方で大浦の問い合わせに対する国元家老衆の回答は意外なものであった。[46]「御金拝借之儀」については幕府に願い出るべきではない、と記されていたからである。原因は隠居していた義真（三代藩主）にあったようで、義真としては信使来聘などもっと重要な局面で幕府への願い出は使うべき、といった考えを持っていた（「御隠居様〔宗義真〕ニも此儀無用と被思召上候、不時ニ信使抔被蒙仰候而御難儀之節ハ、無是非御願被遊ニ而可有之候、ヶ様之大事ニ当テ御願可被成儀を軽々敷ハ難被仰上候間、必無用仕候」[47]）。ゆえに大浦は一旦「御金拝借之儀」を断念するも、それでも諦めきれなかったのか、国元家老衆に対して元手となる銀がなければ諸色はおろか朝鮮人参輸入までも滞ってしまい、輸出限度額を増額してもらった意味がなくなってしまう、といった反論を展開するのである。国元家老衆からの返答はすぐには来ず、大浦は半ば強引なかたちで請願を行うことに決したが、その後藩内で大きな問題になっていないことを考えれば、義真を含む国元家老衆も大浦の意見に同意したものと見られる。「金高之儀」から時日を置かずに実施されるはずであった「御金拝借之儀」は、このようなかたちで元禄一四年（一七〇一）二月末に着手されるのである。

今回は前回とは異なり、阿部（幕府老中）に提出予定の「口上書」と「人参代積之書付」をまず柳沢吉保（幕府側用人）に見せている。「人参代積之書付」は単に朝鮮人参代等を列挙したものであるが、「口上書」の方は、①輸出限度額の増額を朝鮮側も喜んでおり、その見返りに朝鮮人参一〇〇〇斤を売ると言ってきていること、②しかし、代価となる銀の調達がうまくいっておらず、二〇〇斤分しか買い取ることができなかったこと、③よって幕府に「御引替」を願い出たいと思っており、この機を逃すと二度と朝鮮人参を売ってくれない可能性があること、の三点を強調したものであった。内容を確認した柳沢は早速阿部に願い出ることを指示するが、ここで注目すべきは阿部よりも先に柳沢の内見を受けていたことであろう。このような事実は両者の関係が良好でなければ難しい。大浦も柳沢の後押しを得たかったからこそ阿部よりも先に柳沢を訪問したのであろう。

柳沢の〃お墨付き〃を得た「口上書」と「人参代積之書付」を大浦は、元禄一四年（一七〇一）二月二五日に阿部に対して提出した。しかし、三沢吉左衛門（阿部用人）を介して阿部から、①輸出限度額の増額早々に「御金拝借之儀」を願い出ては実現が困難かもしれないこと、②「人参代積之書付」に記された一斤当たりの輸入価格の根拠を示すこと、③「御引替」が実現した場合の上納計画について明記すること、の三点が指摘された。そのため大浦は提出書類一式を改訂し、「上納金積之書付」二通を加えて再度提出を行うのである。

ここで改訂の内容の全てに触れるわけにはいかないが、たとえば朝鮮人参一斤当たりの輸入価格の根拠は付箋にまとめて「人参代積之書付」に貼付されたし、上納計画は新たに追加された「上納金積之書付」二通に詳細が示された。ただ気になるのは「御引替」金の願い出であるにもかかわらず、どこにもその金額が示されていないことである。売り上げから上納していく方式とは言え、金額が示されないことには幕府も立て替えようがない。果たして大浦はどれほどの金額を希望していたのであろうか。――その答えは次の大浦と三沢との会話の中に登場する。すなわち、三沢が「員数如何程ニ被思召候哉」と尋ねたところ、大浦は「（朝鮮人参）弐千斤代を奉願度候、乍然十分ニ者難申上候間、打繕弐万両御取替被遊被下候得かし、其余之不足ハ随分手前（対馬宗家）ニ而才覚仕、何ニも弐千斤余も調出候様才覚仕可申候」と返答しているのである。「（朝鮮人参）弐千斤」とは先に見た国内に流通させるのに十分と判断された量であり（本章註33参照）、「（朝鮮人参）弐千斤」を調達するのに「御引替」金が必要という論理であった。「人参代積之書付」によれば、当時の輸入価格は一斤当たり銀八三〇匁[48]であったから、

朝鮮人参二〇〇〇斤×銀八三〇匁＝銀一六六〇貫目

銀一六六〇貫目÷銀六〇匁≒金二万七六六六両　※金一両＝銀六〇匁換算

となり、大浦の言う「〔金〕弐万両」では足りない計算となる。しかし、不足分については何とか補塡するとも述べ

ていることから、とりあえずの希望額が「〔金〕弐万両」であったことが判明する。ただ実際に幕府から許可された「御引替」金は大浦の想定を遥かに超えるものであった。阿部から手交された「口上之覚」を見てみよう。(49)

口上之覚

朝鮮国より人参持渡候得共、近年不勝手ニ而、早速代金才覚難成滞候付、段々以書付被相願候趣、出羽守（柳沢吉保）・各江茂申談候、人参之儀者世上之為ニ候故達　上聞、当分御金三万両御引替被　仰付候間、人参手支無之様ニ可被致候、尤御引替之事候間、上納近年ニ相済候様可被仕候、以上

二月廿七日（元禄一四年）　阿部豊後守（正武）

宗対馬守（義方）殿

「世上之為」といった理由から「金三万両」の朝鮮人参代「御引替」金が許可されたことが分かる。これには大浦も驚いたようで、三沢に対して改めて金額の確認を行っている。三沢から「此義ハ、上〔江戸幕府〕之御為ニ而茂無之、対馬守様〔対馬宗家〕御為ニ而茂無之、諸人之為ニ候間、過分ニ申付候様ニ与上意之由ニ而、三万両ニ相済候」と伝えられたが、①金三万両は拝借ではなく「当分之御引替」であること、②そのため二〜三年内に売上金の中から上納しなければならない性格のものであること、③今後も「御引替」を希望するのであれば今回分は必ず上納しておいた方がよいこと、を追加で命じられており、容易に許可されたわけではなかった事情も読み取れる。(50)

元禄一四年（一七〇一）三月四日に大浦は鈴木半兵衛・佐治宇右衛門・御金宰領・足軽六名・持夫二三名を引き連れ、江戸城御金蔵にて「御引替」金三万両を受け取った。二〇〇〇両ずつ、計一五箱に分けて入れられており、「二箱宛」を「繕棒」に通して運んだという。幕府側の責任者である荻原は「御引替」金の両替に支障をきたすようであ

ればいつでも自分に相談して欲しい旨を伝えており（「御手前〔対馬宗家〕ニ而両替相滞訳も候ハヽ、公儀御用金為替仕候者共へ被仰聞、不差支様ニ被成様茂可有之候、御手前ニ而埒明不申候ハヽ、其段申聞候様ニ…」）、実際に荻原から「公儀御用金為替仕候者共」として、三井次郎右衛門・泉屋三右衛門・中川清三郎・朝田与兵衛・堺屋七郎兵衛が紹介されている。「御用同前」といった荻原の命令に両替商らは為す術もなく、「御奉公」として両替を担うことになったらしい。このようにして対馬宗家は「金高之儀」に次ぐ「御金拝借之儀」も実現することができたのである。

ただ「御引替」金三万両は六ヶ年で上納し終えるはずが（金五〇〇〇両／年）、初年度から金二〇〇〇両にとどまり[51]、かつ延期を繰り返した結果、半世紀余りが過ぎた明和四年（一七六七）に至ってもなお金七〇〇両が未納であった[52]。対馬宗家は「御引替」金三万両全てを朝鮮人参代に充てていなかった可能性もあり[53]、そのような意味で「御引替」は拝借とも捉え得る内実を持つものであったと言うことができる。

おわりに――「往古銀御免」の実現と「朝鮮国之押へ」の出現――

国内通用銀が元禄銀（品位六四％）へと改鋳された後、対馬宗家は朝鮮に対して朝鮮貿易銀としての了承を取り付ける交渉を行い（元禄一二年〔一六九九〕一二月終結）、幕府に対しては貞享三年（一六八六）八月に定められた輸出限度額の増額に関する交渉＝「金高之儀」（元禄一三年〔一七〇〇〕一一月終結）と朝鮮人参輸入を名目とした「御引替」金の交渉＝「御金拝借之儀」（元禄一四年〔一七〇一〕二月終結）を展開していった。これら全てを意図通りに実現することができたわけだが、問題は幕府の貨幣改鋳が繰り返されていたことである。国内通用銀は元禄銀（品位六四％）の後、宝永銀（品位五〇％）→永字銀（品位四〇％）→三ツ宝銀（品位三二％）→四ツ宝銀（品位二〇％）へと推移していく(54)。ようやく朝鮮側と元禄銀（品位六四%）の受け取りに一・二七%加給で妥結したものの、貨幣改鋳されるたびに朝鮮側とこうした折衝を行うのは現実的なことではない。ゆえに対馬宗家は貨幣改鋳を主導する荻原（幕府勘定奉行）に焦点を絞って直接交渉を開始するのである（宝永二年〔一七〇五〕ごろから）。

交渉の経緯についてはすでに田代和生氏による精緻な分析があるため(55)、ここで改めて繰り返すことはしない。杉村三郎左衛門（対馬藩江戸家老）を中心に展開され、宝永七年（一七一〇）九月二七日に至って、土屋政直（幕府老中）から人参代往古銀（品位八〇%）の鋳造と「無歩引替(56)」が申し渡されることとなった（「往古銀御免」の実現）。これによって国内通用銀が正徳銀（品位八〇%）へと改鋳されるまでの間、人参代往古銀（品位八〇%）が朝鮮貿易銀として機能したのである。荻原との交渉が順調に進んだのは「金高之儀」「御金拝借之儀」を実現していたためであろう（本章第二・三節参照）。

「往古銀御免」実現の過程でこれ以上追究すべき事柄はない。ただ田代氏も注目していなかったところで指摘しておきたいのは、対馬宗家が「朝鮮国之押へ」をこの段階に至って出現させていたことである。宝永七年（一七一〇）六月一五日に杉村は小笠原隼之助（土屋用人）と対面していた。その中で小笠原は以前、主人である土屋に対して次のようなことを耳打ちしたという(57)。

偖又対州（対馬）下国ニ而、米穀出来不申候付、古来ゟ朝鮮与致交易、米茂取寄国用相足り、其外諸色ともニ隣国ゟ商寄せ候ゟハ、手寄宜交易ニ而ハ下直ニ当州中之者も難義ニ及不申候旨被申聞候、若朝鮮国違却ニ及事むすほゝれ、暫茂交易断絶仕候而ハ、対州之者難義ニ及候与之義三郎（杉村）左衛門申聞候、已前ゟ知行高拾万石之格ニ候得共、肥前御知行被差加候而茂三分一も無之由ニ御座候、依之古来ゟ交易之利潤彼是兼合十万石以上之御格ニ御勤被成、朝鮮国之押へ旁ニ候故、御人多ニ御座候由…

内容は、①対馬は「米穀」に乏しい地域で「古来ゟ」朝鮮貿易で賄ってきたことから、朝鮮で何かが起こると貿易は「断絶」し「難義」してしまうこと、②以前より対馬宗家の知行高は「拾万石之格」であるが、実際は田代領を加えてもその「三分一」にも満たないこと、③朝鮮貿易の「利潤彼是」を合わせて「十万石以上之格」であり、「朝鮮国之押へ」など[58]を務めているために多くの家臣団を抱えていること、である。直後に「内々〔平田〕直右衛門・〔杉村〕三郎左衛門、物語仕置候義存出候分ハ不残申聞候」とあることから、小笠原は平田直右衛門（対馬藩江戸家老）や杉村（同）から聞いた内容を細大漏らさず土屋に伝えていたことが分かる。対馬宗家は小笠原と懇意だったようで[59]、このたびの小笠原の耳打ちも対馬宗家の請願を後押しする意図があったと見られる[60]。そこに初めて「朝鮮国之押へ」が登場するのである。

このとき以前に「朝鮮国之押へ」が使われた形跡はない。輸出限度額設定の際のやり取りや（本章第一節参照）、「金高之儀」「御金拝借之儀」の交渉の際もこうした言葉が使われることはなかった（本章第二・三節参照）。つまり「朝鮮国之押へ」は「往古銀御免」実現の過程に至って初めて出現したものと言えるのである[61]。しかし、何故このときに「朝鮮国之押へ」が使われたのかは定かでない。幕府への提出書類に書かれたわけでもなく、単に小笠原との会話に登場しただけのように映る。ただ先に小笠原は「内々〔平田〕直右衛門・〔杉村〕三郎左衛門、物語仕置候義存出候分ハ不残申聞候」と述べていたことから、土屋に耳打ちするよう対馬宗家の方から依頼されていた可能性がある。対馬宗家はこの段階に至って自身の朝鮮通交を「朝鮮国之押へ」と表現するようになっていたのである[62]。

では何故対馬宗家は「朝鮮国之押へ」を使ったのであろうか。最後にこの点について試論を展開しておきたい。繰り返しになるが、「朝鮮国之押へ」は「古来ゟ交易之利潤彼是兼合十万石以上之御格ニ御勤被成、朝鮮国之押ヘ旁ニ候故、御人多ニ御座候」といった文脈の中で急遽登場する。直前に「十万石以上之御格」とあることを考えれば、対馬宗家の家格である「十万石以上格」との関係性がありそうである。対馬宗家が「十万石以上格」であることを幕府に認められたのは、綱吉将軍代替時（延宝八年〈一六八〇〉）であったことが分かっている。(63) 幕府に対して展開してきた格上げ運動が奏功した結果であるが、それが武鑑に反映されたのは、そこから二〇年余りが経過した元禄一五年（一七〇二）のことであった。(64) 武鑑は板元との交渉次第で改訂が可能であったから、元禄一二年（一六九九）に板元との交渉を行い、同一五年（一七〇二）に至ってようやく「二万石」から「十万石以上之格」に改訂されることとなった。(65)

こうした事実に基づけば、対馬宗家が「十万石以上格」として一般的に認知されたのは元禄一五年（一七〇二）以降のこととなろう。それまでは幕府としてこのことを認識していても、事実としてそれが通念化していたわけではなかった。「十万石以上之御格」であり、「朝鮮国之押へ」＝朝鮮通交を担っているといった先の言辞は、武鑑が改訂される以前においては通用しなかったことになる。「朝鮮国之押へ」が輸出限度額の設定や「金高之儀」「御金拝借之儀」の交渉の際に見られなかったのは、「十万石以上格」が周知のものとはなっていなかったからであろう。逆に武鑑が改訂されて以降は「朝鮮国之押へ」を容易に使うことができた。ゆえに「往古銀御免」の交渉の際に急遽登場することとなったのである。「朝鮮国之押へ」を使うためには、前提として「十万石以上格」が一般的に認知される必要があった。

ただそれでも「押へ」とされたことの理由はよく分からない。「押さへ」とは「日葡辞書」によれば「押しとどめること、または、妨害すること」であり、(66)「朝鮮国之押へ」は対馬宗家が朝鮮を「押しとどめる」役割を担っていたかのような印象を与える。清朝中国の統一によって東アジア世界に安定がもたらされていたことに鑑みれば、(67) 実際に朝鮮を「押しとどめる」事態が発生することは考えにくいだろう。(68) むしろこの「押さへ」は先にも言及した通り、

「十万石以上格」との親和性が高いと見なければならない。大名家一般が領内仕置によって領知を「押さへ」ていたように、対馬宗家も朝鮮通交を含む領内仕置（「朝鮮国之押へ旁」）によって対馬（＋田代領）・朝鮮といった「十万石以上」に相当する〝領知〟を「押さへ」ていたのである。対馬宗家の場合、その〝領知〟に朝鮮を含むことから特異な言葉として認知されるに至った。「御人多」に言及されるのも、〝領知〟の「押さへ」に多くの家臣団を割いている現状を説明したかったからにほかならない。こうした軍事的な言辞が経済的支援に結び付きやすいことをも考慮したうえで対馬宗家は「朝鮮国之押へ」を使用したのではなかったか。「往古銀御免」の交渉の際に突如として登場した背景にはこのような事情があった(69)。

註

（1）岸本美緒・宮嶋博史『世界の歴史12　明清と李朝の時代』（中央公論新社、二〇〇八年〔初出一九九八年〕）三三九頁。

（2）岸本・宮嶋前掲『明清と李朝の時代』三四〇頁、岩井茂樹「清代の互市と「沈黙外交」」（同『朝貢・海禁・互市―近世東アジアの貿易と秩序―』名古屋大学出版会、二〇二〇年〔初出二〇〇七年〕）二二八頁。

（3）岸本・宮嶋前掲『明清と李朝の時代』三四一頁、岩井前掲「清代の互市と「沈黙外交」」二二九頁。この時期、日本の銅産出量が伸びていたことから、清朝中国は銅銭を鋳造すべく、日本産銅の輸入を強く勧めていた（彭浩「信牌制度のメカニズムと確立過程」〔同『近世日清通商関係史』東京大学出版会、二〇一五年〕二七頁、同「長崎貿易と国内市場をつなぐ商人集団」〔村和明・吉村雅美編『日本近世史を見通す2　伝統と改革の時代―近世中期―』吉川弘文館、二〇二四年〕七六〜七七頁）。

（4）定高（年間貿易総額）の設定については、山脇悌二郎『長崎の唐人貿易』（吉川弘文館、一九六四年）四九〜一〇三頁、中村質「貿易歳額制限と貿易運上―定高制と長崎会所の成立―」（同『近世長崎貿易史の研究』吉川弘文館、一九八八年）で詳述されている。

（5）密貿易が増加したことは、山脇悌二郎『抜け荷―鎖国時代の密貿易―』（日本経済新聞社、一九六五年）一四頁などで触れられている。

(6) 田代和生「輸出銀をめぐる諸問題」(同『近世日朝通交貿易史の研究』創文社、一九八一年)。
(7) 大野瑞男「元禄期における幕府財政」(同『江戸幕府財政史論』吉川弘文館、一九九六年)二二〇頁など。
(8) 上原兼善『鎖国と藩貿易―薩摩藩の琉球密貿易―』(八重岳書房、一九八一年)。
(9) 田代前掲「輸出銀をめぐる諸問題」。同「対馬藩経済思想の確立」(同『日朝交易と対馬藩』創文社、二〇〇七年〔初出二〇〇〇年〕)では銀輸出をさらに制限しようとする新井白石に対して雨森芳洲が挑んだ白石・芳洲論争の詳細が解明されている。
(10) 田代和生「貿易帳簿からみた私貿易の数量的考察」(田代前掲『近世日朝通交貿易史の研究』)二五七頁。
(11) 拝借とは定められた期限内に返済を要するものであり(利息はない)、返済を必要としない拝領とは異なるものである。しかし、対馬宗家は拝借しても何度も返済期限を延長したから、実質的には拝領に近かったことが指摘されている(田代和生「人参の国内販売」〔田代前掲『近世日朝通交貿易史の研究』〕三九五～三九七頁)。
(12) 荒野泰典「大君外交体制の確立」(同『近世日本と東アジア』東京大学出版会、一九八八年〔初出一九八一年〕)二三四～二三五頁、深井雅海「元禄～正徳期における「側用人政治」―柳沢吉保と間部詮房の伝達・取り次ぎ機能を中心に―」(同『徳川将軍政治権力の研究』吉川弘文館、一九九一年)三六～三七頁。
(13) 「朝鮮筋御用之儀ニ付阿部豊後守様江殿様御出之時之覚書幷田島十郎兵衛罷出申上候覚書」(国史編纂委員会所蔵「對馬島宗家文書」記録類3615)。本節では特に断らない限り同史料による。
(14) 「阿部豊後守様江田嶋十郎兵衛罷出申上候意趣幷口上書之控」(長崎県対馬歴史研究センター所蔵「宗家文庫史料」記録類1–1–O⑤–2)。
(15) 京都における対馬宗家の白糸売却については、田代和生「対馬藩京都藩邸における白糸・絹織物の販売」(田代前掲『近世日朝通交貿易史の研究』初出一九七八年)に詳しい。
(16) そもそも「長崎町人共」が糸端物の「長崎売」を幕府に対して願い出た背景として、貞享二年(一六八五)の定高仕法によって長崎貿易が銀九〇〇〇貫目＝唐船六〇〇〇貫目＋オランダ船三〇〇〇貫目(金一両＝銀六〇匁換算)に制限されたことが挙げられよう(山脇前掲『長崎の唐人貿易』五五～五七頁)。「長崎町人共」は糸端物の「長崎売」を実現することで、その損失補塡を図ろうとしたものと考えられる。

(17) 元方役とは朝鮮貿易のうち藩財政の根幹をなす私貿易を掌る対馬藩役人のことである。元々私貿易は代官が管轄していたが、天和三年(一六八三)に藩財政の再建と向上を目的に元方役が設置されるに至った(田代和生「元方役の設置と私貿易の藩営化」〈田代前掲『近世日朝通交貿易史の研究』初出一九七五年〉二三二〜二三四頁)。

(18) 田代前掲「貿易帳簿からみた私貿易の数量的考察」二六九〜二七二頁。

(19) 噂の具体的な内容は、対馬宗家が漂着唐船と密貿易をしている、倭館での取引に唐人が入り混じっている、といったものであった。貞享三年(一六八六)四月に江戸城に登城した義真は阿部から真偽を質され、思い過ごしである旨を回答している(「御内証向御書物控」〈国史編纂委員会所蔵「對馬島宗家文書」記録類5257〉)。島津家にも触れておくと、同家は貞享二年(一六八五)四月に大久保忠朝(幕府老中)から江戸留守居が呼び出され、貿易の実態について報告させられるとともに、同三年(一六八六)七月には鹿児島から琉球への輸出品、琉球から鹿児島への輸入品などを「書付」にして提出するよう指示されていた(上原前掲『鎖国と藩貿易』九四〜九五頁)。ここから対馬宗家と島津家は同時期に貿易の実態を尋ねられ、「書付」の提出を求められていたことになる。

(20) 阿部としてはもう銀一二〇〜一八〇貫目ほど減じて欲しかったようである。

(21) しかし、この額は全くの虚偽であったことがすでに明らかにされている(田代和生「国立国会図書館所蔵『宗家文書』の特色」〈『参考書誌研究』七六、二〇一五年〉一四〜一五頁)。

(22) 前掲「御内証向御書物控」。

(23) 対馬宗家は日本代物代銀八〇〇貫目のほかに、金二万両(銀一二〇〇貫目)分の「白銀」を輸出することを幕府に伝えていた(「任御差図、金子四千六百六拾両余減之、金子弐万両分白銀ニメ差渡候」)。したがって、減額案提示前に対馬宗家が考えていた額は銀二〇〇〇貫目(銀八〇〇貫目+銀一二〇〇貫目)となり、そこから銀四六〇貫目分(銀二八〇貫目〈最初の減額〉+銀一八〇貫目〈追加の減額〉)を差し引いた銀一五四〇貫目が阿部との妥結額だったはずである。しかし、幕府から伝えられたのは金一万八〇〇〇両(銀一〇八〇貫目)であり、銀四六〇貫目も減額された内容であった。

(24) 田谷博吉「対州渡し人参代往古銀」(同『近世銀座の研究』吉川弘文館、一九六三年)二三一〜二三二頁、山脇前掲『長崎の唐人貿易』七二〜七三頁など。対馬宗家に命じられた金一万八〇〇〇両は当初、貿易総額を意味したが、島津家の抵抗によって輸出銀総額へと修正されることとなった(田代前掲「対馬藩経済思想の確立」七頁)。

(25) その様子が田代前掲「貿易帳簿からみた私貿易の数量的考察」に詳述されている。

(26) 幕府は全国に巡見使を派遣したり、安永元年（一七七二）には佐久間甚八（幕府普請元締役）を対馬に派遣して朝鮮貿易の実態を調べさせたりしている（その佐久間が作成した報告書を使った研究として、田代前掲「対馬藩京都藩邸における白糸・絹織物の販売」などがある）。つまり幕府はその気になれば朝鮮貿易の実態を調べることができたわけで、この時点でそうしたことをしなかったのは対馬宗家の申告で事足りると考えていたからであろう。

(27) 上原前掲『鎖国と藩貿易』一〇〇頁。

(28) 貨幣改鋳の断行は元禄八年（一六九五）であったが、対馬宗家がそれを朝鮮貿易に使ったのは同一〇年（一六九七）のことである。また元禄銀（品位六四％）の国内での正式通用は同一二年（一六九九）であったことが分かっている（田代前掲「輸出銀をめぐる諸問題」二九八～三〇〇頁）。

(29) 田代前掲「貿易帳簿からみた私貿易の数量的考察」二五八頁。

(30) 田代前掲「輸出銀をめぐる諸問題」二九八～三〇五頁。この交渉の末、元禄銀（品位六四％）は元禄一二年（一六九九）一二月になって朝鮮貿易銀として朝鮮側から認められることとなる。

(31) 「金高人参直段相増記録写」（国史編纂委員会所蔵「對馬島宗家文書」記録類5065）。本節の以下の記述は特に断らない限り同史料による。

(32) 急遽提出したわけではなく、これ以前に阿部は「人参出兼候段幷新金銀〔元禄金銀〕之訳茂久々ニ罷成、世上ニ而茂何角と取沙汰有之」との理由から、朝鮮人参輸入払底のことや貨幣改鋳に伴う影響などについて遠慮なく申し出るよう大浦に命じていた。

(33) 「金高之儀」が叶えば国内に流通させるのに十分な量の朝鮮人参を確保できるほか、対馬で産出しない米や中国産の糸端物も賄うことができる、といった見込みを大浦は阿部に対して説明していた。ちなみに流通させるのに十分な量の朝鮮人参とは二〇〇〇斤程度であったことが分かる（「凡人参弐千斤余調出し不申候而者、日本国中病家ニ行渡申間敷候」）。

(34) 引用史料の冒頭に「一、新金銀之儀、先年者豊後守様〔阿部正武〕御請方不宜候故、其以後絶而被仰上儀茂不罷成候処、…」とあり、対馬宗家が以前にも同様の相談を阿部に対して行っていたことが読み取れる。貨幣改鋳まもなくの時期であったと推測されるが、詳しいことは分からない。

(35) この時点で義方は朝鮮通交を相続しておらず、藩主ではなかったことから（本書第四章参照）、義真との連名とされたのであろう。

(36) 元禄銀(品位六四%)の支払いに朝鮮側が一・四〇%の加給を求めていたことは、田谷前掲「対州渡し人参代往古銀」や田代前掲「輸出銀をめぐる諸問題」でも触れられていない。恐らく朝鮮人参入手が困難であることを強調するために対馬宗家側が用いた方便であっただろう。

(37) ちなみに柳沢は元禄元年(一六八八)に幕府側用人に登用されて以来昇進を重ね、同一一年(一六九八)には幕府老中上席に位置付けられていた。また荻原は元禄九年(一六九六)に柳沢の推挙を受け、幕府勘定奉行(勘定頭)へ昇進していた(高埜利彦『日本の歴史⑬ 元禄・享保の時代』〔小学館、一九九二年〕一九五~一九七頁)。

(38) 薬師寺宗仙院については本書第二章を参照のこと。

(39) 柳沢は「新金銀〔元禄金銀〕ニ罷成、障有之段被仰立候儀、〔対馬宗家が〕御遠慮被成御様子ニ而候得共、世上ニ而何角と取沙汰有之、隠なき事ニ候」との理由から、自ら対馬宗家との接触を図ろうとしていた。

(40) 宗仙院は「惣躰売買之儀者出羽守様〔柳沢吉保〕、豊後守様〔阿部正武〕ゟも荻原近江守〔重秀〕殿江〔徳川綱吉は〕御尋被成候間、近江守殿江茂右之訳得与御合点被成候様ニ御内意被仰入置可然候」といった理由から荻原を紹介したようである。

(41) 柳沢とは元禄一〇年(一六九七)段階で初対面を果たしていたが(福留真紀「対馬藩主宗義方と柳沢吉保」〔『長崎大学教育学部紀要 人文科学』八一、二〇一五年〕七~九頁)、そのまもなくに相談先として機能していたわけではなかったことが分かる。

(42) 「覚(老中書付)」(九州国立博物館所蔵「対馬宗家文書」P1344)。

(43) 阿部「書付」の宛先は義方単独である。一方で先に対馬宗家は義方・義真連名の挨拶を阿部に対して行っていた(本章註35参照)。このことは幕府が義方を藩主と見做し、対馬宗家の認識とはズレが生じていたことを示唆する。ただ義方がこの時期に藩主として何らかの活動をしていたわけではないので、義方宛先は単なる形式と考えた方がよい。朝鮮通交を含む領内仕置を担っていたのは義真だったからである(本書第四章参照)。ちなみに当該期の武鑑の記載は、元禄七年(一六九四)のみ藩主「義倫・義方」、同八年(一六九五)~享保二年(一七一七)まで藩主「義方」となっている(古賀直美「武鑑にみる対馬宗家の家紋の変遷と「十万石以上之格」について」〔『東風西声』二、二〇〇六年〕六七~六八頁)。義真が実質的な藩主であったことは一般的に知られていなかったようである。

(44) 結果として元禄一三年(一七〇〇)一二月一一日に朝鮮人参の国内販売価格は一斤当たり銀八四〇匁から銀一〇八〇貫目へと引

き上げられた（前掲「金高人参直段相増記録写」）。

(45) 一方で対馬宗家は「御金拝借之儀」とも述べており、「御引替」との区別は曖昧だった可能性がある。

(46) 「御引替金之儀相済候始終之覚書」（国史編纂委員会所蔵「對馬島宗家文書」記録類3654）。本節の以下の記述は特に断らない限り同史料による。

(47) 「信使抔」とあることを踏まえれば、この段階から対馬宗家は次の信使来聘では何らかの請願を行おうとしていたことが分かる。こうした考えがあったからこそ正徳度信使（一七一一年）の際は来聘費用拝借の請願が行われたのであろう（本書第六章参照）。また義真の発言が重きをなしていることから、やはりこのときの藩主は義真と捉えた方がよい。

(48) これは対馬宗家が申告した輸入価格であり、実際は一斤当たり銀五〇四匁であった（田代前掲「人参の国内販売」三八八頁）。虚偽申告した理由は朝鮮人参の国内販売益から貿易全体の損失を補塡しようとしていたためであろう。

(49) 「口上之覚（老中書付）」（九州国立博物館所蔵「対馬宗家文書」P1343）。

(50) 一方で「世上之為」「諸人之為」といった言葉からは幕府の「公儀」としての意識も窺える。「公儀」については差し当たり、藤井讓治「「公儀」国家の形成」（同『幕藩領主の権力構造』岩波書店、二〇〇二年（初出一九九四年））が参考になる。

(51) 上納した際に添えられたと思しき「上納金証文」が大部で長崎県対馬歴史研究センターに伝わる（「上納金証文」（長崎県対馬歴史研究センター所蔵「宗家文庫史料」一紙物1096-74〜110））。幕府が上納金を受け取る際に裏書（荻原ら勘定方役人の記名・押印）を施して対馬宗家に返却したものと見られる。

(52) 田代前掲「人参の国内販売」三九六頁。

(53) そもそも「（朝鮮人参）弐千斤」の計算が虚偽申告に基づくものであったことに鑑みれば、輸入価格との差額を別に使っていた可能性も十分にあろう。

(54) 田谷博吉「元禄・宝永期の銀座」（田谷前掲『近世銀座の研究』一六八〜一九七頁）、高槻泰郎「貨幣改鋳と経済政策の展開」（村・吉村編前掲『日本近世史を見通す2　伝統と改革の時代』）一一八〜一二一頁。

(55) 田代前掲「輸出銀をめぐる諸問題」三〇五〜三一三頁。また田谷前掲「対州渡し人参代往古銀」二三八〜二四一頁にも概略がある。

(56) 「無歩引替」とは品位の低い国内通用銀を人参代往古銀（品位八〇％）と交換する際に生じる品位差分を幕府が負担することで

ある。幕府は品位差分を収公することで幕府財政を補塡してきたが（高槻前掲「貨幣改鋳と経済政策の展開」一一八・一二八頁）、対馬宗家の朝鮮貿易に関しては例外だったのであろう。実際、「無歩引替」は杉村ではなく荻原に対して命じられた内容であった（田谷前掲「対州渡し人参代往古銀」二四〇～二四一頁、田代前掲「輸出銀をめぐる諸問題」三一一～三一二頁）。

(57) 「朝鮮渡銀位御願之通往古銀御免被蒙仰候記録　壱」（国立国会図書館所蔵「宗家記録」WA1-6-40）。

(58) 「旁」には「①あれこれ。いろいろ。なにやかやと。②いずれにしても。どのみち」といった意味がある（新村出編『広辞苑第六版』〔岩波書店、二〇〇八年〕五三八頁）。

(59) 阿部正武（幕府老中）の死去に伴って次の朝鮮御用老中が取り沙汰された際、対馬宗家は「〔土屋〕御家中江此方〔対馬宗家〕御家来ちなミも有之事ニ候得ハ、相伺候事も仕能可有之哉と被存候」といった理由から、土屋の就任を第一に希望していた（「朝鮮御用御奉り御老中阿部豊後守様御卒去ニ付御跡朝鮮御用幷公儀向御用共ニ本多伯耆守様江被相伺候様ニ被仰出候次第記録」〔国史編纂委員会所蔵「對馬島宗家文書」記録類5289〕、本書第二章参照）。ここに出てくる「ちなミ」が小笠原であったと考えられる。阿部の死去は宝永元年（一七〇四）のことであり、それ以前から土屋家中との関係が形成されていたことになる。

(60) なお大名家にとっての幕府老中用人の重要性については、千葉一大「「取次」・「後見」・「御頼」・「懇意」―盛岡南部家の事例から―」（『弘前大学國史研究』一〇八、二〇〇〇年）一〇頁などで言及されている。

(61) 前掲「朝鮮渡銀位御願之通往古銀御免被蒙仰候記録　壱」に「朝鮮国之押へ」が出てくることを最初に指摘したのは、李晐鎮「一七世紀末～一八世紀初対馬藩の対幕府交渉の論理変化―「通交」の概念的拡張と「藩屛の武備」論の登場―」（『日本歴史研究』五五、二〇二一年）二四～二五頁である。

(62) 「朝鮮国之押へ旁」は「朝鮮之仕置以下」（「寛永丙子信使記録　二」〔東京国立博物館所蔵QB3299-2〕寛永一二年八月四日条、本書第三章参照）と同義であったと考えられ、「朝鮮之仕置」＝朝鮮通交が「朝鮮国之押へ」として表現されていると判断できる。「押へ」とされたことの理由は、後述するように軍事的な言辞が経済的支援に結び付きやすいことを対馬宗家として理解していたためであろう。

(63) 越坂勇太「近世前期における献上と大名家格秩序―宗家の「十万石以上格」創出に注目して―」（『日本歴史』八五六、二〇一九年）三六頁。

(64) 古賀前掲「武鑑にみる対馬宗家の家紋の変遷と「十万石以上之格」について」七九頁。

(65) 古賀前掲「武鑑にみる対馬宗家の家紋の変遷と「十万石以上之格」について」八〇頁。
(66) 土井忠生・森田武・長南実編訳『邦訳　日葡辞書』(岩波書店、一九八〇年) 七二〇頁。
(67) 岸本・宮嶋前掲『明清と李朝の時代』三三九頁。
(68) 泉澄一氏は内野権兵衛の倭館館守就任に際して、「日々記」寛永一四年八月二〇日条に「朝鮮釜山ヲサへとして内野権兵衛被仰付」とあることを紹介した(同「寛永中期、柳川一件の審理とその後の対馬藩及び宗家」〔同『対馬藩の研究』関西大学出版部、二〇〇二年〕四九五~四九六頁)。これが対馬宗家で使われた「押さへ」の初見であると考えられるが、いくら丙子胡乱(一六三六年)直後のことであったとは言え、倭館館守に実際の軍事行動が期待されていたわけではなかっただろうから、ここでの「押さへ」は荒野泰典氏が述べるような「支配・維持し、平和を保つ」といった意味で解すべきである(同『「鎖国」を見直す』〔岩波書店、二〇一九年〈初出二〇一七年〉〕一三八~一三九頁)。近年、木土博成氏も「押さへ」を荒野氏同様に理解した(同「宝永・正徳期の幕薩琉関係」〔同『近世日琉関係の形成―附庸と異国のはざまで―』名古屋大学出版会、二〇二三年〈初出二〇二一年〉〕三五七~三五八頁)。
(69) 経済的支援を行うのは幕府であるのだから、必ずしも武鑑の改訂によって「十万石以上格」が通念化されておく必要はない、といった議論も成り立つ。確かに対馬宗家は綱吉将軍代替時(延宝八年〔一六八〇〕)には「十万石以上格」を幕府から認められていたのであり、「往古銀御免」の交渉を俟つまでもなく、「朝鮮国之押へ」を使うことができたはずである。ただ当該期の幕府は「公儀」として日本国内と向き合う必要性を感じるようになっていたこともまた事実であろう。「御金拝借之儀」実現の際、幕府が「世上之為」「諸人之為」を標榜したのも(本章第三節参照)、「公儀」として国内の動向を無視するわけにはいかなかったからである。武鑑の改訂はそうした風潮を感じ取っていた対馬宗家が「世上」「諸人」を味方に付けた結果であったと考えることができよう。いつ反故にされるかも分からない幕府との関係を武鑑に刻むことで、確固たるものにしようとしたのではなかったか。

第六章　正徳度信使来聘費用拝借の請願

はじめに

元禄一四年（一七〇一）二月二七日に対馬宗家は幕府から朝鮮人参代「御引替」金三万両が認められた（「御金拝借之儀」の実現）。これによって国内流通させるのに十分な量の朝鮮人参を確保できるようになったが、実現に当たっては大浦忠左衛門（対馬藩江戸家老）と国元家老衆との間に意見の相違があった（本書第五章参照）。荻原重秀（幕府勘定奉行）との協議を進めつつ、「御金拝借之儀」を幕府に請願すべきと考えていた大浦に対して国元家老衆は、「御隠居様（宗義真）ニも此儀無用と被思召上候、不時ニ信使抔被蒙仰候而御難儀之節ハ、無是非御願被遊ニ而可有之候、ヶ様之大事ニ当テ御願可被成儀を軽々敷ハ難被仰上候間、必無用仕候」と述べて、大浦を制止したからである(1)。

当時家督は義方が相続していたが、朝鮮通交は義真（三代藩主）が再相続していたことから、義方の江戸滞在はこの段階に至っても続いていた（本書第四章参照）。右の国元家老衆の意見は義真の判断に基づくものであったと考えられ、「信使抔」の「大事」のために「軽々敷」幕府に願い出るべきではないという。この知らせを聞いた大浦は、一旦「御金拝借之儀」を断念するも、諦めきれなかったのか、国元家老衆の説得を試みたうえで、半ば強引なかたちで請願を進めていくのである。この後、藩内で特に問題となっていないことを考えれば、国元も最終的には大浦の意見

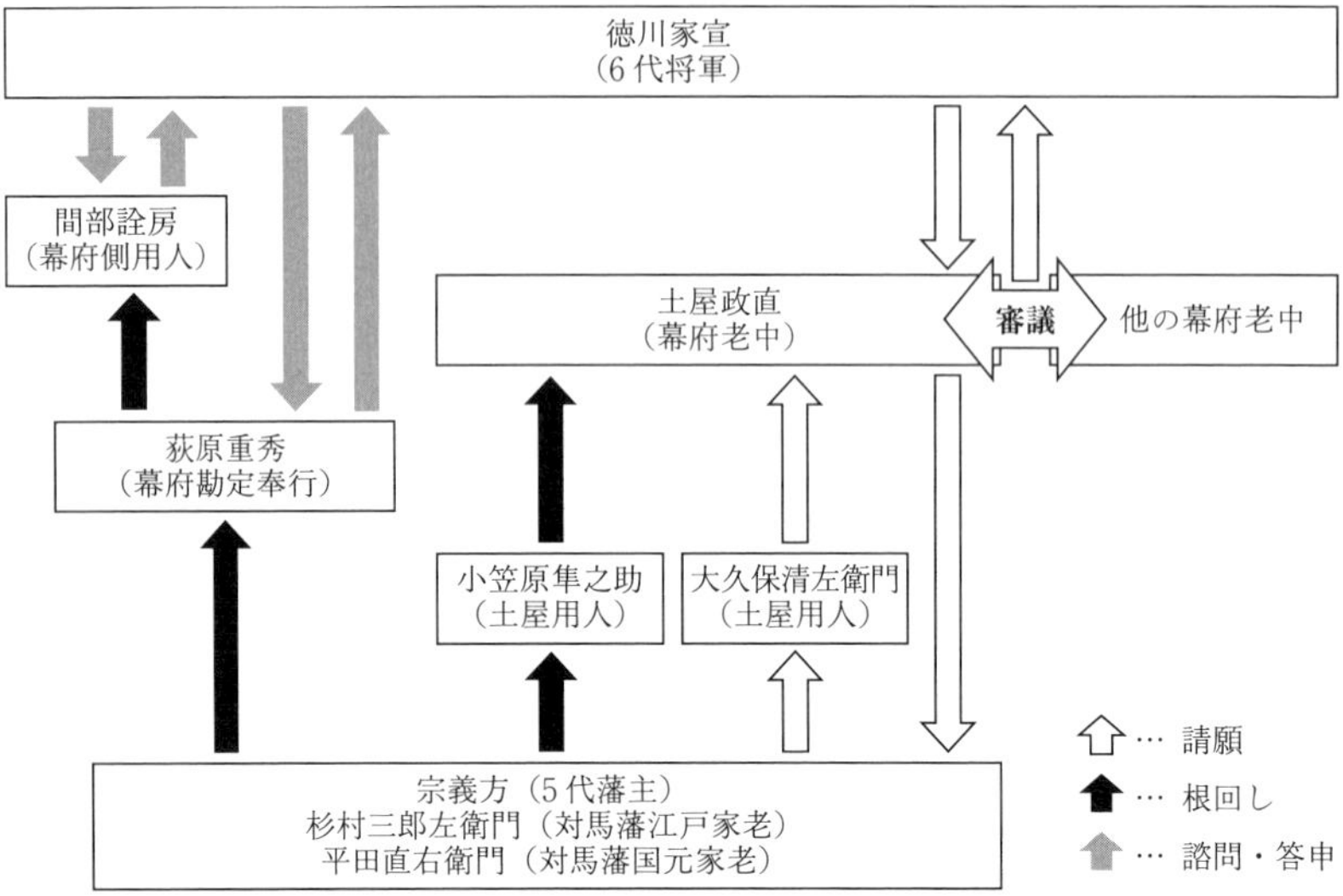

図1　正徳度信使来聘費用拝借に係る請願の流れ

に賛同したものと見られる。そしてついに朝鮮人参代「御引替」金三万両の獲得に成功する。

この過程において重要なのは、一八世紀初期の段階で対馬宗家が「信使」に係る請願を目論んでいたということであろう。「信使抔」とあることから、必ずしも「信使」だけに限ったものではないのだろうが、「大事」の例として真っ先に挙がっていることを踏まえれば、おおよそ「信使」を想定したものであったと見てよい。この「信使」に係る請願は来聘費用の獲得以外にはあり得なかったことから、貨幣改鋳の煽りを受けて志向されるようになったものと考えることができる。そして来聘は宝永六年（一七〇九）四月になって土屋政直（幕府老中）から実際に命じられることとなる。[2]「軽々敷」幕府に請願すべきではないとの制止から「御金拝借之儀」を実現し、このときには「往古銀御免」の請願が進行中であった。こうした中で対馬宗家はいかにして来聘費用拝借を実現したのか。本章ではその一部始終を見ていくことにしたい。なお【図1】に本請願の流れを示した。

一　請願に関わる幕府役人

信使来聘が命じられてすぐに対馬宗家は来聘費用獲得に取り掛かったわけではない。国元家老の一人を上方に派遣して資金調達に当たらせていたからである。(3) これは「往古銀御免」の請願が進行する中で、立て続けに請願することを対馬宗家なりに憚った結果であったと考えられる。しかし、調達は一向に目途が立たなかった。加えて「往古銀御免」の請願が終結したこともあって（宝永七年〔一七一〇〕九月二七日）、結局幕府からの拝借に頼ることとなる。そして相談先はまたもや荻原であった。

宝永七年（一七一〇）一二月上旬に杉村三郎左衛門（対馬藩江戸家老）は山田藤右衛門（荻原用人）と対面していた。そこで杉村は「往古銀御免」以来のまもない請願であり、荻原にとっても「迷惑千万」であるとの認識を示しつつ、次のように話を切り出した。

前々ゟ度々信使同道仕、大分物入ニ御座候得共、終ニ　上（江戸幕府）之御助力を蒙り相務候事茂無御座候得共、近年朝鮮交易利潤茂無之、毎度類焼、国元（対馬）并肥前領（田代領）分折々損毛仕候故、甚勝手差支至極及難儀候、…外国江之外聞ニ候得者、畢竟御恥辱ニ罷成候段難黙止候故、　上江御歎キ申上候外無之候間、…

内容は、①これまで対馬宗家は信使来聘を実現し、それに伴う財政負担も大きかったが、一度も幕府の「御助力」を頼ったことがないこと、②しかし、近年は朝鮮貿易の「利潤」も振るわず、それに「類焼」や対馬・田代領の「損耗」被害も相俟って甚だ難義していること、③信使来聘は「外国江之外聞」にも関わり、幕府の「御恥辱」にもつながることから放置してはおけず、幕府に嘆願するよりほかに方法がないこと、である。

ここで杉村が言わんとしているのは、信使来聘が必ずしも対馬宗家だけの問題ではない、といったことであろう。費用を賄えなくなった理由として貿易不振や類焼・損耗被害に触れられるも、実際の真意はそこにはない。「外国江之外聞」「御恥辱」といった言葉にも表れているように、(4)信使来聘が幕府とも関わる重要なものであり、ついては「御助力」＝費用獲得を認めて欲しいといった論理となっている。対馬宗家はこの段階に至って初めて幕府と信使来聘をつなげる主張を展開したのである。

山田は右の内容を荻原へ取り次ぐと、一二月一〇日に荻原の返答を持って再び杉村と対面している。そこで伝えられた内容は、①対馬宗家の財政状況が芳しくなく、来聘費用を賄えないことは以前から承知していること、②間部詮房（幕府側用人）にはすでに伝えているので、早速土屋政直（幕府老中）まで願い出ること、であった。すでに荻原が間部に話を通しておいたのは、当時の間部の幕府内における立場と関係があっただろう。この点に関して深井雅海氏は琉球使節の派遣慣行を成立させた薩摩島津家を例に、幕府に申し立てを行う際には間部の指図を受ける必要があったこと、先例のない新規の事柄に関しては間部が取り扱うことになっていたこと、を指摘している。(5)これらを今回の事例に当てはめれば、来聘費用拝借という新規の事柄であったからこそ間部に話しておく必要があったし、その間部からすでに内諾が得られていたからこそ荻原も土屋へ願い出るよう指示することができた、と解することができる。荻原のお陰で杉村は間部に願い出る必要がなかったのである。

このような事実から窺えるのは、少なからず対馬宗家に有利な取り計らいをしてくれようとする荻原の姿であろう。荻原はこのほか土屋へ願い出る際の助言を杉村に対して施したり、(6)幕府内で信使来聘に係る寄合が持たれた際は、専ら物入りを嫌う幕府役人を押し退け、「〔朝鮮通信使は〕上様〔徳川家宣〕御一代御一度之御珍客之事ニ候故、御物入を御厭被成、御あしらい卒末ニ有之候而者、畢竟御馳走之専《（詮カ）》も無之、異国江之御外聞ニ候故、御勘略者常之事ニ候、此節之義御勘略之御評議ニ不及事」と発言したりしている。これらが対馬宗家の後押しになったことは言うまでもない。

荻原とのこうした関係は「金高之儀」実現の際（元禄一三年〔一七〇〇〕）に柳沢吉保（幕府側用人）とともに構築されたものであったが（本書第五章参照）、その後の「御金拝借之儀」、さらには「往古銀御免」の請願を実現していく中でより強固なものになっていったと考えられる。上方での調達が頓挫してまもなくに荻原のもとを訪れていることを踏まえれば、対馬宗家にとって荻原は朝鮮御用老中以上に頼れる存在だったのであろう。当時の幕府内で絶対的な立場にいた荻原が味方してくれたことは、対馬宗家にとって幸運以外の何ものでもなかった。(7)

さて、山田から荻原の返答を聞いた杉村は、翌日の宝永七年（一七一〇）一一月一一日に小笠原隼之助（土屋用人）を訪ねている。その目的は土屋へ提出予定の「願書」を内見してもらうとともに、正式に願い出る際の取り次ぎを依頼するためであった。しかし小笠原から、①今回も自分が取り次いでは主人の土屋から怪しまれる可能性があること、②そう何度も対馬宗家の重大な請願にばかり関わっていては賄賂をもらっているのではないかと不審がられること、③噂でも土屋の耳に入ったならば自身の立場も危うくなること、といった返答があり、もう一人の大久保清左衛門（土屋用人）へ依頼するよう促された。対馬宗家は直前の請願である「往古銀御免」も小笠原を介して行っていたことから、さらなる重大な請願を依頼することで小笠原自身の身を滅ぼす恐れがあった。

そこで杉村は、①大久保清左衛門は小笠原と比べて心安い関係にはなく、重大な請願の取り次ぎを依頼しにくいこと、②しかしながら、小笠原が言うことも尤もなことであること、③そうであれば今回は小笠原と大久保の二人で依頼を受けていただき、実際に土屋へ取り次ぐ際は大久保が行って、小笠原はその付き添いとして同行して欲しいこと、を述べる。つまり最も怪しまれる土屋への取り次ぎ行為自体を大久保に任せることで、小笠原の関与を小さく見せようと言うのである。杉村が提示した案に小笠原は賛意を表し、大久保が言い間違えたり言い忘れたりした際は自身が助言する旨を約束してくれた。

杉村がそこまでして小笠原を頼ったのは、ひとえに以前から心安い関係にあったためであろう。小笠原と対馬宗家は少なくとも朝鮮御用老中・阿部正武（幕府老中）が死去したとき（宝永元年〔一七〇四〕）には懇意であったと考えられ、次の朝鮮御用老中を選定する際、対馬宗家は「〔土屋政直〕御家中江此方〔対馬宗家〕御家来ちなミも有之事ニ候得ハ、相伺候事も仕能可有之哉と被存候」といった理由から、土屋を第一に希望することを述べていた（本書第二章参照）。今回も小笠原は「殊近年者上〔江戸幕府〕之御差支ニ付、諸大名様方ハ勿論、御籏本・諸士共拝借願者大躰之事ニ而者御取次不被成様ニ与、諸役人様方へ被仰含、御老中様方被仰含、拝借願之義被申出候方有之候共、大躰之義ニ而者、決而御取上不被成筈ニ…候茂、此方様〔対馬宗家〕之儀者朝鮮人御同道ニ付、外様与者格別之事ニ候、御支度不罷成時者、日本之御外聞ニ罷成、不被得止上江御歎被成候御筋ニ候」といった認識を示していた。ここから小笠原が荻原同様、対馬宗家の後押しをしてくれようとしていたことが分かる。

このようなかたちで対馬宗家は荻原（幕府勘定奉行）と小笠原（土屋用人）を味方に付けていったが、ここで一つの疑問が生じる。何故「願書」の提出先であった土屋政直（幕府老中）に働きかけなかったのか、といったことである。土屋は本多正永が家宣付きの西丸老中に転身して以来、朝鮮御用老中を務めていた（本書第二章参照）。朝鮮御用老中は対馬宗家の朝鮮通交に係る相談を受け付けるために設置されたものであり、対馬宗家は朝鮮御用老中交代の際には土屋を第一に希望してもいた。そのような状況に鑑みれば、尚更土屋に働きかけなかったことの理由が分からない。ここからは対馬宗家が土屋をどのような存在と見做していたのかについて述べることにしよう。

杉村は国元家老衆宛て書状の中で「相州様〔土屋政直〕御取合不被成候而者、大切千万奉存候間、彼方様〔土屋政直〕御受方壱つニ而、御仲間〔幕府老中〕御評議ニも及、達上聞候上ニ而、江州様〔荻原重秀〕江被仰渡候趣ニ罷成候様ニ与奉存候、兎角此御願者是非ともに相州様御取上不被成候而者、首尾不仕事ニ候間、…」と述べて、請願の実現に土屋が大きな影響力を持っていたことを伝えている。しかし、基本的に幕府老中（御月番老中・朝鮮御用老中など）はこのような存在であったと考えられ、何も土屋だけが特別な影響力を行使していたわけではなかっただろう。相談を受けて審議にかけたりする行為は、いわば幕府老中の職務の一環と見做すことができるからである。

ただそれでも土屋が特別と考えられていたのは、当時知れ渡っていたその性格にあったろう。「相州様（土屋政直）御気質之義ハ各御存知之別ニ候」と記されるほどであり、小笠原（土屋用人）ですらも懸念するほどであった。そのような土屋に立て続けに「重キ御願事」を行うことで「不遠慮成義なとゝ御はね付ヶ」られる可能性があったのである。このことはいくら荻原や小笠原が有利な取り計らいをしてくれようとも意味をなさなかったことを示している。ゆえに対馬宗家は土屋に直接働きかけられなかったのであり、むしろ攻略の方策をこそ考え出さなければならなかったのである。

二　請願の実現

先に触れたように杉村は宝永七年（一七一〇）一二月一一日に小笠原（土屋用人）を訪れ、土屋へ提出する「願書」の内見を依頼していた。しかし、同日朝には山田藤右衛門（荻原用人）を介して荻原にも内見を依頼していたようであり、その返答が翌一二日になって杉村に対して伝えられた。(9) 荻原は「願書」に対して「一段宜思食候」と述べ、加えて藩財政が差し支え、来聘費用が賄えない旨の「御誓文状」、あるいは「御誓旨」を「願書」とともに土屋へ提出するよう命じた（「兎角勝手至極被差閊、信使御同道之御償決而難成与之義、御誓文状被差越候与歟、御誓旨被差越候与申程ニ、屹与相模守殿（土屋政直）江被仰上度事ニ候」）。これは先に見た荻原の助言（本章註6参照）を「御誓文状」「御誓旨」といったかたちで具現化するものであったと言うことができ、「願書」の内容をより重く見せる効果があったと考えられる。(10)

荻原の指示を受けて杉村は、早速「御誓文状」「御誓旨」の作成を了承し、しかもそれを「願書」とともに国元家老の一人に「御使者」として持参させることを計画した。杉村がこのような戦略を考えたのには二つの理由があった。一つは土屋の印象をよくするためである。国元家老の一人が遠方の対馬から参上したとなれば、江戸家老の杉村が願い出るよりも「各別重ク相聞」え、「御手支之訳、相州様（土屋政直）御聞通りニも、扨者夫程之義ニ及候歟」と思わせることができる。杉村の念頭にあったのは少しでも土屋の印象をよくすることであり、ゆえに国元家老衆にも土屋の立場や性格を伝えていたのであろう。遠方から参上して請願を重く見せるというやり方は対馬宗家の常套手段でもあった。これ以前では阿部正武（幕府老中）が死去し、後任の朝鮮御用老中を要望する際に見られた。(11)

もう一つの理由は幕府から「御不審」を被らないようにするためである。信使来聘に当たって幕府は加藤明英（幕府若年寄）を「信使御用掛」、新井白石・深見玄岱らを「御内役」に任命するなど、「先年（天和度信使）ゟ者別而被入御念」る様子であった。それはよく知られているように、今回の信使来聘において「王」号への復号や聘礼改革の断行が予定されていたためである。(12)それに引き換え対馬宗家は財政難といった事情から、天和度信使（一六八二年）の際に二人いた江戸家老を杉村ただ一人とし（「此度者御勝手被差支候付、御物入を御厭被成、最初ゟ私（杉村三郎左衛門）一人被差置候」）、残り六人の家老のうち一人は来聘費用調達のため上方にいるほかは（本章第一節参照）、全て国元に詰めている状態であった。

信使来聘が「外国江之御美目」となるからこそ幕府も役人を増やして対応していると言うのに、信使来聘を「役義」として担うべき対馬宗家がこのような状態にあっては幕府から「御役おろそか」とも捉えられかねない(13)。そのため江戸参上する「御使者」は国元家老の一人であるべきであり、土屋への請願後も引き続き江戸滞在することで「公義〔江戸幕府〕向御首尾外見共ニ宜、御用弁方も差支不申、旁宜有御座」るようにしたい。とかく現況は「先年〔天和度信使〕之格」とは大きく異なっているので、ぜひとも国元家老の派遣をお願いしたい、と杉村は国元家老衆に対して説明しているのである。杉村としてはただでさえ実現するか分からない請願に取り組む中で、こうしたいわば請願とは直接関係のないところで幕府の不興を買う事態を避けたかったのだろう。ここから杉村が幕府（土屋）に対して並々ならぬ神経を遣っていたことが分かる。

一方で杉村から国元家老一名の派遣要請を受けた対馬では、平田直右衛門（対馬藩国元家老）を出府させることに決した。平田は当時藩内で盛り上がりを見せていた「武備之儀」や「御官位之儀」に係る請願を新井白石に願い出るべく、元々江戸に参上する予定であった(14)。しかし、国元では杉村の要請を受け入れ、①来聘費用の拝借が実現することが現時点においては重要であること、②重大な請願をそう何度も行っては最も重要な来聘費用拝借の妨げになるかもしれないこと、③一人へ請願している中に別の幕府役人へ請願していることが発覚しては甚だ憤慨され、請願をはね付けられる恐れがあること、④そのため「武備之儀」の請願は今しばらく延期することにし、また「御官位之儀」の請願も来聘費用拝借と「武備之儀」の請願が叶った後に願い出た方がよいこと、といった判断を下し（「〔来聘費用〕御拝借御願相叶候様被仰上候義専要ニ候、重キ御願度々被仰込候而者、肝要之御拝借御願之妨ニも可罷成候哉、…御存（知脱カ）之如く江戸衆〔幕府役人〕者壱人へ打掛ヶ頼候上ニ外へ又々申込候義相知候而者、甚憤り被申、却而御為ニ不被成様ニはね付ヶ候様も間々有之義故、武備之義御直之御願書を以被仰込候義御延引被成度候、且又御官位之義も御拝借等相叶、万一武備之御願等済寄候上ニて被仰上候義可然候」(15)）、来聘費用拝借が実現するまではこの請願一本で臨む方針を杉村に対して提示した。

拝借実現次第、「武備之儀」→「御官位之儀」の順番で請願しようと考えていたようである。

ちなみに国元家老衆の想定する「江戸衆〔幕府役人〕」とは、「甚憤り被申」「はね付ヶ」といった言葉から土屋〔幕府老中〕であったことは間違いない。現に対馬宗家は「往古銀御免」を実現する際、土屋から荻原との関係性を指摘され、必死に弁解しなければならなかったという苦い経験があった[16]。土屋としては対馬宗家が相談したり願い出たりすべきは朝鮮御用老中である自分であり、他の幕府役人にそのようなことをすべきではないといった認識を持っていたことが分かる。だからこそ対馬宗家は土屋に対して最大限に気を遣わなければならなかったのだし、当面は来聘費用拝借にのみ集中しなければならなかった。実際は荻原や小笠原に根回しを行ってはいたものの、それは土屋に露顕せぬよう慎重を期したものだったのである。また杉村同様、国元家老衆も土屋に対して細心の注意を払っていた。このようにして対馬宗家では国元と江戸が一体となって来聘費用拝借を志向していたと言えるのである。

正徳元年（一七一一）正月二八日に対馬を出発した平田直右衛門（対馬藩国元家老）は二月一八日に江戸に到着した。着府以降の具体的な動きは分からないが、二二日に小笠原らと連絡をとり、翌二三日には杉村を伴って土屋宅へ参上している[17]。土屋用人と対面した平田は、義方（五代藩主）の言葉として「然ハ私〔宗義方〕願之義ニ付、以使札申上候、委細之儀使者〔平田直右衛門〕口上ニ申含候得共、事長儀候故、口上書ニ相認差上之候」と述べ、「御口上書幷金高五万両御願之御書付、一包ニ」した書類一式を提出した。

「金高五万両御願之御書付」がいわゆる「願書」であるが、「御口上書」（以下、「口上書」とする）に関しては特に指示された形跡がないことから、対馬宗家の判断で加えられたものと考えられる。またここに「御誓文状」「御誓旨」が見えない。しかし、提出の様子を記した別の史料には「就夫拝借金之儀御三家〔徳川御三家〕を初、何レより之御願ニ茂是程之員数ニ及候義無之間、御誓旨之上之義ニハ候得共、…」や「対馬守〔対馬宗家〕奉願候者、誓言状を以申上候儀ニ候得者、…」といった記述があることから、[18]「御誓文状」「御誓旨」が添えられたことは確実である。「御誓文状」「御誓旨」はあくまで提出書類に箔を付けるためのものであったから、文書・記録に記される場合とそうでない場合があったと考えたい。

そして四日が経過した二七日に平田は土屋から呼び出しを受け、来聘費用として「金五万両」の拝借が認められる。このとき手渡された幕府老中奉書を次に示しておこう。[19]

御状令披見候、今度朝鮮之信使同道参府用意之儀、近年朝鮮之交易不順、其上段々不勝手ニ而差支候付、拝借之
願以使者（平田直右衛門）被申越候、紙面之趣各遂一覧候、拝借願等之儀、当時
公義（江戸幕府）御物入多有之節候故、従何方茂願之儀難為調事候得共、無拠段委細書中ニ被申聞候付而、達
高聴候処、朝鮮人来聘之用意各別之儀ニ被
思召候、尤先例茂無之候得共、拝借被　仰付之候、早速願之通被　仰出、一段之御仕合候、恐々謹言
二月廿七日（正徳元年）　土屋相模守（幕府老中）
政直（花押）
宗対馬守（義方）殿

「御物入多」く、幕府も大名家の請願を断っている中に対馬宗家の請願が家宣の耳に入り、先例はないけれども特別に認められた様子が記されている。内容は第一節で見た小笠原の認識＝「殊近年者上〔江戸幕府〕之御差支ニ付、諸大名様方ハ勿論、御籏本・諸士共拝借願者大躰之事ニ而者御取次不被成様ニ与諸役人様方へ被仰含、御老中様方被仰含、拝借願之義被申出候方有之候共、大躰之義ニ而者、決而御取上不被成…」と似通った部分があり、参考にされた可能性がある。また奉書中の「無拠段委細書中ニ…」における「書」とは「願書」のことであり、これによって請

願が聞き届けられたかたちになっている。同時に提出された「御誓文状」「御誓旨」は勿論、「口上書」の存在についても直接的には触れられていない。

以上のように対馬宗家は、単に土屋へ「願書」を提出するだけでなく、「口上書」の作成や「御誓文状」「御誓旨」の添付、国元家老一名の出府、請願を一つに絞るといった演出を駆使することで、「往古銀御免」以来まもないといった逆境を押し退け、徳川御三家ですら前例のない巨額（金五万両）の拝借に成功したのである。当然この裏には荻原や小笠原、そして間部の後押しがあったことは言うまでもない。

三　「願書」「口上書」の内容

ところで、土屋へ提出された「願書」と「口上書」は、原本はおろか控や写すらも伝わっていない。ゆえに内容が分からないのであるが、これらに関しては杉村（対馬藩江戸家老）が国元の吟味にかける目的で対馬へ送った案文が残されており、それを見ることによっておおよその内容を摑むことができる。本節では現存する「願書」案・「口上書」案を取り上げることで、土屋へどのような内容の文書が提出されていたのかを考察する。

まず「願書」案について杉村がこれを対馬に送ったのは、宝永七年（一七一〇）一二月一七日付の国元家老衆宛て書状においてである。[20]この「願書」案は荻原と小笠原（土屋用人）の内見を経たものであり、貼付される付箋・掛紙から内見の様子を少しだけ窺うことができる。[21]「願書」案の国元到着日は明らかでないが、江戸―対馬間を道中八日、海中一〇日で達した例があることから、[22]正徳元年（一七一一）正月上旬には対馬に着いていたものと思われる。「願書」案は実のところ「口上覚」と「覚」の二通からなっており、後者には拝借希望額のみ記される。[23]

口上覚

来年(正徳元年)朝鮮人来聘之儀被　仰出、同道之用意仕候、急度近年不勝手ニ罷成候上、交易幷人参等出方相滞、其御地(江戸)私(宗義方)屋敷普請茂先年類焼、以後于今建揃不申、家中之者共宛行茂半知程ニ申付置候処、先頃御用番(御月番老中)迄申上候通、当夏対州(対馬)大風雨ニ而田畑損亡、私居所信使宿通筋破損、殊信使用之関船之内大船二艘、朝鮮帰帆之荷物積候大船二艘、又候先月於壱州(壱岐島)関船之内大船一艘破船仕候、彼是ニ付侘借之才覚仕候得共、相調り(ママ)不申、難儀至極之仕合御座候、尤先祖ゟ信使同道之物入、毎度過分之義御座候得共、拝借之儀不奉願、仮成ニ茂勤来候処、至此度者右之訳を以差支、決而引繕候方便無御座候、畢竟異国江之御外聞難黙止奉存候付、不顧憚別紙書付之通拝借奉願候、願之通被仰付被下候ハヽ、誠以難有次第可奉存候、以上

月日　　　　　御名(宗義方)

土屋相模守(政直)様

覚

金子三万六、七千両

以上

「口上覚」は、①近年財政難に陥るとともに朝鮮貿易にも行き詰まっており、類焼した屋敷の普請もままならず、家中への宛行も「半知」ほどになっていること、②当夏の「大風雨」によって国元の田畑等に被害が出ており、来聘費用の調達もうまくいっていないこと、③これまで何とか信使来聘を実現してきたが、以上の理由で費用を賄うことができないこと、④しかし、信使来聘は「畢竟異国江之御外聞難黙止奉存候」ゆえに、憚りを顧みず費用拝借を願い

たいこと、である。

　来聘費用を賄えない理由が様々に述べられるものの、(24)結局のところ「異国江之御外聞」に求めており、改めて信使来聘が幕府と無関係ではなかったことが強調される。この点は拝借が許可された際にも平田が「信使同道者対馬守〔対馬宗家〕役義ニ御座候処、ヶ様之御歎申上候段、心外千万奉存候得共、異国人同道仕候事ニ御座候得者、畢竟上〔江戸幕府〕之御美目与奉存、不得已拝借奉願候処、…」と述べていることからも明らかであろう。(25)すなわち、信使来聘は対馬宗家の「役義」＝朝鮮通交を含む領内仕置に相当するものであるが、その影響や効果は詰まるところ幕府の「御美目」となるものであって、決して対馬宗家単独の話ではない、といったことである。対馬（＋田代領）を安堵されていることに対する反対給付として信使来聘が捉えられていた当時の状況を思えば、幕府の「御美目」にもなっているという側面があまりに意識されてこなかったのだろう。ゆえに対馬宗家は「異国江之御外聞」「上〔江戸幕府〕之御美目」といった言葉を使って強調し、費用拝借の正当性を訴えようとしたのである。

　一方で「願書」案送付から遅れること半月余り、杉村は正徳元年（一七一一）正月五日に「口上書」案を対馬へ送っている。「口上書」案は国元へ下向する吉野五郎七（対馬藩江戸仮勘定役）に託されたものであり、国元家老衆へ伝達すべき事項を記した吉野宛て杉村指示書などとともに現状、合綴されたものである。(26)この吉野宛て杉村指示書が興味深いのでまずはそれを取り上げよう。

覚

一、当年(正徳元年)信使来聘之儀ニ付、内々土屋相模守(政直)様迄被仰上置度覚書二通之下書、今度貴殿(吉野五郎七)江相渡、御国(対馬)江差越候間、平田直右衛門(対馬藩国元家老)殿迄可被相届候、今度御拝借銀之儀被仰上候御使者被差越候節、右之二通御認被成、御拝借金之御願書同前ニ相模守様迄被差出置之可然候付［　］奉存候、弥此段於御同意者、右之［　］爰元(江戸)へ御使者被差

越候節、先荻原近江守（重秀）様被入御内見、彼方之思召入之程、少茂無御遠慮御差図被成候様ニ以御書御頼被遣、其
上ニ而相模守様江被差出候様ニ在之度御事ニ候事

一、相模守様御事先書ニ段々申越候ことく、人参代銀之位（「往古銀御免」）相済、間茂無之内之御事ニ候故、不図御怒出、御はね付被成候而ハ難取直、至而大切成御事ニ付、重畳無心元義ニ奉存候間、朝鮮筋緊用之御事とも此度之信使ニ託し被仰上、
上（徳川家宣）之御心入ニ茂被為成候様ニ被遊、又ハ近年朝鮮渡之銀高段々被減候ニ付、御勝手御続不被成、至極御難義ニ而信使茂御務難被成ニ付、何とそ御拝借被　仰付被下候様ニと御家老を以被仰上候与趣意を御立被成、肝入而御歎被遊度御事奉存候、左候得ハ、先達而も申入候通、殊外重ク相聞候故、相州様ニ至而も御はね付難被成、御首尾茂宜方ニ可有之哉と奉存候、何之道ニ茂相州様御請付不被成候而ハ、
上ニ通し可申様無御座候、江州様（荻原重秀）何程ニ思召候而茂、首尾難仕可有御座候間、此訳得与御了簡被成、御使者柄弥重ク被遊度御事歟と奉存候事

（三条目省略）

右之外口上ニ茂委曲申含候通ニ候間、随分微細ニ可被申達候、以上

正月五日（正徳元年）　杉村三郎左衛門（対馬藩江戸家老）

吉野五郎七殿（対馬藩江戸仮勘定役）

一条目には、①土屋へ「内々」に提出すべき「覚書二通之下書」を平田まで届けること、②そしてそれを「御拝借金之御願書」とともに江戸参上の「御使者」に持参させること、③荻原の内見を経たうえで土屋に提出すること、が記されている。「覚書二通之下書」のうち一通は「口上書」案であることは明らかだが、もう一通が何を指している

のかが分からない。(27)またこれらは「内々」に提出される性格のものであったから、やはり「口上書」の作成は幕府役人の指示に基づくものではなかったことが判明する。とにかく杉村としては「願書」案同様、国元での吟味、荻原の内見を経たうえで、(28)土屋への提出に臨みたかったのであろう。ちなみにこの時点で杉村は平田が江戸参上の「御使者」となることは知らない。

続く二条目にはすでに第二節で確認した請願実現に係る様々な方策が述べられている。今回は「往古銀御免」以来のまもない請願であることから、土屋が「不図御怒出」し、「御はね付」ける可能性がないとも言えない。そのため「朝鮮筋緊用之御事」と併せて言上することで、家宣の「御心」に適うとともに、朝鮮貿易が振るわず来聘費用が賄えない旨を国元家老の江戸参上でもって一途に願い出るようにしたい。そうすれば「御はね付難被成」、対馬宗家の信使受け入れ態勢にも不審を被ることはないだろう。とかく土屋に請願を取り上げてもらわないことには何も始まらないので、このことをとくと了見されたい、と記されている。以上のことは「口上書」の添付と国元家老一名の江戸参上にそれぞれ相当するものであるが、特に前者から「朝鮮筋緊用之御事」を記した「口上書」案が作成されていた事実が判明する。杉村は「重畳無心元」といった思いから、「朝鮮筋緊用之御事」を盛り込んだ内容の「口上書」案を作成していたのである。

実際に「口上書」案は、①対馬という「藩屏」の地を安堵された反対給付として家康が対馬宗家に朝鮮通交を「所領同前」に認めたこと＝〈特殊性〉、②朝鮮貿易の不振によって「藩屏」としての務めが果たせなければそれはそのまま幕府の「外聞」につながってしまうこと＝〈重要性〉を繰り返し強調する内容となっている。(29)冒頭に「対州之儀古来ゟ朝鮮国与申通、隣交之御役相務候付、其訳兼々申上置度、左之通御披見茂如何奉存候へ共申上候」とあることを踏まえれば（『史料編』参照）、対馬宗家は以前からこうした内容を幕府に対して説明したいと思っていたのだろう。

また信使来聘について触れた部分を検出してみると、「既此度信使之義蒙仰、物入大分之義御座候故、借銀之才覚仕せ候へ共、只今迄少茂相調不申、此分ニ而ハ信使之御用可相勤段、千万無心元義ニ奉存候」、「私〔宗義方〕義先祖ゟ朝鮮御役相勤、殊至御当代〔徳川家〕折々之信使、天和年迄都而七度誘引仕候、小身ニ御座候処、毎度物入大分ニ付身体難続、此節相繕候仕合無御座、難義至極奉存候」だけであり、極めて限定的であることが分かる（〔史料編〕の実線部分）。それは「口上書」が対馬宗家の〈特殊性〉〈重要性〉を「藩屏」とともに何度も強調して、他の大名家とは同列には扱えないことを幕府（土屋）に対して認識させる文書だったからである。差別化を図ることで対馬宗家が重大な請願を繰り返さざるを得ない状況にあることを幕府に理解させようとしたものと考えられる。

さて、すでに述べたように吉野五郎七は正徳元年（一七一一）正月五日に諸々の書類を携え、対馬へ向かった。道中八日、海中一〇日の予定であったが[30]、上方での所用が長引いたのか、予定の正月二二日になっても帰国できていなかった（理由不明）。対馬到着したのはそこから一ヶ月余りが経過した二月二四日のことである。すでに国元からは平田が江戸に向かって出発していた。吉野到着後すぐさま平田に向けて書類が「送遣」されたが[31]、実際の請願に間に合わなかったことは言うまでもない。結局、杉村が作成した「口上書」案は国元での吟味を経ることなく江戸で清書され、土屋に提出されたものと見られる[32]。

おわりに

以上の過程を経て、対馬宗家は来聘費用拝借の請願を実現することができた。実現に当たっては荻原（幕府勘定奉行）や小笠原（土屋用人）、間部（幕府側用人）といった幕府役人に周到な根回しを行っていたし、土屋（幕府老中）へ提出された「願書」には「御誓文状」「御誓旨」のほかに「口上書」が添付され、平田（対馬藩国元家老）がわざわざ対馬から持参したかのような演出がなされた。当時の対馬宗家には「武備之儀」や「御官位之儀」といった別の請願も存在したが（本書第七章参照）、これらは来聘費用拝借のため一旦は留め置かれたのである。

この過程で特に注目すべきは「願書」「口上書」であろう。「願書」には来聘費用が賄えない理由がいくつか示されていたが、対馬宗家が一貫して主張したかったのは信使来聘が幕府とは無関係ではない、といったことである。開幕以来信使は将軍の威光を高めるものとして位置付けられ[33]、その来聘業務は対馬（＋田代領）を安堵されたことに対する反対給付として対馬宗家が担うべきものと考えられていた。「異国江之御外聞」になるにもかかわらず、「役義」＝領内仕置として担わなければならないといった矛盾は、朝鮮貿易が比較的堅調であった一七世紀においては特段問題とはならなかったが、貨幣改鋳の煽りを受け、私貿易が「重大な危機に遭遇[34]」したことで、大きな負担となって立ち現れたのである。ゆえに対馬宗家は信使来聘が「異国江之御外聞」に直結することを幕府に対して強調し、来聘費用拝借の正当性を訴えなければならなかった。

一方で「口上書」は杉村（対馬藩江戸家老）の判断によって「願書」に添付されたものである。杉村は幕府役人への相談を繰り返す中で荻原から「御誓文状」「御誓旨」の提出こそ求められたが、「口上書」については指示された形跡がない。ただ「口上書」案の最後には荻原の内見を受けるよう準備されていたことから（本章註28参照）、最終的には荻原の了解を得たものではあっただろう。その「口上書」は「願書」を補完するためのものであり、ゆえに信使来聘に係る直接の記述は限定的なものにとどまっていた[35]。対馬宗家の〈特殊性〉〈重要性〉を「藩屏」とともに何度も強調しており、それは杉村自身、吉野五郎七（対馬藩江戸仮勘定役）宛て指示書の中で「朝鮮筋緊用之御事とも此度之信使ニ託し被仰上」と述べていたこととも一致する。

対馬宗家は今回の請願が認められるよう「口上書」の提出を通じて他の大名家とは決定的に異なることを幕府（土屋）に対して印象付けようとしていた。他の大名家と同列に扱えないからこそ重大な請願を繰り返さざるを得ないといった論理である。ゆえに象徴的な言葉である「藩屏」が用いられた。「口上書」案の冒頭に「一、対州（対馬宗家）之儀古来ゟ朝鮮国与申通、隣交之御役相務候付、其訳兼々申上置度、左之通御披見茂如何奉存候へ共申上候」とあったのは（〔史料編〕参照）、重大な請願を繰り返すことに対する幕府への弁明とも取れるものであろう。他の大名家との差別化を積極的に図っていくことで対馬宗家は、重大な請願が続く状況を乗り越えようとしたものと考えられるのである。

そして金五万両という異例の拝借が認められ、さらに信使来聘のたびごとに費用獲得に成功している事実に鑑みれば[36]、朝鮮通交の一部（信使来聘）が幕府の命じた「役」として認識されるようになった可能性がある。暗黙とも言えるこうした認識が幕府―対馬宗家間で了解されていたからこそ拝領・拝借が常態化したという見方である[37]。正徳度信使来聘費用拝借とは以上のような転換をもたらしたという意味において、朝鮮通交上、画期的な請願であったと言わなければならない。

註

（1）「御引替金之儀相済候始終之覚書」（国史編纂委員会所蔵「對馬島宗家文書」記録類 3654）。

（2）三宅英利「新井白石の制度改変と通信使」（同『近世日朝関係史の研究』文献出版、一九八六年〈初出一九八五年〉）三八五頁。

（3）「十二月十七日　帳面書状」（長崎県対馬歴史研究センター所蔵「宗家文庫史料」一紙物 1105-99-2）。本節では特に断らない限り同史料による。同史料は宝永七年（一七一〇）一二月一七日付の国元家老衆宛て杉村三郎左衛門（対馬藩江戸家老）書状である。

（4）「外聞」「恥辱」に関しては、藤井讓治「近世前期の政治思想」（宮地正人・河内祥輔・藤井讓治・栄沢幸二編『新体系日本史4

政治社会思想史』山川出版社、二〇一〇年）二一九〜二二四頁で事例を交えた説明がなされている。「日本国之外聞」「異国江之聞へ」といった言葉も紹介されており、先の杉村発言と同様の趣旨で用いられていることが分かる。

（5）深井雅海「元禄〜正徳期における「側用人政治」―柳沢吉保と間部詮房の伝達・取り次ぎ機能を中心に―」（同『徳川将軍政治権力の研究』吉川弘文館、一九九一年）六六〜六九頁。

（6）荻原の助言とは、財政状況が厳しく、このままでは信使来聘が実現できないといったことをただひたすら土屋に対して願い出るべきといったものであった（「一筋ニ御不勝手ニ而、明年之御用〔信使来聘〕御勤兼被成候趣を、随分相模守殿〔土屋政直〕江御願被仰上」）。

（7）荻原は自身で「〔請願が〕御老中及御沙汰候上ニ而達上聞候ハヽ、定而御願書拙子〔荻原重秀〕江御渡シ、吟味仕候様ニ与可有御座候間、其節拙者可申上ハヽ、…畢竟異国江之御外聞ニ候間、願之通拝借御免被成度御事与奉存候旨申上候了簡ニ候、左候ハヽ、御願之筋相滞申間鋪与存候」と言い切ってしまうほど、幕府内で絶対的な立場にいた。なお荻原が強力な権限を揮っていたことについては、藤田覚『勘定奉行の江戸時代』（筑摩書房、二〇一八年）七〇〜七八頁でも触れられている。

（8）「朝鮮御用御奉り御老中阿部豊後守様御卒去ニ付御跡朝鮮御用幷公儀向御用共ニ本多伯耆守様江被相伺候様ニ被仰出候次第記録」（国史編纂委員会所蔵「對馬島宗家文書」記録類5289）。

（9）前掲「十二月十七日　帳面書状」。本節においても特に断らない限り同史料による。

（10）「御誓文状」「御誓旨」はいわゆる起請文であったと考えられ、「強烈な意思を表現する手段」として用いられる文書形式であった（佐藤進一『新版　古文書学入門』〔法政大学出版局、二〇〇三年〕二二〇〜二二六頁）。

（11）このときは対馬からではなく、別用で上方に滞在していた大浦忠左衛門（対馬藩国元家老）が対馬参上の「御使者」として出府する計画であった（本書第二章参照）。

（12）新井白石が行った「王」号への復号や聘礼改革については多くの研究があるが、ここでは差し当たり、中村栄孝「江戸時代の日鮮関係」（同『日鮮関係史の研究　下』吉川弘文館、一九六九年〔初出一九三四年〕）、宮崎道生「朝鮮使節の応対」（同『新井白石の研究（増訂版）』吉川弘文館、一九六九年〔初出一九五八年〕）、同「日本国王号の復行」（宮崎前掲『新井白石の研究（増訂版）』初出一九五八年）、三宅英利「新井白石の制度改変と通信使」（三宅前掲『近世日朝関係史の研究』初出一九八五年）を挙げておきたい。

(13) ここに出てくる「役義」「御役」は朝鮮通交を含む領内仕置と解すべきであろう。

(14) 「武備之儀」「御官位之儀」に係る請願については本書第七章を参照のこと。

(15) 「辛卯信使来聘前秋元但馬守様より御留守居山川作左衛門被召寄此方御先祖義調様御官位被蒙仰年号月日相知候ハヽ、書付被差出候様ニ被仰渡候段杉村三郎左衛門方より申来候付返答申遣候書状之写」（長崎県対馬歴史研究センター所蔵「宗家文庫史料」一紙物553-2-11-1〜2)。

(16) 事の発端は土屋が小笠原に「対馬宗家は「往古銀御免」に関して荻原に相談などしていないだろうか」と尋ねたのに対し、小笠原が「相談は勿論、「往古銀御免」は重大な請願なので「願書」も荻原に提出すると伺っております」と返答したことによっている。これを聞いた杉村はすぐさま小笠原に「荻原に「願書」を出すようなことはなく、国元の指示に従って土屋と相談した内容を荻原に伝えているまでです」と土屋に弁解するよう求めた（「朝鮮渡銀位御願之通往古銀御免被蒙仰候記録　壱」〔国立国会図書館所蔵「宗家記録」WA1-6-40〕）。なぜ小笠原がこうした回答を行ったのかは分からないが、土屋が荻原との関係を気にしていた様子が窺える。

(17) 「江戸日帳」（長崎県対馬歴史研究センター所蔵「宗家文庫史料」日記類Ba-81）正徳元年二月二二・二三日条。

(18) 前掲「江戸日帳」正徳元年二月二三日条。

(19) 「老中奉書」（九州国立博物館所蔵「対馬宗家文書」P1127）。

(20) 「御願書之案詞」（長崎県対馬歴史研究センター所蔵「宗家文庫史料」一紙物1105-99-3）。同史料は前掲「十二月十七日　帳面書状」と包紙で一括にされたものである。

(21) 付箋には「此御願書者近江守様〔荻原重秀〕へ入御内見候案詞ニ而御座候、年明候而御使者可被差越候間、先頃・当夏・先月与申文句、其御心得ニ而御認可被成候」とあり、提出の際は「御使者」出府の時期に合わせて「先頃・当夏・先月」といった文言を修正するよう注意を促している。また掛紙は後掲する「口上覚」の書止文言に重なるよう貼付されたものであり、「上納之儀者、御差図之上何分ニ茂可仕候、以上」とするか否かで荻原と小笠原の意見が一致していなかったことが分かる（「右之通書入可然旨〔小笠原〕隼之介被申聞候付、近江守様〔荻原重秀〕方承合せ候処、上納之義者書入ルニ及間敷候、御願さへ相叶候得ハ上納之義近江守様へ可被仰渡候、其節者宜可被仰上与之御事也」）。案文しか残っていないことから、結局どうなったのかは判然としない。

(22) 前掲「江戸日帳」正徳元年正月五日条。

(23) 後者には「金子三万六、七千両」とあり、実際に拝借した「金五万両」とは大きく異なることが分かる。これは杉村が「対馬守〔対馬宗家〕分限茂有之義ニ候故、不相応之願申上、若相滞候而者如何ニ存候」との理由から、希望額を減額して記していたためである（前掲「十二月十七日　帳面書状」）。しかし、実際に土屋へ提示した金額は「金五万両」であり、この点について「願書」を持参した平田は土屋の反応次第で減じる覚悟があることを小笠原に対して説明している（前掲「江戸日帳」正徳元年二月二二日条）。結局、「金五万両」は減じられることなく、そのまま幕府に認められた。

(24) 大平祐一氏は幕府が大名家に拝借を許可した理由として、①居城罹災、②領分町在罹災、③居屋敷罹災、④領分損毛、⑤転封、⑥御用勤務、⑦役職勤務、⑧続柄を挙げている（同「江戸幕府拝借金の研究―幕藩関係の一考察―」〔『法制史研究』二三、一九七四年〕九九～一一一頁）。大平氏が対象としたのは幕末期であるが、あえて今回の事例に当てはめれば、③居屋敷罹災＋④領分損毛＋⑥御用勤務となろうか。

(25) 前掲「十二月十七日　帳面書状」。

(26) 「宝永八辛卯年　覚書　四冊合帳」（国史編纂委員会所蔵「對馬島宗家文書」記録類6574）。同史料は、①「覚書」、②「覚書」＝吉野宛て杉村指示書、③「覚」、④「口上覚」＝「口上書」案を一冊に合綴したものである。以下では②吉野宛て杉村指示書と④「口上書」案を取り上げる。

(27) 前掲「宝永八辛卯年　覚書　四冊合帳」のうち①「覚書」、③「覚」のいずれかである可能性もあるが、内容的に合致しない。荻原から提出指示を受けた「御誓文状」「御誓旨」の可能性がある（本章第二節参照）。

(28) 現に「口上書」案の末尾には荻原の内見を受ける旨が記されていた（〔史料編〕参照）。

(29) 対馬宗家の立場を表す「藩屏」という言葉はこのとき初めて幕府向け文書に使用された。藩内での初見は貞享三年（一六八六）の「宗氏家譜」（貞享本）においてである（本書第三章参照）。

(30) 前掲「江戸日帳」正徳元年正月五日条。

(31) 吉野宛て杉村指示書の表紙には「此四冊江戸杉村三郎左衛門方ゟ来ル、本帳者平田直右衛門方江送遣候付、写置之」とあることから、前掲「宝永八辛卯年　覚書　四冊合帳」は平田へ「送遣」したものの写であったことが判明する。ちなみに平田へ「送遣」した原本の方は存在していない。

(32) 実際の請願に当たって平田や杉村が荻原の内見を受けていたかどうかは分からない。

(33) ロナルド・トビ「承認のレンズ―幕府の正当性確立における外交―」(同〔速水融・永積洋子・川勝平太訳〕『近世日本の国家形成と外交』創文社、一九九〇年〔初出一九八四年〕)六五頁。
(34) 田代和生「貿易帳簿からみた私貿易の数量的考察」(同『近世日朝通交貿易史の研究』創文社、一九八一年)二五八頁。
(35) 「口上書」案は二〇〇〇字を超える文書であり、短期間で作成できるような代物ではない(『史料編』参照)。国元への「願書」案送付と「口上書」案送付が日を置いてなされたのは(前者が宝永七年〔一七一〇〕一二月一七日、後者が正徳元年〔一七一一〕正月五日)、その間に「口上書」案の作成を杉村が行っていたためであろう。ゆえに両文書は土屋に提出される一式でありながら、国元への送付に差があったと考えられるのである。
(36) 荒野泰典「大君外交体制の確立」(同『近世日本と東アジア』東京大学出版会、一九八八年〔初出一九八一年〕)二三四~二三五頁からは、正徳元年(一七一一)以降、享保三年(一七一八)、延享三年(一七四六)、宝暦一一年(一七六一)・同一三年(一七六三)、文化二年(一八〇五)・同六年(一八〇九)など、信使来聘のたびごとに費用獲得に成功している事実を窺うことができる。
(37) たとえば、この後に行われた享保度信使(一七一九年)時の金五万両拝借に関しては、本章で見たような煩わしい手続きが踏まれていない(山本博文『対馬藩江戸家老―近世日朝外交をささえた人びと―』〔講談社、二〇〇二年〈初出一九九五年〉〕一六八~一八四頁)。勿論、幕府に対する願書等の提出は必要だったが、信使来聘に係る拝領・拝借は正徳度信使(一七一一年)以降、体裁さえ整えばある意味で〝願えば叶う〟状態だったのではないだろうか。

〔史料編〕

「宝永八辛卯年　覚書　四冊合帳」（国史編纂委員会所蔵「對馬島宗家文書」記録類6574）のうち「口上書」案

※実際の史料名は「口上覚」であるが、そのまま採用すると「願書」の内訳（「口上覚」「覚」）と混同してしまう恐れがあるため、本章では「口上書」とした。

口上覚

一、対州（対馬宗家）之儀古来ゟ朝鮮国与申通、隣交之御役相務候付、其訳兼々申上置度、左之通御披見茂如何奉存候へ共申上候、
対州之義ハ外国藩屏之地ニ而御座候付、武備堅固ニ無御座候而者決而難罷成候、其故ハ本朝（日本）之義唐（中国）・韃狙程之大国
ニ而ハ無御座候へ共、風俗之上品・金銀之至宝雖大国、中々難及所ニ而御座候付、外国ゟ望を掛、既四百年以前元
之世祖両度迄起大軍被侵日本候、左様之節ハ対州程外国ニ近キ所ハ無御座候付、世祖茂朝鮮を先導として対州ゟ被
攻来、初度之時ハ文永十一年（一二七四年）十月、即私（宗義方）先祖宗右馬允助国致戦死候、依之対州ハ至極大切成外国藩屏之地与奉存、
私義代々油断可仕様無御座、朝鮮へ和（倭）館を構人数を召置、北京・朝鮮之時勢を窺せ、又者対州ニ両関所（鰐浦・佐須奈）、其外所々
ニ遠見番所を申付人数を宛置、在国之節茂尽心、外国之様躰を相考、尤参勤之義ハ諸大名同前ニ各年ニ勤申候旁ニ
付、少人数ニ而ハ難成、拾万石以上之分限程之人数を所持仕来候、就夫対州一円幷肥前国之内基肄（田代領）・養父壱万石少
余、此両所領之所務斗ニ而ハ勝手可相続様無御座、其上対州之義境界者広候へ共、元来米穀甚乏キ国土ニ而御座候
付、土産之穀物斗を以国中人民之食用程茂無之難義仕、古ゟ年代久朝鮮と交易致し、有無を通し衣食を相足し来候、
此段被　聞召分、従
東照君（徳川家康）様茂古来之通朝鮮交易之道蒙御免、其所務を以拾万石以上之格之人数を召置、当職をも勤来候へ者、交易之

義ハ即私所領同前ニ而御座候、然処先年朝鮮渡之銀高被減之候付、不勝手ニ罷成、其上朝鮮人共以之外迷惑いたし、何角と事六ヶ敷義斗申掛、人参ホ指擂糸・端物茂如以前出し不申、仰出し候分ハ価を増候様ニ与申ニ付、私方之所務曽而無之、段々困窮ニ及、上方筋之借銀ホ茂年々相増大分ニ罷成、既此度信使之義蒙　仰、物入大分之義御座候故、借銀之才覚仕せ候へ共、只今迄少茂相調不申、此分ニ而ハ信使之御用可相勤段、千万無心元義ニ奉存候、右如申上交易之義ハ私所領同前之義ニ御座候へ者、琉球口・長崎口之商売与ハ各別ニ而可有御座哉与奉存候付、朝鮮渡銀高之義敏ニ茂御歎申上度奉存候共、従

上(江戸幕府)被　仰出候御法之義ニ候処、成たけ御法之相立候様ニ仕見不申候而、往々之義推察斗を以申上候段憚千万奉存、只今迄延引仕、数年之間種々心を尽候へ共、身体難続次第ニ困窮及至極相廻り、此上ハ可仕様無御座候、朝鮮交易之義ハ従　東照君様茂被　仰付置候私所領同前之義ニ候処、只今之成行ニ而ハ所領ニ取離候同前之義ニ御座候故、拾万石以上之人数を育候義難成、差当難義千万奉存候、尤去比人参調代銀往古之銀(「往古銀御免」)ニ被　仰付被下候付、人参調方之義者宜敷可罷成候へ共、惣高千四百貫目程之義ニ御座候故、古来之交易之品程調出シ候義難成、勝手之助ニ不罷成、至而迷惑仕候、乍然今程者金山・銀山共ニ以前之通ニハ出兼候由ニ御座候へ者、本朝之金銀を無其弁、已前之通銀高之義私勝手宜候様ニ被差免被下候へ与達而ハ難申上奉存候、若銀高御増被下候義難成御事ニ候ハヽ、憚千万如何敷奉存候へ共、御役料与被　思召上、只今之通人数をも仮成ニ育候程之御了簡を被　仰付被下候ハヽ、朝鮮国へ之聞へ旁誠以難有次第ニ可奉存候、左も御座候ハヽ、交易之義往々現銀調ホ無之様ニ漸々与仕成し、銀高千四百貫目之内茂減少仕候様ニ随分心尽可申候、兎角只今之成行ニ而者、私迄数十代朝鮮与申通し、御隣交之御役茂無異義相勤来候処、至私当職茂難勤体ニ罷成候而ハ、彼国(朝鮮王朝)之外聞実義共ニ無残所仕合奉存候、其上只今之通私身躰及困窮候而ハ、外国藩屏之武備茂段々相衰、朝鮮国ゟ万一被撮(取カ)候様ニ可罷成候哉、左候ハヽ、早速北京へ茂通し可申候

故、若ハ日本武備之衰候様ニ抔存知、何様之変も可有御座候か、此段至而大切成御事ニ奉存候へ者、私自分之義与耳存、遠慮仕居候而ハ却而奉対
公義不忠与奉存候、私身体茂以前之通武備厳重成様ニ不相見へ候而ハ、朝鮮国之義者不及申上、北京之聞へ旁別而大切之義与奉存候、尤
東照君様ニ茂外国藩屛之地ニ候間、毎年不及参勤候、三年ニ一度宛参勤仕候様ニ与被仰付候程之重キ御事ニ御座候故、藩屛之地ニおゐて弥武備可被捨置様無御座御事与奉存、不省憚段々之義を申上候

一、私高祖父対馬守義智(宗)、朝鮮陣之節秀吉(豊臣)公御先鋒仕、人数五千人ニ而罷出候、其段朝鮮征伐記ホニ詳ニ記し有之候通ニ御座候、私分限ニ而五千之人数召列候義可罷成ものニ御座候哉、其節茂交易之所務之助力を以、分限ゟ人数を所持仕居候故ニ而御座候、常体拾万石ニ而ハ五千之人数ハ難召連可有御座かと奉存候、此訳御勘弁被遊可被下候

一、私義先祖ゟ朝鮮御役相勤、殊至　御当代(徳川家)折々之信使、天和年迄都而七度誘引仕候、小身ニ御座候処、毎度物入大分ニ付身体難続、此節相繕候仕合無御座、難義至極奉存候、乍憚御挟量被遊可被下候、右之次第ニ御座候得者、往々之義何分ニ茂宜様ニ被仰付可被下候、左無御座候而ハ、外国藩屛之武備可相整様無御座、至而難義千万奉存候、右之仕合ニ御座候故、家中之撫育茂難成候付、大半暇を出し可申与存候へ共、家中之者を減し候而者、朝鮮筋之御役相務り不申、縦令相伺候而他方抔候様ニ与申付候共、数十代之好を慕可罷出与申候者有御座間敷候、重代之者共ニ候へ者、別而不便ニ存、押而難申付、只今迄召置候、尤達而申付候ハヽ、可罷出候へ共、畢竟御役茂難務、其上累代之者共ニ候へ者、家中一統親戚与罷成筈候付、互に別れを歎キ、国中及騒動候様ニ相聞候而ハ、各様御聞通之程茂如何可有御座哉与至極難義奉存候、今度無拠拝借之義奉願之候付、乍序此義も添御耳置候、以上

月日　　　宗対馬守(義方)

相州（土屋政直）様

右之趣相模守（土屋政直）殿迄願上度存候、御事多中乍御無心、御披見被成思召寄之程、無御遠慮御差図被成被下候ハヽ、別而可忝存候（マヽ、忝可奉存カ）、以上

月日

宗対馬守（義方）

近江守（荻原重秀）様

第七章　正徳度信使来聘費用拝借の舞台裏
―「武備之儀」「御官位之儀」の請願―

はじめに

正徳元年（一七一一）四月八日、平田直右衛門（対馬藩国元家老）は新井白石に「書付」を提出した。(1)国元家老であるはずの平田が江戸に滞在していたのはこの「書付」を白石に提出するためであったが、急遽平田はそれ以前に杉村三郎左衛門（対馬藩江戸家老）とともに正徳度信使来聘費用拝借の請願を行うこととなった。その経緯については第六章で述べた通りであり、平田は「書付」の提出によってようやく本来の目的を果たすことができたと言えるのである。

白石に提出された「書付」は二つ。「覚書」と「日本朝鮮和好再興之次第」である。(2)提出の際、白石は不在であったことが知られるが、(3)「覚書」の表紙に「此通草案認、（平田）直右衛門被持越候得とも、筑後守様（新井白石）へ被差出候節、書改候所数多有之候ニ付、此書付ハ反古同前也」と朱書きされていることを踏まえれば、(4)後に白石の指導が多く入ったことが分かる。「此通草案認、…」の「草案」、「此書付ハ反古同前也」の「書付」は全て同じ「覚書」を指しているが、この「覚書」は田代和生氏によれば、瀧六郎右衛門（対馬藩江戸勘定役）が作成した「瀧六郎右衛門草稿」を踏まえたかたちで雨森芳洲らが改訂を加えた「芳洲の草稿」のことであり、これが後に白石・芳洲論争[5]の際に提出された「宗対馬守書付」につながっていく[6]（【図1】）。

そのような意味で「覚書」の存在は後の白石・芳洲論争を占う重要な文書であったが、そもそも何故瀧が「覚書」の原点とも言うべき「瀧六郎右衛門草稿」を作成していたのかが分からない。それを解明するためには白石・芳洲論争以前の状況に遡る必要があるだろう[7]。このことは平田が白石に対して「書付」を提出した理由にもつながってくるはずである。本章では正徳度信使来聘費用拝借の舞台裏でいったい何が起こっていたのか、「武備之儀」「御官位之

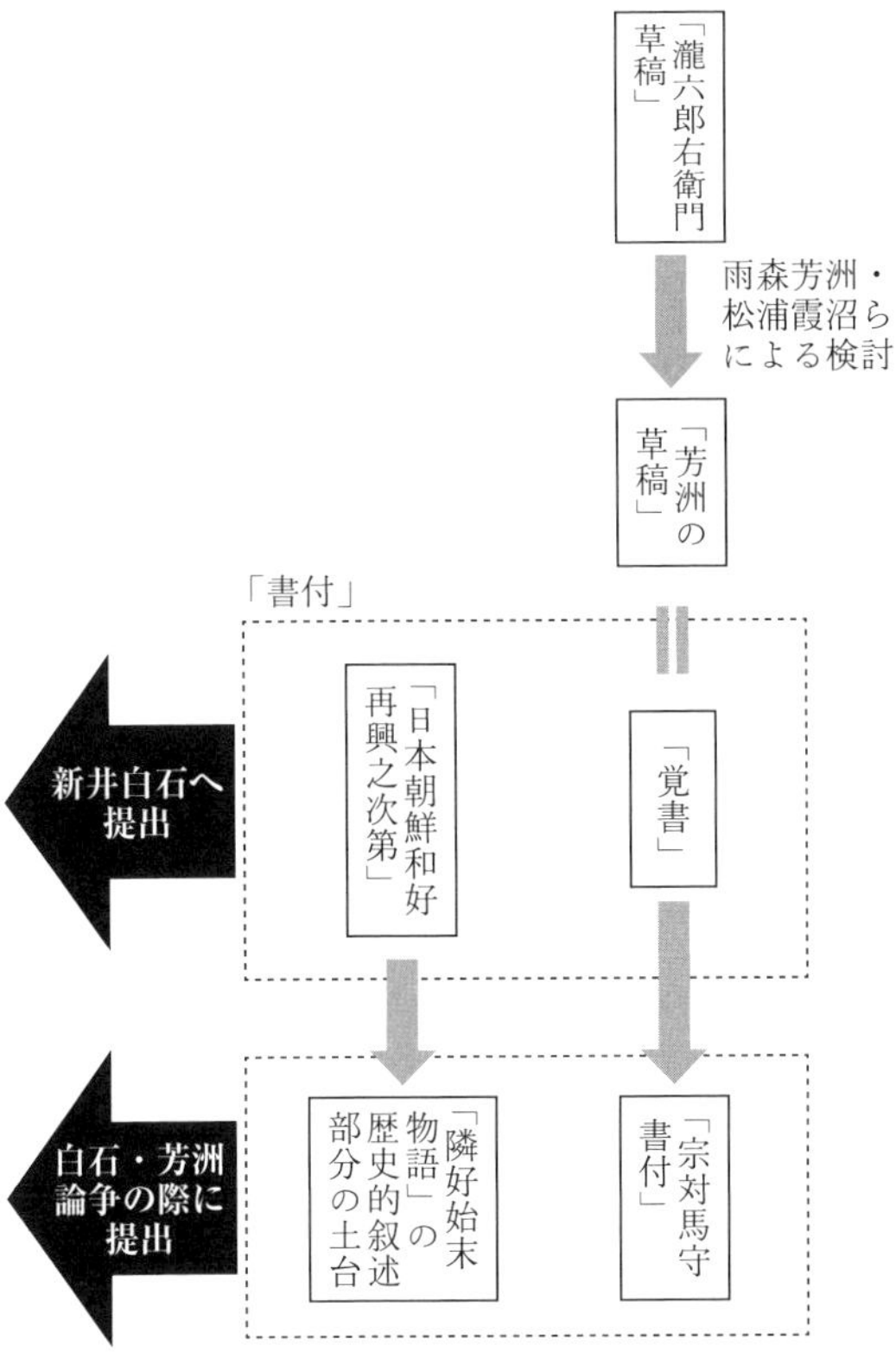

図1　新井白石への文書提出の流れ

儀」の請願の分析から見ていくことにしたい。

一　新井白石と杉村三郎左衛門

綱吉死後、跡を継いだ家宣は宝永六年（一七〇九）五月一日に将軍宣下を受けた(8)。将軍襲職に伴う信使来聘はこれ以前から土屋政直（幕府老中）を介して対馬宗家に伝えられていた(9)。結果として来聘は正徳元年（一七一一）七〜八月ごろと決し、朝鮮側から幕府老中宛て礼曹参判書簡（書契）がもたらされる。しかし、この書簡（書契）は土屋に披露されることなく白石によって差し止められてしまう。杉村（対馬藩江戸家老）は事の次第を確認すべく、宝永七年（一七一〇）一〇月七日に白石のもとを訪れる。すると、白石から次のような回答がなされた(10)。

其段《（土屋政直への書契披露）》ハ決而相叶申間敷候、上《（徳川家宣）》之御吟味ニ者、本朝執政《（幕府老中）》之儀者朝鮮議政之ごとく、国家之政を執行候職分ニ而候故、議政与執政ハ同職同格与被　思召候、書翰《（書契）》を差越事ニ候ハヽ、議政ゟ之筈ニ候処ニ、其下之礼曹参判ゟ差越候段、甚不中事ニ候、殊判書を差越《置》、参判ゟ之義ニ候得者、弥以不相応成義ニ候、前々以不及其吟味候段、実ハ此方《（江戸幕府）》之不吟味ニ候故、今更申達候とも先例ニ違候なとヽ申承引仕間敷、如左候而ハ事六ヶ敷罷成如何ニ候間、一向ニ書翰を相止可然候、音物之弥遣《義ハ》度之由申候ハヽ、其段ハ勝手次第ニ候、当《書》翰之儀者決而不入事之由、御前之御評議相極り被
仰出候、然処音物も無用与之義者、定而御老中之御了簡ニ而可有之与之御事ニ候、此訳を以於其元《（対馬宗家）》得与御吟味可被成候、又々被仰上様も可有御座候哉、尤官位之差別を以ハ議政ハ三公《（領議政・左議政・右議政）》ニも准し、朝廷なとヽも申候得ハ、四位侍従与者格別之違ニ候得共、職分者同格ニ而御座候、日本武家之治世与罷成候而者、頼朝《（源）》を初として官位ニ不拘、

職を重せられ候日本之風儀ニ候付、官位ニ不拘、唯職分之高下を御吟味被成候、上之御仕置ニ付、右之通り之思食入之由、…

白石の回答は、①土屋への書簡（書契）の披露はなされないこと、②家宣の考えでは幕府老中は朝鮮国議政府のように「国家之政」を執り行う「職分」であることから、「議政」と幕府老中が「同職同格」であること、③したがって、書簡（書契）は「議政」から届けられるべきところ、格下の礼曹かつ判書でもない参判からの書簡（書契）であり、全くもって釣り合っていないこと、④これまでそうしたことがまかり通ってきたのは幕府側の「不吟味」であり、今更朝鮮側に伝えたところで承服せず却って複雑になるであろうから、とりあえず一度書簡（書契）を差し止め、音物に関しては勝手次第とすること、⑤礼曹参判からの書簡（書契）が不要であることは御前での協議で決したが、音物まで不要かどうかは幕府老中が判断すべき事柄であるので、このことについては対馬宗家内でもよく検討して欲しいこと、⑥官位について「議政」は「三公」（領議政・左議政・右議政）に位置し、朝廷とも称されることから、「四位侍従」の幕府老中とは釣り合わないものの、「職分」としては同じであること、⑦日本が武家優位の世の中になって以降、源頼朝をはじめとして官位よりも「職分」が重視されてきたこと、⑧これこそが「日本之風儀」であるので、官位ではなく「職分」の内容を考えることこそが家宣の方針であること、である。

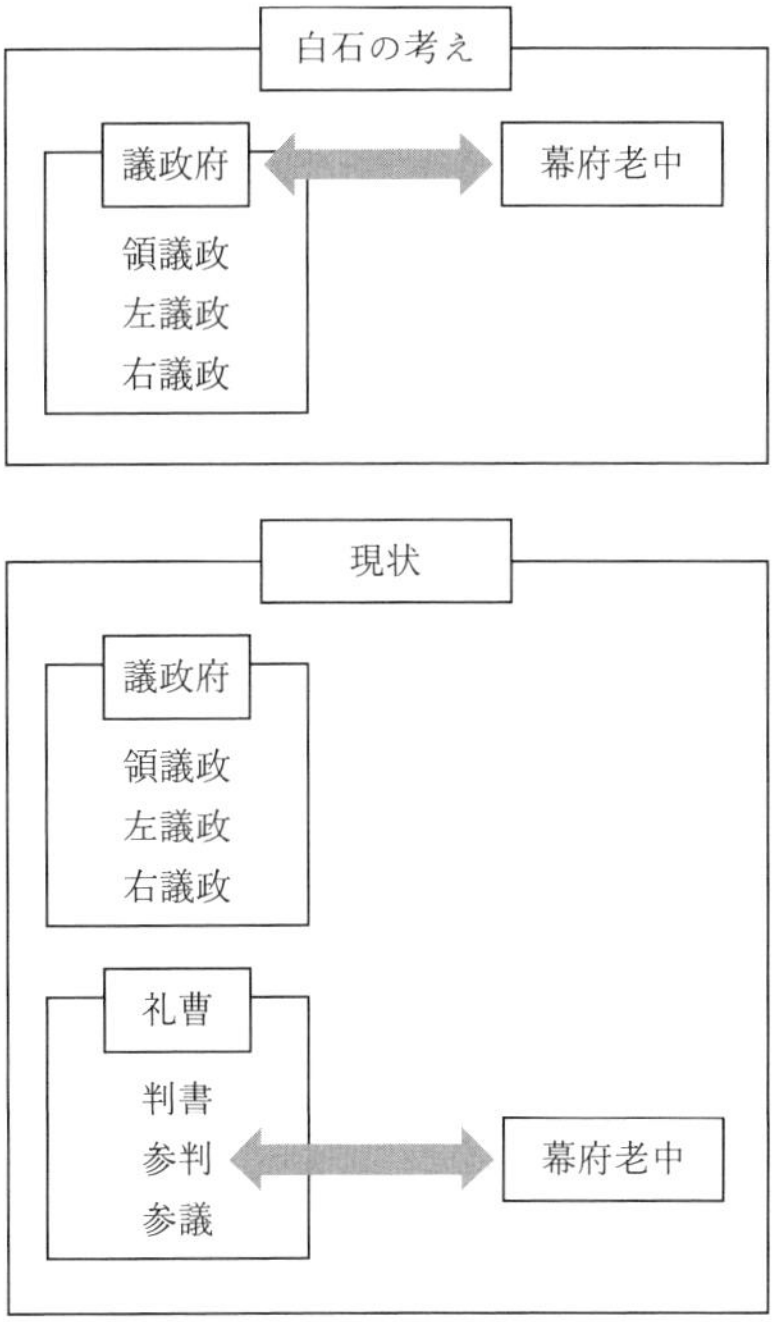

図２　新井白石の考えと現状

白石がここで言わんとしているのは、幕府老中と礼曹参判の官位と「職分」が不一致であることから、一旦ここで整理しておきたい、といったものであろう【図2】。こうしたことは白石が抜擢されて以来、「武家官位装束考」（宝永七年〔一七一〇〕ごろ成立ヵ）などで度々言及されてきたことである。[11] それを今回書簡（書契）を差し止めて具現化しようとしたのであろう。白石の急な対応に杉村は戸惑いながらも、検討を求められた案件――礼曹参判からの音物は不要か否か――に関しては対馬への伝達を行うことを了承するのである。

一方で杉村は白石に対して協力する姿勢を見せてもいた。白石が正徳度信使（一七一一年）来聘の際に「王」号への復号や聘礼改革を断行したことはよく知られている。そうした白石の真意を知る由もなかった杉村は、江戸藩邸に保管してあった「鶴峯集」[12]の写を自ら持参したり、白石の書簡（書契）に関する質問――幕府老中と礼曹参判が交わした書簡（書契）は寛永一三年（一六三六）が初見か否か――に対して、瀧六郎右衛門を介した回答をさせたりもしている（後述）。注目すべきは、白石から瀧を通じて依頼された「書付」（これが後に平田直右衛門によって提出されることになる）に関して、内容を国元（雨森芳洲・松浦霞沼を含む）で検討させた結果を国元家老の一人に江戸まで持参させようとしていたことであろう。杉村が何故こうしたことを白石に提案したのかは分からないが、彼自身が記した平田宛て書状[13]を見ることでその答えが明瞭となる。すなわち、「此度〔新井白石が要求する「書付」を〕御出置被成候ハヽ、若者此後御交易之道相障候義有之、中絶仕候共、其節御願之御筋ニも可罷成哉与奉存候」である。杉村は白石の真意こそ理解していなかったものの、協力的な姿勢を見せることで、今後起こり得る朝鮮貿易の危機に備えようとしていたことが分かる。

そもそも当時の朝鮮貿易は幕府による輸出限度額の設定（貞享三年〔一六八六年〕）や貨幣改鋳（元禄八年〔一六九五〕～）の影響はあったものの、「往古銀御免」（宝永七年〔一七一〇〕九月二七日）が実現したことで安定を迎えようとしていた。しかし、そうした中で「宝永新例」[14]（宝永七年〔一七一〇〕）を提案するなど、再び干渉の度合いを強めようとしていた白石は脅威に映ったことだろう。こうした事情もあって杉村は白石に対して従順な態度をとり、朝鮮貿易が危機的状況に陥った際の救済を期待したのである。杉村はこのような駆け引きに秀でていた可能性があり、「往古銀御免」・正徳度信使来聘費用拝借を実現したのも杉村であった。

白石と杉村。――両者の初対面はそれぞれの思惑が交錯するかたちで終了したのである。

二 「武備之儀」の請願

ところで、何故白石は瀧六郎右衛門を介して「書付」を要求したのであろうか。その理由を示した瀧作成の文書が残っているのでそこから繙いてみよう。[15] 瀧が白石と対面したのは、杉村が白石を訪問した翌日の宝永七年（一七一〇）一〇月八日のことである。杉村との対面時に白石は書簡（書契）に関する質問――幕府老中と礼曹参判が交わした書簡（書契）は寛永一三年（一六三六）が初見か否か――を投げかけており、杉村が調査した結果を白石に伝える役割を担ったのが瀧であった。瀧が寛永一三年（一六三六）以前の書簡（書契）としては、慶長一二年（一六〇七）の礼曹参判・呉億齢のものが一通、元和三年（一六一七）の礼曹参判・尹爵民のものが一通で、計二通あったことを伝えると（「寛永十三年〔一六三六年〕前、慶長十二年〔一六〇七年〕之時礼曹参判呉億齢ゟ〔朝鮮〕国王之命を奉ヶ差越候書翰〔書契〕一度、元和三年〔一六一七年〕之時日〔礼曹〕参判尹爵民ゟ国王之命を奉ヶ差越候書翰一度、都而両度差越候義御座候」）、白石は礼曹参判の名前を書き留め、瀧に対して「右信使幷書翰〔書契〕之儀ニ付、和好之次第、朝鮮筋対州之義」を詳細に尋ねてきた。これを受けて瀧は次のような回答を行った。

…朝鮮国之義、北京与日本之間ニ挟り在之、日本武威之厳重被成儀を北京ニ而申聞候付、日本之御為ニも宜との有増、又ハ日本国之内ニ而、対州《（対馬）》程外国ニ近キ所ハ無御座ニ付、四百年已前元之世祖、朝鮮を先導として被侵日本候時、対州ゟ被攻来、

助国《（宗）》様御討死被遊候付、殿様《（対馬藩主）》ニも御代々御油断可被成様無之、武備を肝要ニ被成候との義、然共近年朝鮮渡之銀高被　減之、其上新銀成候付、交易之御所務無之、武之備ニ御難儀被成候有増…

瀧の回答は、①朝鮮は中国と日本の間に位置することから、同国を通じて日本の武備が厳重であることが中国に伝われば日本のためになること、②日本の中で対馬ほど外国に近いところはなく、四〇〇年前の元寇の際は朝鮮の先導によって対馬から攻められ、宗資国[16]が殉死する事態となったことから、代々対馬藩主は武備を重要なものと認識していること、③しかし、近年輸出銀高が減少し、そのうえ「新銀」が発行されたことで利益が出ない状態となっていることから、武備を整えることが困難になってきていること、である。

元寇という歴史的な事実から中国の脅威[17]を煽ることで武備の重要性を訴える内容となっている。しかし、瀧の狙いは武備の強化を名目とした朝鮮貿易の〝梃入れ〟にあったと考えられる。「往古銀御免」を実現し、朝鮮貿易が安定を見るかもしれなかった中で、この〝梃入れ〟にどれほどの具体が伴っていたのかは分からない。ただ漠然と対馬宗家の窮状を訴えただけの可能性もある。恐らく瀧は「往古銀御免」の効果が未知数の中で武備の強化と絡めたかたちで窮状を訴え出ることで、朝鮮貿易に対する幕府のさらなる〝梃入れ〟を期待したのではないだろうか。

これを受けて白石は瀧の回答に賛意を表し、平田と杉村に伝えて主張の全体を「書付」にまとめてくるよう指示した。あるいは瀧本人が作成してもよかったらしく、とにかく白石としては「不拘虚実承伝候分、微細ニ書付差出候」ことが重要であった。白石によれば「書付」を提出することは「対馬守殿御為ニ肝要」であるという。その理由は定

かではないものの、こうした文句を使ってまでも白石は「書付」を提出させたかったのであろう。加えて白石は輸出銀高の推移を示す「委書付」も別途要求している（「殊武備之儀者、日本之御為至而大切成義ニ而候間、朝鮮渡之銀高、以前ハ何程ニ候へ共減少仕り、只今者何程与申義共、相違無之様委書付可遣候」）。これは先に見た瀧の回答――輸出銀高が減少していることから、武備を整えることが困難になってきていること――を受けて、急遽提出を求めたものであったろう。これに関しても白石は「対馬守殿御為ニも可罷成」と述べ、「委書付」を提出することの正当性を強調するのである。

以上から分かることは、白石が日朝間に関わるありとあらゆる情報を対馬宗家から引き出そうとしていた事実であろう。情報を得るためには対馬宗家にすり寄る態度も辞さなかった。こうした白石の態度に違和感を覚えたのか、瀧は「委書付」に関して「其段ハ前以御老中様方江も段々申上置候」と述べ、提出を拒否する姿勢を見せた。瀧の言う「前以」がいつのことを指すのかは分からないが、恐らく貞享三年（一六八六）に阿部正武（幕府老中）へ提出した朝鮮貿易に係る書類一式のことではなかったか。[18]しかし一般的に考えて、「前以」の時期＝貞享期（一六八四～八七年）と、当該期＝宝永期（一七〇四～一〇年）では勝手も異なっており、以前提出したからと言ってこのたび提出しなくてもよいというものではない。ただ瀧としては不用意に幕府へ内実をさらけ出すこと自体に抵抗があったのであって、だからこそ白石の要求を鵜呑みにはしなかったのである。

しかし、白石もすぐさま切り返しにかかった。すなわち、①家宣は威丈高であり、「表向之義」＝幕府老中を介したルートでは請願の内容を詳細に伝えることができないこと、②自分たちは以前より家宣の側近くで仕えてきたことから詳細まで伝えられること、である（「表向之義ハ委上〔徳川家宣〕ニ難相通候、…況只今之上様ニ者、殊外御威高ニ被成御座候付、表向ゟなとハ中々委細之義難被仰上候、我々〔新井白石ら〕義者以前ゟ御側近ク罷出申上来候故、委細之義も申上能候」)。白石は幕府内における自身の立場を強調することで提出を躊躇う瀧を言いくるめようとした。さすがの瀧もこの勢いに負けたのか、「書付」の提出は自分一人では判断できないとして、杉村に相談する旨を回答する。杉村が雨森芳洲や松浦霞沼に「書付」の検討を委ねたのはまさにこのような事情があったためであり（本章第一節参照）、その背景には白石の異様とも言える情報収集欲が存在していたのである。(19) そうしてまでも白石は「王」号への復号、聘礼改革を断行したかったのであろう。「書付」は正徳元年（一七一一）四月八日に平田直右衛門（対馬藩国元家老）が白石宅を訪問することで提出がなされた。このとき「委書付」が一緒に出されたかどうかは分からない。

三　「御官位之儀」の請願

白石に対する対馬宗家の請願は何も「武備之儀」だけにとどまらなかった。宝永七年（一七一〇）一〇月七日に杉村（対馬藩江戸家老）は対馬藩主の官位に関する相談を白石に対して持ち掛けようとしていた。(20) しかし、白石に来客（鈴木直澄）があっていたことから、このときは断念せざるを得なかった。こうした経緯から翌八日に白石と対面した瀧がこの話を切り出すことになった。内容は次の通りである。(21)

松平薩摩守様(島津吉貴)、此度琉球人被召連候付、御官位之御願有之由承伝申候、対馬守(宗義方)儀茂来年(正徳元年)信使同道仕義ニ御座候、如御存知琉球人とハ訳茂格別之義ニ御座候、殊和好已後対馬守代々御通交之御役相務、数度信使同道仕、大分之物入ホも有之候、第一朝鮮国聞へ之為唐(中国)ニも響可申事ニ御座候得者、何とそ罷成首尾ニ候ハヽ、官位之儀内々ニ而願上度心入ニ御座候、殊高祖父対馬守義智(宗)義、御当家(徳川家)ニ而ハ無御座候得共、已後《前》宰相(参議)ニ可被　仰付与之義も御座候得共、小身ニ而受高官候義如何敷候間、何とそ御加増之方をと奉存所存ニ而御断申上、侍従ニ而相済来り、其格ニ只今迄代々拾遺《侍従》之官ニ而御座候、何とそ不苦義ニ候ハヽ、此度少将之官位之儀、内々ニ而願上如何可有御座候哉、可相調与被思召候哉、御懇意之上之義ニ御座候故、不遠慮成申上事ニ候得共、御内意を承度奉存候、扨又御老中様方御事、書翰《書契》之義者此度被差留候得共、若音物斗ハ進覧仕義も御座候■、目録之上包ニ御官名をも書載仕事ニ御座候処、御職分ゟハ御官位不足御座候段、如何敷奉存候、朝鮮人之義ハ官位ヲ第一と仕候故、御官位不宜候而ハ、何角ニ付自然ハ軽しめ申所も可有御座候哉、若無礼之義も可有之歟と無心元奉存候、是亦御相応ニ有之度御事ニ乍憚奉存候、此義も如何被思召義ニ御座候哉…

内容は、①島津吉貴（薩摩藩主）がこのたび琉球使節を連れて来るに当たって官位昇進を願い出たことをほかから聞いたこと、②義方（五代藩主）も来年（正徳元年〔一七一一〕）に信使を来聘させるが、同使節は琉球使節とは比べものにならないほど「格別」であること、③壬辰戦争後の講和成立後、対馬宗家は代々朝鮮通交を担っており、信使来聘を実現していることから、大きな財政負担ともなっていること、④「朝鮮国聞へ」が中国にも伝わることから、対馬宗家も内々に官位昇進を願い出たいと思っていたこと、⑤義智（初代藩主）は徳川政権のときではないが、「宰相」（参議）入りの話を断り、土地の加増を願った経緯があることから、今でも藩主は代々「拾遺」（侍従）にとどまっていること、⑥このたび「少将」任官を内々に願い出たいので懇意である白石の意見を伺いたいこと、⑦朝鮮への音物は目録上包に幕府老中の官位を記さなければならないことから、「職分」に対して官位が劣っていると朝鮮側からどのように思われるか分からないこと、⑧朝鮮は官位を第一と考える国柄であるので、官位が「職分」と釣り合っていないと幕府老中のことを軽く見たり無礼な態度を取ったりする恐れがあること、である。

確かに島津家は琉球使節来日のたびに当主の官位が上がっていく慣行をこの直前に成立させた[22]。それを伝え聞いた中瀧は、信使来聘を担っている対馬宗家も官位昇進（具体的には「少将」任官）が可能と判断したのだろう。ゆえに中国・朝鮮への「聞へ」や義智（初代藩主）の「参議」（宰相）入りの過去を引き合いに出すのである。実際、これまでに中国・朝鮮が官位について言及したこともなければ、義智の「参議」（宰相）入りに関する明確な根拠があったわけでもない。(23) 対馬宗家としては単に島津家に便乗したかっただけであって、だからこそ幕府老中の官位と「職分」にひとかたならぬ思いを持つ白石に相談したものと考えられる。目録上包に記される幕府老中の官位に言及したのは、白石の関心を喚起し、対馬宗家の官位昇進につなげる意図があったためであろう。

しかし、白石の反応は素気無いものであった。

…薩摩守殿（島津吉貴）ニハ大中納言之家ニ而候得共、中絶ニ而漸近年中将迄ニ而候、是者御願候而茂先規有之事候、対馬守（宗義方）殿ニハ侍従之御家ニ而御座候故、先規無之義を御願被成候段、相叶申間敷様ニ被存候、侍従之御家ニ而只今御代々侍従御中絶無之候者、御家之御規模珍重之御事奉存候、道理難立儀を御願被成候ハ、首尾不仕のミニ無之、重而道理立候御願事被成候而も、先頃もヶ様之難立義ヲ御願候、此度も其類ニ而可有之なとと御批判も御座候而者、重キ事之御障りニ可罷成候故、不入御事之様ニ存候、扨又御老中御官位之義も中々罷成間敷様ニ被存候、是を御改被成候而ハ、惣躰段々改り不申候而者難成候、惣而武家之世と罷成候而者、職を第一と被成、官位ハ御構無日本之風儀ニ而候、頼朝（源）ハ大納言ニ而相済申候…

白石の返答は、①島津家は元々「大中納言」になる家柄であり、それがしばらく「中絶」していただけのことであって、近年ようやく「中将」への道が開けたこと、②これは先例があるか否かの問題であり、元々対馬宗家は「侍従」の家柄であって「少将」任官の先例があるわけではないことから、「少将」任官は実現しないであろうこと、③元々「侍従」の家柄で今まで「侍従」任官が「中絶」していないのであれば、それはそれで「珍重」なことであるので、他の道理の立つ請願に支障をきたすような行為は慎んだ方がよいこと、④幕府老中の官位の件も遅々として進んでおらず、仮に改まったとしてもそれに伴って全てを変更しなければならないこと、⑤武家の世となった今、「職分」を第一とし、官位に構わないのが「日本之風儀」であり、あの源頼朝ですら「大納言」止まりであったこと、である。

対馬宗家が島津家に倣って官位昇進を願い出ること自体否定するものであり、実現可能性についてもないことが示された。その理由の核心は元々対馬宗家が少将になる家柄ではない、といったものであり、白石の関心に付け込んだ対馬宗家の思惑はあえなく潰えてしまった。しかし、瀧は諦めていなかったようで、白石が京都から戻り次第、再び相談に行くことを決めた模様である。(24)

おわりに

これまでの流れを整理すると、宝永七年(一七一〇)一〇月七日に白石と対面した杉村(対馬藩江戸家老)が礼曹参判書簡(書契)を土屋政直(幕府老中)に披露しない理由――幕府老中と礼曹参判の官位と「職分」が釣り合っていない――を聞き、翌八日に白石と対面した瀧(対馬藩江戸勘定役)が「武備之儀」「御官位之儀」の請願を行い、その結果を瀧から聞いた杉村が平田直右衛門(対馬藩国元家老)宛てに書状を認めた、といったことになるだろう。このとき杉村から平田に送られた書状の案文が度々引用してきた「直右衛門殿江之書状之案」である。しかし、この流れの中に「瀧六郎右衛門草稿」の存在を見出すことはできない。恐らくではあるが、「武備之儀」「御官位之儀」の請願を行った瀧がいつの時点かで作成し、平田宛て杉村書状とともに国元に送っていたのではないだろうか。(25)

平田宛て杉村書状、「瀧六郎右衛門草稿」が届けられた国元では、(26)杉村の戦略――白石に協力的な姿勢を見せることで、朝鮮貿易が危機に瀕した際の助力を得たい――もあって、白石から指示された「書付」＝「覚書」「日本朝鮮

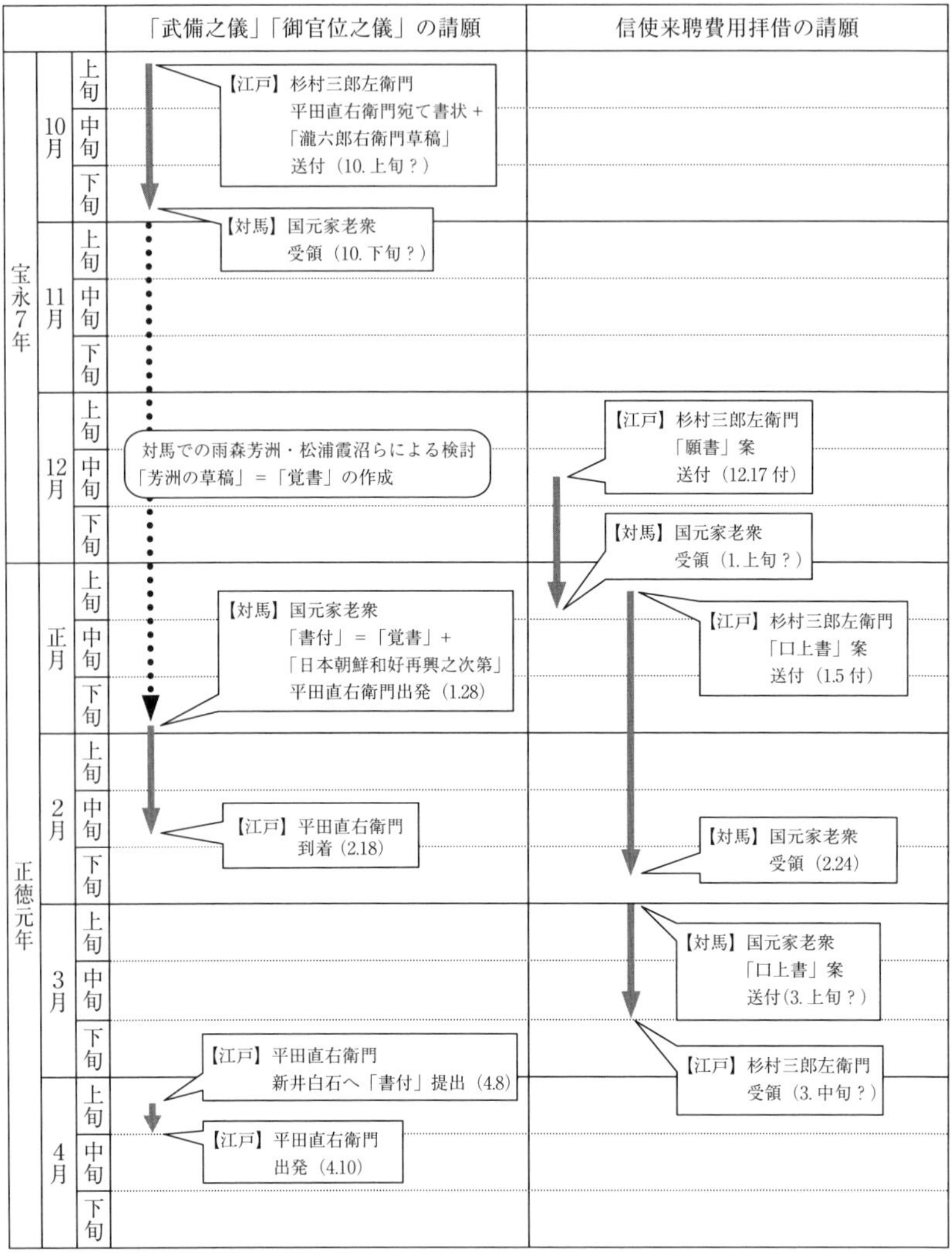

図3　「武備之儀」「御官位之儀」の請願と信使来聘費用拝借の請願に係る文書の流れ

和好再興之次第」が「瀧六郎右衛門草稿」を叩き台として、雨森芳洲や松浦霞沼らによって作成されていた(27)。完成した「書付」(「覚書」「日本朝鮮和好再興之次第」)は杉村の判断に基づいて後に国元家老の一人によってわざわざ江戸まで持ち込まれるといった演出がなされる。その一人に選ばれたのが平田であり、途中来聘費用拝借の請願を挟みつつも、正徳元年(一七一一)四月八日に目的を果たすことができた(【図3】)。「はじめに」で述べた平田による白石への「書付」提出である。

こうして来聘費用拝借以前から進行していた「武備之儀」「御官位之儀」の請願は、来聘費用拝借後に再開されるはずであった(本書第六章参照)。しかし、正徳度信使(一七一一年)が来聘したせいか、曖昧となってしまった模様である。「武備之儀」の請願は白石・芳洲論争に引き継がれていったと言えるが(28)、「御官位之儀」が改めて議論されることはなかった。「少将」任官を目指すどころではなくなってしまったというのが現状であろう(29)。

ところで、ここで注目しておきたいのは、平田が提出した「書付」のうち「覚書」の方である。すでに全文翻刻もなされているが(本章註2参照)、「朝鮮之押」が登場する。まずはどのような文脈で用いられているのかを確認しよう(30)。

覚書

対州(対馬)之儀、外国を引請候日本藩屏之地ニ而御坐候付、武備厳重ニ無之候而者決而難罷成候、其故ハ本朝(日本)之儀唐(中国)・韃靼程之大国ニ而者無御座候得共、土地之冨饒、殊更金銀之有余、雖大国可愧所無之候付、外国ゟ望を掛ヶ、四百年以前ニも元之世祖両度迄大軍を起シ被侵日本候、左様之節者対州程外国ニ近キ所者無御座候付、世祖茂高麗を先導として対州江被攻来、文永十一年(一二七四年)十月対馬守宗右馬允助国致戦死候、対州武備之強弱ハ外国見掛之軽重ニ掛り、外国見掛之軽重者日本国中之吉凶ニ預り候而、至極大切成藩屏之地ニ而御座候、殊朝鮮之儀小国ニ而者候得共、中華を頼、一国を構へ候所ニ而、容易ニ取扱候儀難仕、其上国之強弱も時ニ随而変化仕者ニ御坐候故、対馬守（対馬藩主）儀代々油断可致様無之、朝鮮江和（倭）館を構江人数を差置、北京・朝鮮之時勢を窺せ、又者対州ニ両関所（鰐浦・佐須奈）、其外所々ニ遠見番所を申付、人数を宛置、郷村ニハ民居之多少ニ応シ郷士・農兵を召置キ、糧食を与へ、武芸を嗜せ、昼夜無間断外国之様躰を相考、尤参勤之儀ハ諸御大名様方同前ニ隔年ニ勤之候、彼是少人数ニ而ハ難成、責而拾万石之分限程之人数所持不仕候而者、朝鮮之押旁相勤り不申、只今迄其通りニ仕来り候、…

「朝鮮之押」は「朝鮮国之押へ」と同じであり、「朝鮮之押旁」は朝鮮通交を含む領内仕置と解することができる（本書第五章参照）。「朝鮮之押旁」を担うのに「責而拾万石之分限程之人数」が必要であるとしており、「拾万石之分限」＝「十万石以上格」＝対馬（＋田代領）・朝鮮といった等式が成り立つ。ここでも対馬宗家の朝鮮通交は「朝鮮之押」（「朝鮮国之押へ」）と表現されているのである。そもそも「朝鮮国之押へ」は「往古銀御免」実現の過程で平田ないし杉村が小笠原隼之助（土屋用人）を介して土屋に耳打ちさせたものであったから、これが平田持参の「覚書」にある事実は「瀧六郎右衛門草稿」作成段階において杉村の入れ知恵によって盛り込まれたか、芳洲・霞沼らによる「芳洲の草稿」＝「覚書」作成段階で平田が入れ知恵したものか、のいずれかであろう。

「覚書」の内容は来聘費用拝借実現の過程で杉村が国元に対して送った「口上書」案とかなり近似していることが分かる（本書第六章〔史料編〕参照）。この「口上書」案はそれを国元に持参した吉野五郎七（対馬藩江戸仮勘定役）の到着遅れで平田の対馬出発には間に合わなかったことから、芳洲らによる「覚書」の作成過程に杉村の「口上書」案は参考にされなかったことになる。とすれば、「覚書」の前提となった「瀧六郎右衛門草稿」自体が内容的に「口上書」案と近似したものだったのだろう。いや「口上書」案の方が「瀧六郎右衛門草稿」をもとに作成されたと言った方が正しいかもしれない（時系列としては「瀧六郎右衛門草稿」の方が「口上書」案よりも先に作成されている）。このように考えれば「瀧六郎右衛門草稿」に杉村の入れ知恵として「朝鮮之押」が盛り込まれ、それがそのまま芳洲らの検討を経て「覚書」に記されたと見るべきであろう。(31)

では何故ここで「朝鮮之押」が用いられたのであろうか。注意すべきは、杉村が作成した（作成に関与した）全ての文書に「朝鮮之押」が使われているわけではない、といったことである。たとえば、杉村が作成した「口上書」案には「藩屏」は六ヶ所見えても「朝鮮之押」は一ヶ所もない（本書第六章〔史料編〕参照）。ここから「朝鮮之押」の使用に区別があったことが分かる。その区別とは何か。――それは提出先が白石か否かであっただろう。

そもそも「覚書」が作成されたのは白石の要請があったためである。白石は瀧に「武備之儀」の内容を「書付」としてまとめてくるよう指示していた（本章第二節参照）。瀧は多少の抵抗を試みるも、最後は白石に言いくるめられてしまい、杉村に報告する過程で「瀧六郎右衛門草稿」を作成するに至った。ここで杉村が「朝鮮之押」を入れ知恵したのは軍事的な言辞が経済的支援に結び付きやすいことを理解していたためであろう（本書第五章参照）。加えて注目したいのは、瀧が同時に「御官位之儀」の請願を白石に対して行っていたことである。「御官位之儀」は先例なしとの理由で白石から素気無く断られるが、そもそも対馬宗家が「御官位之儀」を白石に対して請願したのは、島津家の官位昇進慣行の成立もさることながら、白石が幕府老中と礼曹参判の官位と「職分」の不一致に並々ならぬ関心を抱いていたためであろう。対馬宗家は白石のそうした考えに付け込むかたちで藩主の「少将」任官を画策した。繰り返しになるが、この時点で「少将」任官は叶わない。しかし、瀧が「御官位之儀」を諦めていなかったことはもっと注意されてよい。「御官位之儀」がこのとき限りのものではなかったことを意味するからである。(32)

このような過程を経て「武備之儀」「御官位之儀」の請願後まもなくに「瀧六郎右衛門草稿」が作成されるに至った。白石と瀧との直接のやり取りに「朝鮮之押」が見えないことを踏まえれば、やはり同語は「瀧六郎右衛門草稿」

作成段階に至って杉村が入れ知恵したものと考えることができる。「朝鮮之押」が用いられたのは何も「武備之儀」を叶えるためだけではない。藩主が現在の地位（従四位下・侍従・対馬守）以上に昇進するためには、現藩主が以前の藩主とは〝異なる〟姿をこそ見せる必要があった。そのため武鑑の改訂（元禄一五年（一七〇二））によって通念化された「十万石以上格」と、それとの親和性の高い「朝鮮之押」が用いられることとなった。「朝鮮之押」はこの段階に至って初めて幕府宛ての文書に記されたが、それは白石を説得するための方便としてだったのである。

註

（1）田代和生「対馬藩経済思想の確立」（同『日朝交易と対馬藩』創文社、二〇〇七年（初出二〇〇〇年））五二頁。

（2）ともに長崎県対馬歴史研究センターに「宝永八辛卯正月平田直右衛門江戸表御使者被仰付候節持越候帳面之控」（長崎県対馬歴史研究センター所蔵「宗家文庫史料」記録類3-1-5）、「宝永八辛卯正月平田直右衛門江戸表御使者被仰付候節持越候帳面之控」（同所蔵「宗家文庫史料」記録類3-1-6）として控が伝わっており、田代前掲「対馬藩経済思想の確立」六二〜七〇頁で全文翻刻されている。同名の史料であるため本章では前者を「覚書」、後者を「日本朝鮮和好再興之次第」として区別している。

（3）田代前掲「対馬藩経済思想の確立」五二頁。

（4）白石は元々「勘解由」であったが、正徳元年（一七一一）一〇月一一日に叙任され、「筑後守」を名乗るようになっていた（新井白石（松村明校注）『折たく柴の記』（岩波書店、一九九九年）一九四頁）。

（5）白石・芳洲論争とは正徳四年（一七一四）から同五年（一七一五）にかけて、白石と芳洲が江戸で繰り広げた経済論争のことである。国家的な見地から外国への銀輸出を抑制しようとする白石と、藩経済を守る観点から銀輸出の増額、あるいは石高への振替えを要求する芳洲といった構図で展開される。書面を含めた対面は三度行われ、最終的には白石から「対馬からの銀輸出はやむなし」との結論を引き出すことに成功した。同論争については田代前掲「対馬藩経済思想の確立」に詳しい。

（6）田代前掲「対馬藩経済思想の確立」一八〜七〇頁。江戸で「瀧六郎右衛門草稿」が作成された後に、対馬で芳洲らの改訂が加えられ（「芳洲の草稿」）、それが「覚書」として白石に提出された「書付」の一部となった、という流れである。「芳洲の草稿」＝

「覚書」が「宗対馬守書付」に改められるのは白石・芳洲論争の際であり、今回ではない。

（7）「瀧六郎右衛門草稿」の存在に初めて注目したのは泉澄一氏である（同「通信使および江戸の御用と芳洲」〈同『対馬藩藩儒雨森芳洲の基礎的研究』関西大学出版部、一九九七年〉三〇八～三〇九頁）。しかし、成立年を元禄一三年（一七〇〇）と誤って比定したことから、後に田代和生氏によって宝永六年（一七〇九）～同七年（一七一〇）ごろと改められるに至った（田代前掲「対馬藩経済思想の確立」四～五頁）。しかしその田代氏も、白石・芳洲論争の過程解明に注力したため、「瀧六郎右衛門草稿」がいつどのような目的で作成されたのかを明らかにしなかった。ちなみに「瀧六郎右衛門草稿」の原本及び写は見付かっておらず、正確な内容は分かっていない。

（8）深井雅海『日本近世の歴史3　綱吉と吉宗』（吉川弘文館、二〇一二年）九〇～九一頁。

（9）三宅英利「新井白石の制度改変と通信使」（同『近世日朝関係史の研究』文献出版、一九八六年〈初出一九八五年〉）三八五頁。

（10）「直右衛門殿江之書状之案」（長崎県対馬歴史研究センター所蔵「宗家文庫史料」一紙物641-29）。本節では特に断らない限り同史料による。「直右衛門」とは平田直右衛門のことであり、同史料は杉村（江戸家老）から平田（国元家老）に対して送られた書状の案文である。この当時平田はまだ江戸にはおらず対馬に在国していた。平田に送られた書状の中に白石とのやり取りが記されていたということである。

（11）高埜利彦「一八世紀前半の日本―泰平のなかの転換―」（『岩波講座　日本通史　第13巻　近世3』岩波書店、一九九四年）四四～四五頁には「武家官位装束考」が引かれ、白石が構想した勲位制度に触れる。

（12）「鶴峯集」は壬辰戦争時に朝鮮国慶尚道観察使を務めた金誠一が著した詩文集のことである。彼は宣祖二六年（一五九三）に陣中で没したが、それ以前の天正度信使（一五九〇年）の際に副使として来日し、日本紀行文「海槎録」を著していた。「海槎録」は「鶴峯集」の中に収められ、天正度信使（一五九〇年）に関して多くのことを記すから、杉村によって白石に提供されることとなった。ちなみに「鶴峯集」の「鶴峯」とは金誠一の号であり、彼は李滉（退渓）に儒学を学び、弘文館副提学や羅州牧使などを歴任した（辻大和「朝鮮王朝の国家的危機克服―秀吉の侵略と後金（清）の侵入―」〈『アジア人物史　第7巻　近世の帝国の繁栄とヨーロッパ』集英社、二〇二二年〉四六一頁）。

（13）前掲「直右衛門殿江之書状之案」。

（14）「宝永新例」については、太田勝也「宝永期における貿易政策の展開」（同『鎖国時代長崎貿易史の研究』思文閣出版、一九九二年〈初出一九九〇年〉）、中村質「正徳新例体制と長崎会所」（同『近世長崎貿易史の研究』吉川弘文館、一九八八年）三三九頁、木村直樹「一八世紀の対外関係と長崎」（藤田覚編『一八世紀日本の政治と外交』山川出版社、二〇一〇年）一六九〜一七二頁で触れられている。

(15)「新井勘解由殿近日御用有之京都江御登ニ付瀧六郎右衛門為御届去ル八日罷出候刻申入候口上幷御答之覚」（長崎県対馬歴史研究センター所蔵「宗家文庫史料」一紙物1165-1）。本節では特に断らない限り同史料による。

(16)二郎・右馬允。史料上判明する対馬宗家最古の当主（荒木和憲『対馬宗氏の中世史』〈吉川弘文館、二〇一七年〉一六頁）。

(17)ここで言う中国の脅威とは清朝中国による具体的なものではなく、歴史的に見た漠然としたものであろう。

(18)対馬宗家は貞享三年（一六八六）七月二一日に、①日本ゟ差渡候諸色朝鮮ゟ買調候品々之覚書一冊、②朝鮮江差渡候送使人数幷音物之覚書一冊、③内証向之覚書を阿部に提出していた（本書第五章参照）。これ以外の提出は管見の限り見当たらない。

(19)白石が対馬宗家を介して「相当な量の朝鮮関係の知識や情報を得ていた」ことはすでに指摘されている（田代和生「日朝交流と倭館」〈丸山雍成編『日本の近世　第6巻 情報と交通』中央公論社、一九九二年〉一一三頁）。

(20)前掲「直右衛門殿江之書状之案」。

(21)前掲「新井勘解由殿近日御用有之京都江御登ニ付瀧六郎右衛門為御届去ル八日罷出候刻申入候口上幷御答之覚」。本節の以下の記述は特に断らない限り同史料による。

(22)横山學「琉球国使節の展開」（同『琉球国使節渡来の研究』吉川弘文館、一九八七年）六一〜七一頁、紙屋敦之「江戸上り」（池宮正治・高良倉吉・田名真之・豊見山和行・岡田輝雄編『新琉球史―近世編（下）―』琉球新報社、一九九〇年）一八〜二〇頁、同「幕藩体制下における琉球の位置―幕・薩・琉三者の権力関係―」（同『幕藩制国家の琉球支配』校倉書房、一九九〇年〈初出一九七八年〉）二五二頁、同「琉球使節の江戸上り」（同『大君外交と東アジア』吉川弘文館、一九九七年〈初出一九九〇年〉）一三九〜一四一頁など。なおこれまで琉球使節の派遣拒否問題を幕府が検討し直す過程で島津家の官位昇進慣行が成立したと考えられてきたが、近年その点は見直されている（木土博成「宝永・正徳期の幕薩琉関係」〈同『近世日琉関係の形成―附庸と異国のはざまで―』名古屋大学出版会、二〇二三年〈初出二〇二一年〉〉三三六〜三四七頁）。

(23)後に国元では江戸藩邸の要請に基づいて、秀吉による九州平定後の宗義調《よししげ》・昭景《あきかげ》（後の義智）の官位を調べることになった。しかし、その結果は両名の官位は明確には分からないといったものであった（「就夫御家譜相考候処、〔宗〕義調様・昭景様〔宗義

智〕、太閤様〔豊臣秀吉〕薩摩御帰陣之節、筑前於筥崎御目見被成、御拝領物有之為ル趣相見へ■■、御一世御官位之義者見へ不申候」〔「辛卯信使来聘前秋元但馬守様より御留守居山川作左衛門被召寄此方御先祖義調様御官位被蒙仰年号月日相知候ハ、書付被差出候様ニ被仰渡候段杉村三郎左衛門方より申来候付返答申遣候書状之写」〈長崎県対馬歴史研究センター所蔵「宗家文庫史料」一紙物 553-2-11-1〜2〉〕。

(24) 白石は宝永七年（一七一〇）八月一〇日に京都にて中御門天皇の即位式（一一月一一日）を拝観するよう命ぜられており、琉球使節と会した後に江戸出発、即位式拝観まもなくに京都を発つ予定であった〔横山前掲「琉球国使節の展開」一二六〜一二七頁〕。瀧はこの予定を白石から聞いていたものと思われるが、実際に白石が江戸を発ったのは一〇月一二日のことであり、さらに滞在先の京都を出発したのは正徳元年（一七一一）一月二一日のことであった〔前掲『折たく柴の記』一九二〜一九四頁〕。白石の出発が遅延した理由は分かっていない。

(25) そのような意味で「瀧六郎右衛門草稿」の成立を宝永六年（一七〇九）〜同七年（一七一〇）ごろと推測した田代和生氏の指摘は正しい（本章註7参照）。

(26) 前掲「直右衛門殿江之書状之案」の年紀は「十月」としか記されていない。平田宛て杉村書状、「瀧六郎右衛門草稿」は白石との対面を終えた宝永七年（一七一〇）一〇月八日以降まもなくに作成され、一〇月下旬には対馬に着いていたものと思われる。

(27) ここで「覚書」に加えて「日本朝鮮和好再興之次第」が作成されたのは、書簡（書契）に関する白石の質問――幕府老中と礼曹参判が交わした書簡（書契）は寛永一三年（一六三六）が初見か否か――に瀧が返答した際、白石から「右信使幷書翰〔書契〕之儀ニ付、和好之次第、朝鮮筋対州之義」の詳細を尋ねられたためであろう。この質問を受けて瀧は「武備之儀」の請願を行うに至った（本章第二節参照）。なお「日本朝鮮和好再興之次第」については、田代前掲「対馬藩経済思想の確立」五五〜七〇頁で詳細に触れられているほか、近年では池内敏「柳川一件における国書改竄問題」（同『徳川幕府朝鮮外交史研究序説』清文堂出版、二〇二四年〔初出二〇二二年〕）五八・四五〇頁にも指摘がある。

(28) 田代前掲「対馬藩経済思想の確立」を見れば、白石・芳洲論争が「武備之儀」を引き継いだ内容であったことが了解される。つまり白石・芳洲論争の原点は宝永七年（一七一〇）一〇月七〜八日に行われた白石と杉村・瀧との対面にあったと言えるのである。

(29) 藩主の「少将」任官が実現するのは、天保八年（一八三七）一二月一六日の義質《よしかた》（一二代藩主）のときである〔「宗義質左近衛権少将宣旨竝口宣案」〈国史編纂委員会所蔵「ガラス乾板写真」사자 0387〉〕。なお義質の「少将」任官については、藤田覚「近世

後期の武家官位と天皇」（同『近世政治史と天皇』吉川弘文館、一九九九年〈初出一九九七年〉）二七九頁などで触れられている。

（30）前掲「覚書」（「宝永八辛卯正月平田直右衛門江戸表御使者被仰付候節持越候帳面之控」）。

（31）小笠原（土屋用人）を使って土屋（幕府老中）に「朝鮮国之押へ」を耳打ちさせたのは平田であり、平田が芳洲・霞沼らの検討の際に入れ知恵したという可能性も排除できない。ただ耳打ちさせた内容に直接杉村の名前が出てくることから（「…暫茂交易断絶仕候而ハ、対州之者難義ニ及候与之義〈杉村〉三郎左衛門申聞候」〈「朝鮮渡銀位御願之通往古銀御免被蒙仰候記録　壱」〈国立国会図書館所蔵「宗家記録」WA1-6-40〉〉、本書第五章参照）、入れ知恵したのは平田ではなく杉村と判断できる。

（32）瀧は白石が京都から戻り次第、再び「御官位之儀」を請願するつもりでいた（本章第三節参照）。

終章　「家業」と「家役」のあいだ

これまで江戸幕府と対馬宗家がいかに対朝鮮外交に向き合ってきたのか、そして対馬宗家の自己認識の出現について対幕府交渉の観点から見てきた。終章では各部の振り返りを行うとともに、それらを踏まえてどのようなことが言えるのかについて、今後の課題と併せて提示しておきたい。

一　対朝鮮外交と江戸幕府

第一部では対朝鮮外交に対する幕府の態度を明らかにするため、朝鮮国王宛て徳川将軍書簡・別幅（第一章）、寛永一三年度徳川家光書簡・別幅（補論一）、朝鮮御用老中（第二章）を取り上げた。

将軍書簡・別幅は朝鮮通信使（回答兼刷還使を含む）がもたらす朝鮮国王書簡・別幅の返書として作成され、幕府―朝鮮間における数少ない外交行為の一つともなっていた。朝鮮国王書簡・別幅が日本側に残されているように、将軍書簡・別幅も韓国に残されて然るべきものであるが、一点も確認されていないというのが現状である。よって第一章では将軍書簡・別幅がいかなる様式・形態を持っていたのかについて提示することにし、そこから幕府の朝鮮外交の実態を読み取ろうとした。

講和成立に伴い、慶長度信使（一六〇七年）が日本に派遣されると、幕府は返書を用意しなければならなくなった。

そこで参考にされたのが足利将軍時代以来の伝統であり、より直接的には豊臣秀吉が過去に発出したことのある書簡であった。このようなかたちで作成された慶長度秀忠書簡（一六〇七年）は、その後の元和度秀忠書簡（一六一七年）、寛永元年度家光書簡（一六二四年）へと引き継がれていく。しかし、「柳川一件」の結審（寛永一二年〔一六三五〕）を経て、幕府は料紙などの一部を改めることとなる。寛永一三年度家光書簡・別幅（一六三六年）がそれであるが、正徳度家宣書簡・別幅（一七一一年）を除いて、様式・形態が踏襲されていることを考えれば、将軍書簡・別幅の確立は寛永一三年度家光書簡・別幅（一六三六年）に求めることができよう。

一方で幕府は将軍別幅以外の別幅を朝鮮国王宛てに送ることもあった。将軍世子（若君）や大御所（太大君）がいるときであり、先に朝鮮国王からもたらされることで作成がなされた。それぞれの初例は寛永二〇年度竹千代別幅（一六四三年）、寛延度吉宗別幅（一七四八年）である。ともに拠るべき先例がなかったことから、将軍別幅を参考にしつつ、もたらされた朝鮮国王別幅を反復するかたちで作成された。結果として若君別幅は天和度徳松別幅（一六八二年）、太大君別幅は寛延度吉宗別幅（一七四八年）をもって確立することとなった。

こうして将軍書簡・別幅、その他の別幅は確立していったが、その背景には少なからず幕府の朝鮮外交経験の乏しさが影響していた。過去の事例を参照したり、朝鮮のものを反復したりする行為は、幕府が独自のものを打ち出すことができなかったことを意味する。平和裡に日朝関係を維持したい幕府は、基調として朝鮮と衝突することを極力避けていたのである。だからこそ文化度信使（一八一一年）に至ってもなお外交印の変更一つ朝鮮側に知らせねばならなかった。ここから幕府が朝鮮外交経験の乏しさから、前例踏襲や反復でしか将軍書簡・別幅を作成できなかった事情が窺える。(1)

一方で先に将軍書簡・別幅が寛永一三年度家光書簡・別幅（一六三六年）をもって確立したことを述べた。当該書簡・別幅は初めて「大君」号が設定された朝鮮国王書簡・別幅に対する返書であり、かつ日本年号が記された最初の書簡・別幅でもあった。ゆえにこれまでも「大君外交体制」を象徴するものとして位置付けられ、荒野泰典氏によって朝鮮を一等下に見据える態度＝朝鮮蔑視とも結び付けられてきた。しかし、「柳川一件」前後の状況を網羅的に分析した池内敏氏によって「武家による新たな伝統の創造」であったことが確認され、少なくとも朝鮮蔑視とは無関係であることが明らかとなった。

ただそれでも気になるのは、何故「柳川一件」直後の書簡・別幅から「大君」号の設定や日本年号の使用がなされたのか、といったことであろう。寛永元年度家光書簡（一六二四年）でも、寛永二〇年度家光書簡・別幅（一六四三年）でもよかったはずである。加えて当該書簡・別幅における変化は何もこの二つにとどまるものではない。料紙や収納箱なども変わっていたからである。様式・形態上の全ての変化を抽出したうえで、総合的に評価する必要があるだろう。補論一はそのために設定された。

注目したのは、寛永一三年度家光書簡・別幅（一六三六年）が作成される直前の家光の状況である。家光は元和九年（一六二三）に将軍襲職を果たしていたが、大御所秀忠の陰に隠れた存在であった。寛永元年度家光書簡（一六二四年）が家光名義で作成されながらも、それ以前の慶長度秀忠書簡（一六〇七年）、元和度秀忠書簡（一六一七年）を踏襲していたのはまさにこのような事情からである。しかし、寛永九年（一六三二）に大御所秀忠が没すると、家光は独自の政権運営を求められるようになった。病を抱え、後継者不在の中での政権運営はさぞかし不安であっただろう。そうした中で「柳川一件」が結審し（寛永一二年〔一六三五〕）、信使来聘が決定するのである。派遣名目が「泰平の賀」であったことは一見奇異に映るが、家光の威光を弥増すための措置であったと考えれば容易に理解することができる。そしてこのとき渡される家光書簡も前回のものから変わらざるを得ない。料紙はより煌びやかな「金紙」

が選択され、年号には日本年号が用いられた。(2)「大君」が自称としてではなく対称として設定されたのも、相手から呼称されてこそ〝変わった〟姿を明瞭に示すことができたためであろう。

しかし、国内的な論理でもって一方的に様式・形態を改変しては前例踏襲を旨とする朝鮮側の反発を招きかねない。ゆえに幕府は「柳川一件」を政治利用することも忘れなかった。朝鮮側から指摘された際には「〔柳川〕調興之大罪」であることを強調することで、将軍書簡・別幅が従来通りであ
ることを示そうとしたのである。調興によって偽造・改竄された将軍書簡しか受け取ってこなかった（ことになっている）朝鮮は、(3)幕府の説明を信じざるを得ない。このようなかたちで幕府は特に朝鮮側と衝突することもなく将軍書簡・別幅の改変に成功したのである。「柳川一件」直後の寛永一三年度家光書簡・別幅（一六三六年）が大きく変わっていたのは、まさにこのような事情を反映していたためであった。そしてその書簡・別幅が踏襲されていった現状に鑑みれば、将軍書簡・別幅自体に幕府の朝鮮に対する何らかの意志が込められるようなことはなかったと言うことができる。

さて、第一章・補論一で幕府の朝鮮外交に対する幕府の態度を明らかにしたが、第二章では対馬宗家の朝鮮通交に対する幕府の態度を考察した。幕府は天和度信使（一六八二年）の聘礼が終わってすぐに堀田正俊（幕府大老）を朝鮮御用老中に就任させた。答礼品の準備や徳松（綱吉嫡子）への拝謁手続きに関する協議が目的であったが、信使帰国後も堀田との関係が続いていたことを考慮すると、朝鮮御用老中は信使来聘以前から続く対馬宗家と堀田との関係性を追認したものと言える。ゆえに堀田の後任は考えられておらず、堀田が引退、あるいは死去すれば自然と解消するものであった。そして堀田は貞享元年（一六八四）に稲葉正休（幕府若年寄）によって殺害されるのである。

これを受けて対馬宗家はすぐに後任設置要求を展開した。牧野成貞（幕府側用人）によって一度は設置不可の方針が示されるも、対馬宗家は諦めることなく要求を続け、ついに阿部正武（幕府老中）の就任が実現するのである。そ

の後も朝鮮御用老中就任者が死去したり、引退したりするたびに設置要求を繰り返し、阿部の後任は本多正永（幕府老中）、本多引退後は土屋政直（幕府老中）といったように継続していく。一過性のものであるはずの朝鮮御用老中が対馬宗家の執拗な設置要求によって一つの〝役職〟として常置されたのである。

ただ享保三年（一七一八）に土屋が幕府老中を引退すると、朝鮮御用老中は「中絶」を迎える。対馬宗家はこのときも設置要求を展開したらしいが、理由は不明ながらそれが叶うことはなかった。堀田以来連綿と続いてきた朝鮮御用老中は、ついに享保三年（一七一八）に「中絶」することとなったのである。しかし、文化一三年（一八一六）になって朝鮮御用老中は復活する。その理由も、この間対馬宗家が設置要求を展開していたのかどうかも定かでないが、約一世紀もの「中絶」期間を経て再び朝鮮御用老中は復活したのである。史料上ではこの後、就任者が代わりながら阿部正弘（幕府老中）まで続いたことが確認できる。

朝鮮御用老中のこのような実態に鑑みれば、必ずしも朝鮮通交の専門家ではなかったことが明らかだろう。堀田こそ専門知識や経験を買われて就任した可能性があるが、以降の朝鮮御用老中は対馬宗家の設置要求の繰り返しによって、いわばやむ無く設置された感がある。就任のたびごとに対馬宗家が「朝鮮関係書類」に基づく説明を行っていたことは、逆に朝鮮御用老中に専門知識や経験がなかったことを裏付ける。朝鮮御用老中は綱吉政権期に見られた「御用掛り」制の一環として見た方がよく、ゆえに後任設置もなかったと考えることができる。専門知識や経験のない幕府老中が充てられたことは、少なくとも堀田以降の朝鮮御用老中に対馬宗家の朝鮮通交を「統制」させる意図がなかったことを意味する。以酊庵輪番制が監察を目的としたものではなかったのと同様、幕府は対馬宗家の朝鮮通交を朝鮮御用老中によって「統制」させようとしていたわけではなかったのである。

以上、第一部の検討から明らかになったことは、幕府が自らの朝鮮外交を積極展開する意志を持たず、また対馬宗家の朝鮮通交を「統制」する意図も持ち合わせていなかったという事実であろう。ただし、これらは基本的にといった留保が付き、全ての期間に満遍なく当てはまるものではない(4)。幕府は安定した日朝関係の維持をこそ基調としていたが、対朝鮮外交に対する態度がこのようなものであったために基調とせざるを得ない側面もあったことを指摘しておきたい。

二　対朝鮮外交と対馬宗家

第二部では対朝鮮外交に対する対馬宗家の態度を明らかにするため、宗義智・義成期（第三章）、義真・義倫・義方期（第四章）を検討の対象とするとともに、彦千代・岩丸両児名図書の受領過程（補論二）を取り上げた。

関ヶ原の合戦で軍事的覇権を確立した徳川家康は、朝鮮との講和成立に「強い関心」を抱いていた。講和成立が領国再建につながる義智（初代藩主）は、家康の「強い関心」を忖度し、「通信使」招聘や被虜人送還を積極的に行っていくのである。慶長九年（一六〇四）に来島した第三回偵探使（惟政・孫文彧）によって「許和」が伝えられると、義智は彼らを家康・秀忠のもとへと案内する。これをもって講和成立と見做した家康は、「通信使」招聘の意向を改めて対馬宗家に示すのである。この後、実際に慶長度信使（一六〇七年）が来日し、名実ともに講和が成立することとなった。

幕府は慶長度信使（一六〇七年）が来聘した時点で対馬宗家に朝鮮通交を任せる意向であった。しかし、義智在世中にそれが伝えられることはなかったのである。そのせいもあってか、対馬宗家では正史＝「宗氏家譜」（貞享本）の「義智君」項に、①秀吉の死後まもなくに家康から講和交渉開始指示がなされたこと、②第三回偵探使（惟政・孫文或）を接見させた際に本多正信から「汝既掌二両国之通交一而、為二本国之藩屏一故、自今以後許二毎年之参勤一須二三年一参勤一、以述二其職一乃加二賜二千八百石地一」と伝えられたこと、を載せている。「宗氏家譜」（享保本）の段階で接見時の記事（②）は改訂されたが、講和交渉開始指示の部分（①）はそのまま残された。家康の指示がない中で義智が講和交渉に奔走した大義名分を壬辰戦争直後に求める必要があったからであろう。当該期において義智は幕府から朝鮮通交を直接命じられていたわけではなかったのである。

義智の跡を継いだ義成（二代藩主）は家督相続と同時に朝鮮通交が命じられた。それは以前から幕府の中で対馬宗家に朝鮮通交を任せることが確定的になっていたためであろう。ただ義成は若年（当時一二歳）であったから、重臣らによる合議制と威徳院（義智正室）による裁可といった体制が敷かれていた。加えて義智は柳川調興を家康の小姓として送り出しており、いずれは「対馬事」を任せる意向であった。そのことを象徴するかのように、元和度信使（一六一七年）来聘に合わせて初帰国を果たした調興は、義成から「公儀〔江戸幕府〕之御奉公幷嶋〔対馬〕中・朝鮮下知之儀」＝朝鮮通交を含む領内仕置が命じられたのである。これは柳川調信・智永に準じた扱いと言うことができ、もって義成に調興起請文を提出した。

しかし、上京使をめぐる一件から両者の対立は深刻なものとなり、調興によって将軍書簡の偽造・改竄が幕府に暴露される。家光は調興の〝独断専行〟を全面的に認める親裁を行ったが、その内容は義成にも一定程度の責任があることを示すものであった。それでも義成には改めて朝鮮通交が命じられ、ここに朝鮮通交が対馬宗家の「家業」＝領内仕置の一環として位置付けられるに至ったのである（「朝鮮之仕置以下如家業被仰付候」）。こうした処置に対して義成は「柳川一件」起請文を作成し、家光に対する感謝の念を伝えた。同趣旨が家綱将軍代替起請文においても継承されている事実は、義成が終生幕府に対する感謝を忘れることがなかったということであろう。第三章では義成期において朝鮮通交が家督相続時に命じられるようになり、「柳川一件」を経て改めて「家業」＝領内仕置の一環として認められたことを確認した。

義成死後、家督・朝鮮通交を相続した義真（三代藩主）は、いわば「柳川一件」を知らない世代である。生まれたとき（寛永一六年〔一六三九〕）には事件が結審しており、義成が単独で朝鮮通交を担う状況が公然と化していた。そのような義真が初めて幕府宛て起請文を提出したのは、綱吉将軍代替時（延宝八年〔一六八〇〕）のことである。提出された起請文には幕府に対する感謝の念や朝鮮通交が「家業」＝領内仕置の一環であるとする認識は見られない。「柳川一件」を知らない世代であることから、義真には引き継がれなかったとも考えられるが、綱吉将軍代替起請文自体、大名間で形式の統一がなされたと言うから、義真は先の認識を書き込みたくとも書き込めなかったと見るべきだろう。義真期にはもう一度幕府宛て起請文が提出されている。天和二年（一六八二）に堀田正俊（幕府大老）が朝鮮御用老中に就任した際であり、そのときの起請文にも右の認識は確認できない。確かに義真は義成のときのように直接的な表現こそしなかったが、そのことが必ずしも認識を持っていなかったことと同義ではなかろう。起請文の形式統一といった全体的な動向に従いながらも義真は、先の認識を内面化していったものと考えられる。

その義真は三〇年以上にもわたって藩政を運営したが、病気を理由に隠居し、家督・朝鮮通交を義倫（四代藩主）へと譲る。しかし、義真は国元で大人しく隠居していたわけではなかった。義倫が初入国に向けて出発する際には幕府宛て起請文＝藩主代替起請文を提出させたりしている。これは後に藩主代替時の先例となっていくものであるが、同起請文は一見すると将軍代替起請文と同じであり、わざわざ提出する必要がないもののように感じられる。藩主代替起請文は全ての大名家が提出していたわけではなく、また出さなかったからと言って、不利益を被るようなものでもなかったからである。であればこそ何故藩主代替起請文が提出されるようになったのかが問われなければならないが、第四章では義真期から見られる幕府の「軽々敷」態度と結び付けて考えた。たとえば、堀田正俊（幕府大老）から阿部正武（幕府老中）に朝鮮御用老中が交代した際、義真は朝鮮御用老中就任起請文の提出を阿部から断られていた。堀田就任時は提出できたにもかかわらず、である。このような幕府の態度が対馬宗家にとって「軽々敷」ものに映り、藩主代替起請文を提出させるに至ったことは想像に難くない。義真は朝鮮通交の重要性を強調することで幕府の「軽々敷」態度を間接的に改めようとしていたのである。

しかし、義倫は藩主就任後まもなくに死去してしまう。跡を継いだのは義方であったが、出府した義方には家督相続しか認められなかった。つまり朝鮮通交が命じられなかったのであり、それについては義真が在国したまま再相続することとなった。理由は義真が幕府に対して義方が若年（当時一一歳）であり、一七～一八歳になるまで自身が朝鮮通交を務める旨を進言していたからである。確かにこの時期は「元禄竹島一件」が勃発しており、朝鮮との折衝を若年の義方が担うことは物理的に難しかったであろう。しかし、事件が終結してもなお義方に朝鮮通交が命じられていない現状に鑑みれば、「元禄竹島一件」が主因ではなかったことが分かる。朝鮮通交の重要性を強調するためには、若年の義方に朝鮮通交相続させるわけにはいかなかったのである。

幕府の「軽々敷」態度に対馬宗家が初めて触れたのは、管見の限り本多正永（幕府老中）や土屋政直（同）が朝鮮御用老中に就任した際（宝永初年）のことであっただろう。就任の通知が藩主にではなく、江戸留守居に対して伝えられたことを契機としている。ただ初見であるからと言って、幕府の「軽々敷」態度がこのときから始まったものと考えてはならない。それ以前から見られていたからこそ、義真は義倫に藩主代替起請文を提出させたのだろうし、若年の義方に朝鮮通交を相続させなかったのである。特に後者に関して義成（二代藩主）が若年（当時一二歳）で家督と朝鮮通交を相続していたことを想起すれば、いかに義真の影響力が強く働いていたのかが理解できる。義方は一八歳を迎えて朝鮮通交相続を果たすと、藩主代替起請文を提出し、初入国のため対馬へと向かったのである。

第三・四章では対馬宗家の朝鮮通交に対する対馬宗家の態度を明らかにしたが、補論二では幕府の朝鮮外交に対する対馬宗家の態度を考察した。対馬宗家は図書を用いて朝鮮通交を担っていたことが知られている。「兼帯の制」で九送使に集約された年例送使全てが図書によって運用されていたのである。とりわけ児名図書は義智が壬辰戦争で失効した図書の復旧に奔走する中で実現した。義成が受領した彦七図書、義真が受領した彦満図書に基づく児名送使船は、途中の併行使用の期間も含めて、約一世紀もの間運用がなされたのである。勿論、義倫を対象とした右京図書、義方を対象とした次郎図書の造給依頼もなされたが、朝鮮側の拒否に遭ってしまい、最終的には実現することがなかった。そのため義真の死去（元禄一五年〈一七〇二〉）に伴って彦満図書が返却されると、連綿と続いてきた児名送使船の派遣が停止するのである（児名図書の「中絶」）。

九送使の一減は当時貨幣改鋳の煽りを受けていた対馬宗家にとって由々しき事態であった。ゆえに彦千代・岩丸（ともに義方〔五代藩主〕庶子）をこれまでにない異例の早さで御目見させ、「立嫡の慶賀」という前例のない訳官使を朝鮮側に派遣してもらったのである。その訳官使を護送する名目で裁判を立て、児名図書の造給依頼と受領を行わせるといった流れが形成される。対馬宗家は造給依頼する際、幕府より「嫡子成」が認められたからこそ「立嫡の慶賀」を名目とする訳官使が派遣されたといった事実を強調し、背後に幕府の存在があることを朝鮮側に感じさせたのである。こうすることで一度は「中絶」した児名図書が復活することとなった。朝鮮側が児名図書の復活に応じたのは、拒否することで朝鮮―幕府関係に何らかの影響が生じることを危惧したためであろう。朝鮮側も幕府同様、朝日関係の安定を志向していたのであって、ゆえに幕府の存在を仄めかす対馬宗家の要請を無碍にはできなかったのである。

以上、第二部の検討から明らかになったことは、「柳川一件」を機に対馬宗家の朝鮮通交が「家業」＝領内仕置の一環として位置付けられるも、幕府側の「軽々敷」態度によって次第にその重要性を強調せざるを得ない状況に置かれていった事実であろう。一方で対馬宗家は自らの要求を朝鮮側に通すために幕府—朝鮮関係を利用するところがあり、より効果を持たせるためにも朝鮮通交の重要性を幕府に訴えて認めてもらっておく必要があった。

三　対馬宗家の対幕府交渉

第三部では対馬宗家の自己認識の出現を確認するため、「金高之儀」「御金拝借之儀」「往古銀御免」の請願（第五章）、正徳度信使来聘費用拝借の請願（第六章）、「武備之儀」「御官位之儀」の請願（第七章）を取り上げた。

「柳川一件」の後、対馬宗家は特に大きな制約を受けることなく朝鮮通交に臨むことができていたが、幕府財政に大きな比重を占める鉱山収入が減少して日本銀の海外流出が取り沙汰されるようになると、朝鮮貿易は次第にその影響を受け始める。初発は長崎で定高仕法が施行された翌年の貞享三年（一六八六）であり、これまで輸出限度額のなかったものが金一万八〇〇〇両に制限された。しかし、すでに指摘されているように、対馬宗家がその影響を受けることはほとんどなかった。幕府の目の届かないところで限度額以上の銀輸出を行っていたからである。その輸出量は長崎をも凌ぎ、貿易利潤もピークに達した。虚偽申告に基づく限度額を操作したところであまり意味はなかったということであろう。

ところが、元禄八年（一六九五）に国内通用銀が慶長銀（品位八〇％）から元禄銀（品位六四％）に切り替わると、朝鮮側から日本銀の受け取りを拒否されるようになる。こうした状況がしばらく続いたことで朝鮮貿易（私貿易）は

「重大な危機に遭遇」することとなった。ゆえに対馬宗家は、朝鮮に対しては元禄銀（品位六四％）の受け取りを交渉するとともに、幕府に対しては「金高之儀」「御金拝借之儀」の請願を推し進めていく。「金高之儀」は改鋳による目減り分の増額を図ろうとするものであったが、元々輸出限度額を守っていない対馬宗家にとって増額はさしたる意味を持たなかったであろう。これはむしろ「御金拝借之儀」と合わせることで効果を発揮するものであり、国内流通させるのに十分な量の朝鮮人参を確保する名目で幕府から資金調達することに重きが置かれていた。

ただ「金高之儀」を実現した時点＝元禄一三年（一七〇〇）において国元では、義真を中心に「御金拝借之儀」を願い出るべきではない、といった意見が大勢を占めていた。それは信使来聘のようないつ命じられるかも分からない重大事のために請願は取っておくべき、といった判断に基づくものであった。ここから対馬宗家もむやみやたらと請願を繰り返していたわけではなかったことが分かる。しかし、大浦忠左衛門（対馬藩江戸家老）は国元に対する説得を開始し、半ば強引なかたちで「御金拝借之儀」を幕府に願い出るのである。重大な請願を優先すべく一度は反故にされかけた「御金拝借之儀」は、大浦の働きかけによって幕府の入れるところとなり、朝鮮人参代「御引替」金三万両として結実する。

一方で幕府の貨幣改鋳は継続しており、朝鮮側に元禄銀（品位六四％）の受け取りを取り付けたところで埒が明かなかった。ゆえに対馬宗家はすでに「金高之儀」のときから助力を得ていた荻原重秀（幕府勘定奉行）と直接交渉に臨むのである。「往古銀御免」実現の過程についてはすでに明らかにされているが、第五章では「ちなミ」のあった小笠原隼之助（土屋政直〔幕府老中〕用人）に対して杉村三郎左衛門（対馬藩江戸家老）が土屋に耳打ちさせた内容、すなわち「朝鮮国之押へ」に注目した。朝鮮も含めた〝領知〟を対馬宗家が「押さへ」ているからこそ幕府から「十万石以上格」が認められているのであって、それが武鑑の改訂（元禄一五年〔一七〇二〕）で通念化されていたからこそ「往古銀御免」実現の過程で発露されるに至ったと考えた。軍事的な言辞が経済的支援に結び付きやすいことが考慮されたことは言うまでもない。

「往古銀御免」を実現してまもなく、対馬宗家は前年の宝永六年（一七〇九）に命じられていた信使来聘に向けて動き出す。上方に国元家老一名が派遣されて資金調達に当たっていたが、進捗していなかったようである。費用拝借の請願は先に見た国元の意向――信使来聘のようないつ命じられるかも分からない重大事のために請願は取っておくべき――にも適ったものであった。例によって荻原（幕府勘定奉行）に相談を行うとともに、小笠原（土屋用人）に対しても変わらぬ助力を依頼した。また土屋（幕府老中）の心証をよくするため、当時すでに進行していた「武備之儀」「御官位之儀」の請願を一旦は留め置くこととし、国元家老一名（平田直右衛門）がわざわざ江戸まで参上するといった演出がなされた。結果として対馬宗家は徳川御三家ですら前例のない金五万両の拝借に成功するのである。

第六章で特に注目したのは、土屋へ提出された「願書」「口上書」であった。「願書」には信使来聘が「異国江之御外聞」になることが明瞭に示されていた。信使来聘は幕府の「御美目」となるにもかかわらず、これまで対馬宗家の領内仕置の一環＝朝鮮通交としか理解されてこなかった（正確には朝鮮通交の一部）。朝鮮貿易が好調であればさして問題とならなかったが、貨幣改鋳によって利潤が目減りする中での負担は困難が伴う。ゆえに対馬宗家は「異国江之御外聞」、幕府の「御美目」を強調することで、幕府から拝借することの正当性を得ようとしたのである。

一方で「口上書」は長文の文書であったにもかかわらず、信使来聘に係る記述は限定的であった。それはその案文を作成した杉村自身が「朝鮮筋緊用之御事とも此度之信使ニ託し被仰上」と述べていたことからも分かるように、「朝鮮筋緊用之御事」を強調することで、対馬宗家が他の大名家とは決定的に異なることを幕府（土屋）に認識させる目的があったからである。自家の〈特殊性〉〈重要性〉を「藩屏」とともに繰り返す文書をこのたび初めて提出したわけだが、それはひとえに重大な請願を繰り返さざるを得ない対馬宗家の状況を幕府（土屋）に理解してもらうためであった。こうした主張が幕府に入れられたからこそ前例のない巨額の拝借が認められたのだし、信使来聘のたびごとに拝領・拝借が実現していることに鑑みれば、信使来聘が幕府の命じた「役」として双方間で了解されていた可能性がある。正徳度信使来聘費用拝借の請願は単に異例の拝借が認められたというだけでなく、朝鮮通交の一部（信使来聘）が「役」として幕府―対馬宗家間で了解され、常態化の端緒を開くことになったという意味において重要であったと言えるのである。

ところで、正徳度信使来聘費用拝借を実現するために一旦は留め置かれた「武備之儀」「御官位之儀」はいったいどうなってしまったのであろうか。杉村（対馬藩江戸家老）の判断に基づいて江戸参上を果たした平田（対馬藩国元家老）は、そもそも「武備之儀」「御官位之儀」に係る請願を新井白石に訴えるべく出府する予定であった。そうした中で急遽来聘費用拝借の請願が緊急性を帯びてきたために、予定を一部変更するかたちで江戸参上することになったのである。ただ平田は出府に際して「武備之儀」「御官位之儀」に係る請願を行うための「書付」を持参しており、それが来聘費用拝借実現後の正徳元年（一七一一）四月八日に白石へ提出された。

「書付」は「覚書」「日本朝鮮和好再興之次第」の二つからなる。前年の宝永七年（一七一〇）一〇月八日に瀧六郎右衛門（対馬藩江戸勘定役）が「武備之儀」の請願を行った際に白石から提出を命じられたものである。瀧は当初「書付」の提出を渋っていたが、白石に言いくるめられるかたちで了承し、杉村に事の次第を報告することとなる。杉村は未だ国元にいた平田に宛てて書状を書く中で、瀧に「瀧六郎右衛門草稿」の作成を指示し、添付したものと思われる。「瀧六郎右衛門草稿」はすでに指摘がなされているように、国元の雨森芳洲らの検討に付され、「芳洲の草稿」＝「覚書」として成立する。また「日本朝鮮和好再興之次第」も瀧が白石から講和成立の過程をまとめてくるよう指示されていたことに基づいて芳洲らの手によって作成された。この二つは出府する平田に託され、来聘費用拝借実現後に白石へ提出されることとなった。ところが、「書付」が提出されてもなお請願は再開されず、「武備之儀」のみが白石・芳洲論争へと引き継がれていく。

「書付」のうち「覚書」には「朝鮮之押」が使われていた。これは元々「瀧六郎右衛門草稿」に記され、芳洲らもそのまま採用したものであったが、第六章の来聘費用拝借の過程では特に同語の存在は認められない。「朝鮮之押」を創出したと思しき杉村が来聘費用拝借と「武備之儀」「御官位之儀」の請願に関与していたにもかかわらず、である。「朝鮮之押」が片方にしか見えない状況は奇異に映る。第七章ではこの点を提出先の違いに求め、「武備之儀」「御官位之儀」の請願を展開した白石にだけ用いられた言葉であったと推測した。つまり軍事的な言辞が経済的支援に結び付きやすいといった理由だけでなく、対馬宗家は藩主の「少将」任官を実現すべく、「十万石以上格」として「朝鮮之押」を担っている事実をこそ白石に示す必要があったのである。瀧が「御官位之儀」を請願した際には先例がないことを理由に白石から素気無く断られていた（宝永七年〔一七一〇〕一〇月八日）。だからこそこの次は現藩主が以前の藩主とは〝異なる〟姿を白石に示そうとしたのである。ゆえに白石に提出される「覚書」の方にだけ「朝鮮之押」が登場することとなった。以前の藩主とは〝異なる〟ことを示すためには、武鑑が改訂され、「十万石以上格」が通念化されておく必要があった。

以上、第三部を通じて明らかになったのは、重大な請願が幕府に対して繰り返し展開される中で、対馬宗家が自家の立場を「藩屏」、自家が担う朝鮮通交を「朝鮮之押」と表現していたことだろう。また朝鮮通交の一部（信使来聘）が「役」と化し、常態化の端緒を開いていたことも指摘した。

四　「役」と化する自己認識

幕府から対馬宗家に対して命じられた朝鮮通交は、義真（三代藩主）による重要性の強調といった段階を経ていた。それは朝鮮通交に対する幕府の「軽々敷」態度が一七世紀末期には目立つようになっていたからである。幕府が「軽々敷」態度をとっていたのは、何も朝鮮外交経験が不足していたためでも、朝鮮通交を「統制」するだけの主導性を発揮し得なかったためでもない。朝鮮通交が対馬宗家の「家業」＝領内仕置の一環であり、干渉すべき対象ではない、といった認識を持っていたことによっている。[5]そのような意味で幕府は対馬宗家を特別視していたわけではなかったことが分かる。幕府にとっては他に同じく一大名家に過ぎなかったのである。しかし、幕府のこうした態度に対馬宗家は不満であった。ゆえに義真は義倫（四代藩主）就任時から幕府宛て起請文＝藩主代替起請文を提出させたり、若年の当主では朝鮮通交が務まらないといった慣行を義方（後の五代藩主）のときから創出したりした。[6]朝鮮通交の重要性を間接的に訴えるかたちで幕府の「軽々敷」態度を改めようとしていたのである。

ところが、貨幣改鋳の断行によって朝鮮貿易（私貿易）が危機的状況に直面すると、間接的に重要性を強調するだけでは追い付かなくなる。当初こそ「金高之儀」「御金拝借之儀」で当座凌ぎを行っていたが、貨幣改鋳の影響が断たれないことには根本的な解決にはなり得なかった。そのため対馬宗家は「往古銀御免」実現に向けて奔走することとなる。実現の過程で杉村（対馬藩江戸家老）が「朝鮮国之押へ」を土屋（幕府老中）へ耳打ちするよう小笠原（土屋用人）に依頼していた点は注目される。対馬宗家が朝鮮通交の重要性を直接幕府に訴えるようになったことを意味するからである。このような事実は「往古銀御免」実現直後に行われた来聘費用拝借においても見られる。「往古銀御免」に続く重大な請願を繰り返さざるを得ない状況を幕府（土屋）に対して理解してもらう必要があったからである。「願書」とともに提出された「口上書」には、対馬宗家の〈特殊性〉〈重要性〉が「藩屏」とともに繰り返し強調された。他の大名家とは決定的に異なることを認識させようとしたためであり、もって重大な請願が続く難局を乗り越えようとしたものと考えられる。

ところで、対馬宗家は来聘費用拝借を実現する過程で、信使来聘が朝鮮通交の一部としか認識されてこなかった現状に疑義を呈してもいた。朝鮮貿易の利潤が目減りする中で「異国江之御外聞」、幕府の「御美目」となるはずの信使来聘に幕府が関与しないのは不自然といった主張を展開したのである。来聘費用拝借を許可した文書に幕府が認識を改めた様子は当然見られない。しかし、結果として信使来聘のたびごとに対馬宗家が拝領・拝借を実現している状況（常態化）に鑑みれば、信使来聘が対馬宗家に対して命じられた「役」として幕府―対馬宗家間で了解されていた可能性が高い。正徳度信使来聘費用拝借を機に対馬宗家は朝鮮通交の一部（信使来聘）を「役」と化することに成功していたのである。恐らくこうした認識を朝鮮通交全体に押し広げていくことが対馬宗家の狙いであった。それを実現することで容易に他の大名家との差別化が図れたからである。そしてそれが自己認識と相俟った結果として、一八世紀中期には「朝鮮押えの役」が、(7) 一八世紀後期には「藩屏」の「役」が登場することとなる。(8) これらは一八世紀初期に朝鮮通交の重要性が強調される中で幕府に対して提示された「朝鮮之押」（「朝鮮国之押へ」）・「藩屏」が「役」と化したものだったのである（【図1】）。一八世紀中後期において対馬宗家は朝鮮通交の全てが幕府の命じた「役」と認識していたのであろう。

以上のような事実を踏まえるとき、幕末維新期に見られる「家役」は言葉としての出現と実態に乖離があったと言わなければならない。言葉として出現したのが幕末維新期というだけであって、実態は「朝鮮押えの役」が出現する

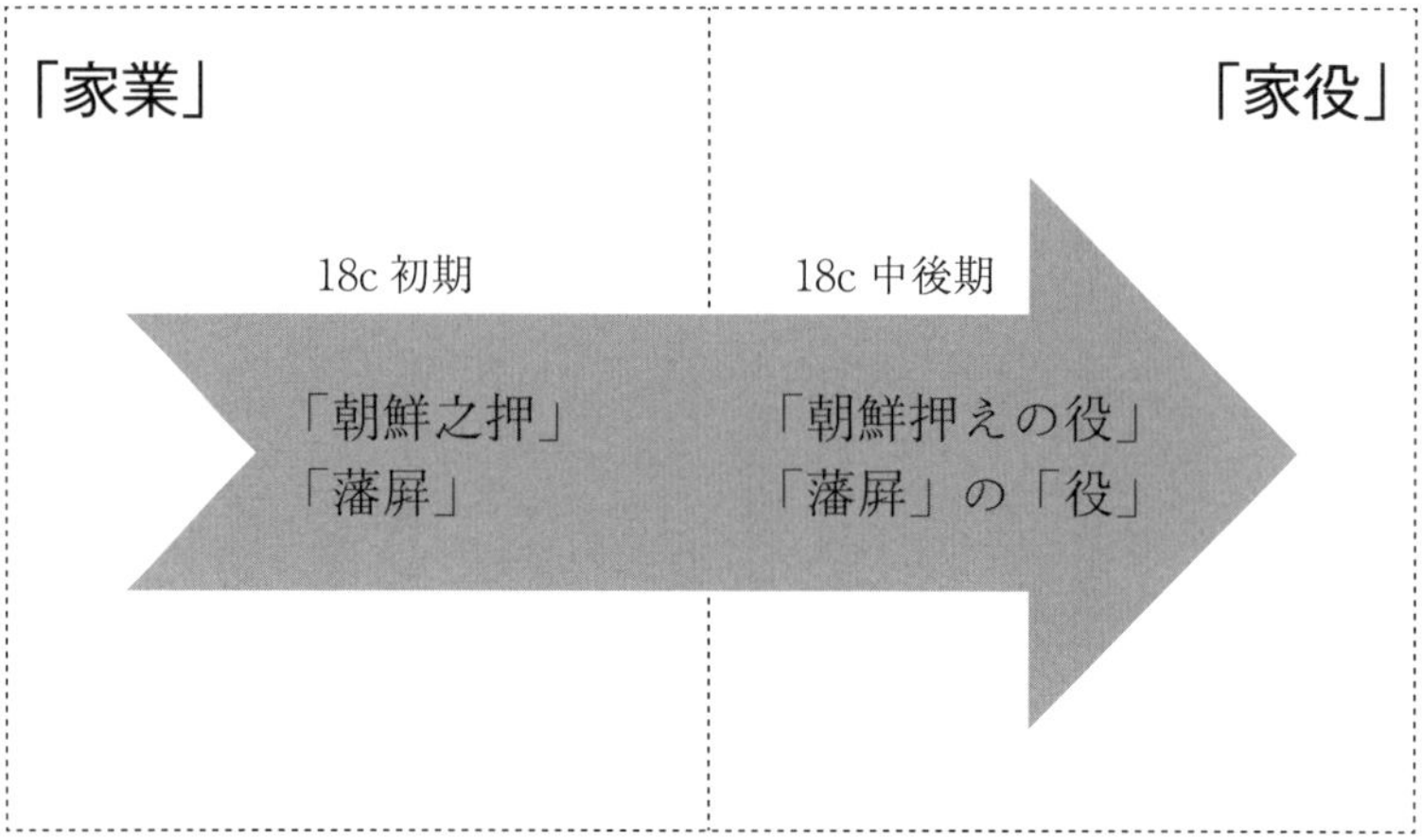

図１　「家業」「家役」の概念図

一八世紀中期には始まっていたものと見られる。明治元年（一八六八）に「賊徒御親征」を命じられた義達（一五代藩主）が「是迄ノ通両国〔日本・朝鮮王朝〕交通ヲ掌候様家役ニ被命候」と明治政府から伝達されたのは[9]、勿論、それ以前に義達が「家役」という言葉を使って請書を書いていたためであるが、そもそも義達が「家役」といった言葉を使ったのは、対馬宗家の朝鮮通交全体を幕府から命じられた「役」と見做す認識が藩内で広がりを見せていたためであろう。つまり「家役」という言葉の使用が確認される慶応二年（一八六六）[10]から「家役」の実態が始まるのではなく、一八世紀中後期において「朝鮮押えの役」、「藩屛」の「役」が登場する中で、幕末維新期になって「家役」という言葉が表出したに過ぎなかったのである。そのような意味で「家役」は幕末維新期に特有の言葉ではない。

さて、荒野泰典氏はこの「家役」を使って「幕藩制的外交体制」を説明して見せた[11]。氏は幕末維新期に登場する「家役」を一六三〇年代にまで遡らせることで「大君外交体制」、ひいては「幕藩制的外交体制」を構想したのである。しかし、すでに確認したように、「家役」が実態として遡れるのはせいぜい一八世紀中期ごろまでであろう。氏が一六三〇年代まで遡らせたのは「家役」を「家業」と同一視せんがためであり、「家役」と「家業」が異なる概念であることが分かった今、一六三〇年代にまで遡らせることには無理があると言わなければならない。「日葡辞書」や林家の事例を引いて指摘した通り（本書序章参照）、「家役」は少なくとも一七世紀において一般的な言葉ではなかったし、その「家役」を介して幕府―対馬宗家関係を「大君外交体制」と表現することも適切ではなかろう。「家役」を介した「大君外交体制」が想定できない以上、それを他の「口」に敷衍させることで得られた「幕藩制的外交体制」も成り立たないことになる。幕府にとって大名家が担う外交行為は「家業」＝領内仕置に過ぎず、それを「家役」と見做していたのはあくまで大名家側の論理に過ぎなかったからである。

では幕府と対馬宗家との間にいったいどのような関係を想定すべきか。それは本論でも度々指摘してきたような対馬宗家側の一方向的な関係性である。幕府はそもそも自身の朝鮮外交を積極展開するつもりも、対馬宗家の朝鮮通交を「統制」する意志もなかった。(12) このことは将軍書簡・別幅の前例踏襲と朝鮮国王書簡・別幅の反復、専門知識や経験を持たない朝鮮御用老中の設置といった状況に鑑みれば、容易に理解することができる。白石のように自身の理想を現実の対朝鮮外交に適用しようとした幕府役人もいないことはなかったが、全体として見ればそれは稀で、基本的には右のような状態が幕末期まで継続したものと思われる。このような事実を踏まえるとき、幕府が一六三〇年代に「四つの口」に対応させるべく、「家役」を通じて対馬宗家・薩摩島津家・松前家を「幕藩制的外交体制」に編成したと考えることはできない。幕府が編成する意図を有していたのであれば、朝鮮外交を積極展開しない、あるいは対馬宗家の朝鮮通交を「統制」しないといった事態は考えにくいからである。むしろそうした意図がなかったからこそ積極展開も「統制」もなされなかったと捉えたい。

幕府のこのような態度が逆に対馬宗家側に朝鮮通交の重要性を訴えさせたり、他の大名家との差別化を図らせたり、はたまた朝鮮通交の「役」化を進行させたりする余地を与えることになった。対馬宗家は恐らくこうした幕府の態度を見透かしていたと考えられ、だからこそ一八世紀以降、猛烈とも言える請願を展開していったのである。対馬宗家の請願に関しては荒野泰典氏が作成した一覧表が研究上夙に知られているが[13]、これは実現した請願だけを列挙したものであって、実際はこれの何倍、いや何十倍もの請願が繰り広げられていたことだろう。他の大名家と比べても圧倒的に多かったことが想像され、ゆえに対馬宗家は幕末維新期において借財問題にあえぐこととなる[14]。

一方で幕府への請願を繰り返す中で「家業」＝領内仕置の一環でしかなかった朝鮮通交はその一部（信使来聘）の「役」化を機に、徐々に全体が幕府から命じられた「役」であると認識されるようになり（【図2】）、「朝鮮押えの役」・「藩屏」の「役」＝「家役」としての実態を持ち始める[15]。朝鮮通交は義成（二代藩主）期には「家業」＝領内仕置の一環として相対化されながらも、「朝鮮之仕置以下如家業被仰付候」のように中心に据えられてもいたから[16]、「役」化の進行に伴って「家業」から「家役」への転換が図られたと見ることができる。義達が明治政府に対して堂々と朝鮮通交＝「家役」と言ってのけた背景には、このような事情が存在していたのである。幕府—対馬宗家関係は藩の生命線とも言うべき朝鮮通交を維持したい対馬宗家側の強い意志によって支えられていたと言うことができる。

本書を以上のようにまとめたうえで、残された課題についても三点言及しておこう。

まず一つ目は朝鮮通交の「役」化に関する過程の検討である。本書では正徳度信使来聘費用拝借の請願を契機と見做したが、それは一部（信使来聘）に過ぎず、いかにして全体に押し広げられていったのかが分からない。要は「朝鮮之押」から

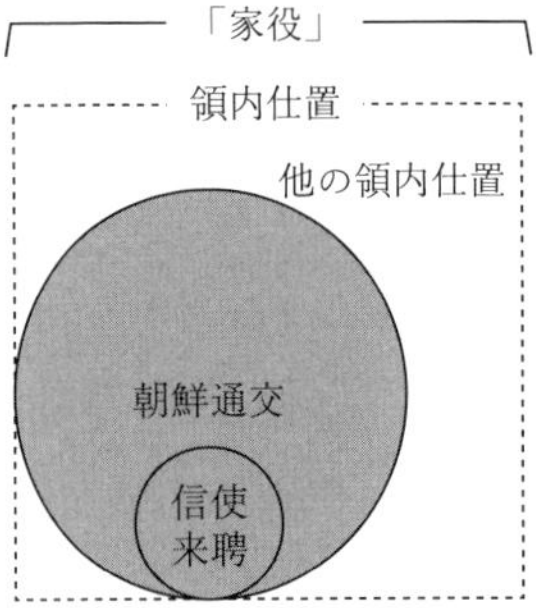

18c 中後期以降

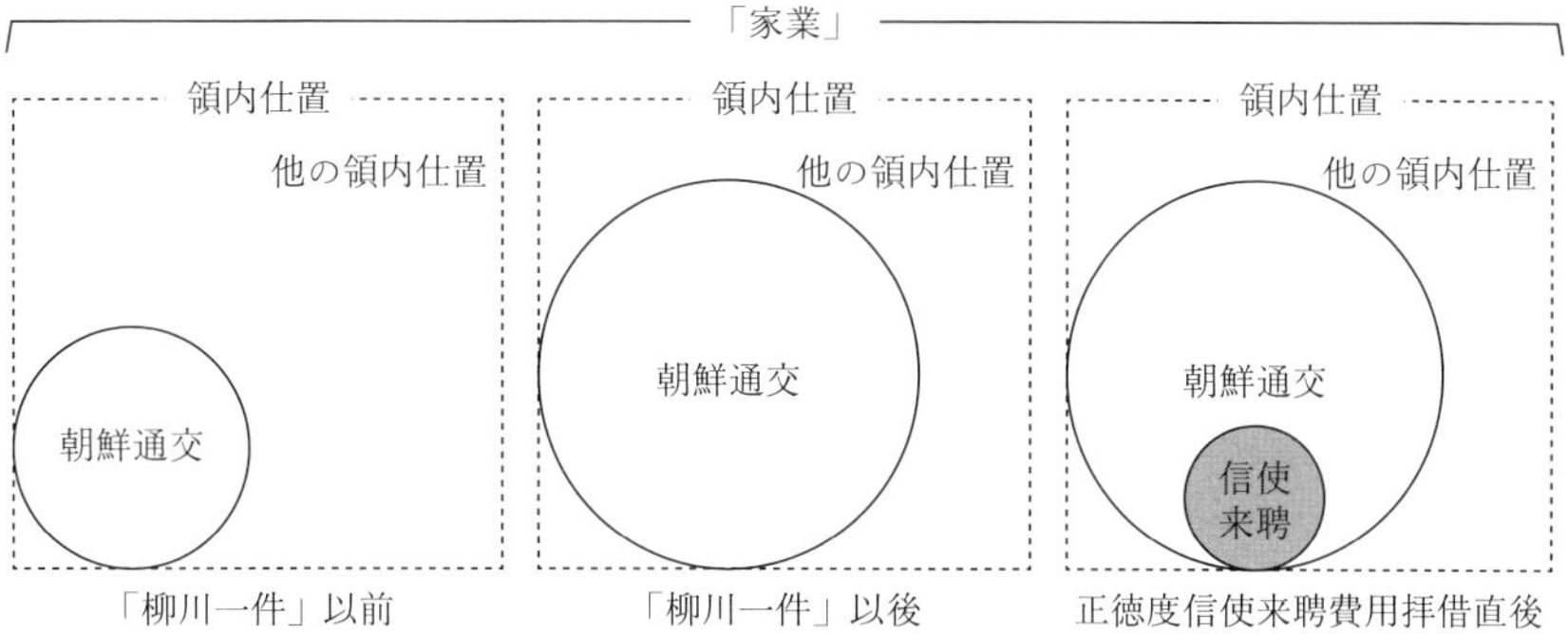

図2　朝鮮通交に対する対馬宗家の認識変化

色付きは「役」化の進行を表す

「朝鮮押えの役」に転換する具体的過程の検討である。また「藩屏」の「役」が一八世紀後期に出現して以降、義達（一五代藩主）が「家役」を表明するまでの間についても判然としていない。本書が一七世紀初期から一八世紀初期までを対象としたためで、以降については手薄となってしまった。本書の結論にも関わる重要な部分であることから早期の解明を目指したい。

二つ目は対馬口以外の動向についてである。荒野泰典氏が構想する「幕藩制的外交体制」は対馬宗家・島津家・松前家の三家によって担われており、対馬宗家の分析を敷衍することで体制の存在が示されていた。しかし、島津家や松前家の「家役」を介した幕府との関係性は不明であり、対馬宗家で見てきたような自己認識が存在するのかも分からない。また幕府が直轄した長崎口の分析も欠かせないだろう。黒田・鍋島両家をはじめとした大名家が長崎警備（軍役）を担っていたからである。本来はこれら「四つの口」全体を見通したうえで「幕藩制的外交体制」を再考する必要があったが、著者の力量不足により叶わなかった。

最後に三つ目は「幕藩制的外交体制」が成り立たない場合の「日本型華夷秩序」（あるいは「日本型華夷意識」）そのものの位置付けである。荒野氏は「日本型華夷秩序」に「海禁」を加えることで近世日本の「鎖国」を説明しようとした。しかし、幕府にそもそも対外関係全般を「統制」しようとする意志がなかったと見るとき、諸外国を利用した将軍権威の称揚自体考えられていなかったことになる。勿論、時代差は考慮すべきであるが、本論で見たような大名家側の積極性を踏まえたうえで「日本型華夷秩序」（「日本型華夷意識」）の内実に迫っていく必要があるだろう。幕府による直接的な外交行為のもう一方＝信使接待（筆談唱和を含む）も改めて見ていく必要があるかもしれない。そうすることで本書では必ずしも追究し切れなかった、幕府が自身の朝鮮外交を積極展開しなかったことの理由についても判明するはずである。

註

（1）ただし、本書第一章でも確認したように、朝鮮のものの反復は様式・形態の確立に伴って徐々になくなっていったことも指摘しておきたい。

（2）野村玄氏はここで使用された年号が幕府の私年号ではなく、日本年号であった点に注目し、天皇の存在が全く無視されていたわけではなかった事情を読み取る（同『徳川家光―我等は固よりの将軍に候―』〈ミネルヴァ書房、二〇一三年〉一五三頁）。氏の主張を援用すれば、幕府は大御所秀忠の死前後で家光が〝変わった〟ことを国内外に示そうとしたが、それはあくまで従来の日本という枠組みの中での出来事として整理しようとしたものと考えられる。朝鮮から「簒弑」の国と思われないようにするためにも、日本年号を用いる必要があったということである。なお年号使用の理解については、大井剛「年号論」（荒野泰典・石井正敏・村井章介編『アジアのなかの日本史Ⅴ　自意識と相互理解』東京大学出版会、一九九三年）が参考になる。

（3）実際、慶長度信使（一六〇七年）が持ち帰った慶長度秀忠書簡（一六〇七年）は真書であった（本書第一章参照）。ゆえに全ての将軍書簡が偽造・改竄されていたわけではない。

（4）たとえば、新井白石の事例を見ればそれは明らかだろう。

（5）福田千鶴氏は「地域領主は地域の公儀の第一人者として自分仕置が認められていた」、「天下人にとって地域の公儀内部（私儀）の問題である家中騒動や百姓一揆に対して〔天下人は〕不介入の立場をとっていたのである」、「つまり、「朝敵」や「叛逆」といった天下の大罪以外は、地域領主の自分仕置で処理すべきことが確認されている」といったことを述べている（同「江戸幕府の成立と公儀」〈大津透・桜井英治・藤井讓治・吉田裕・李成市編『岩波講座　日本歴史　第10巻　近世1』岩波書店、二〇一四年〉二二七頁）。こうした中に諸事を軽くする方針が重なったことから（本書第二章参照）、より対馬宗家にとって「軽々敷」感じられたのではないだろうか。

(6) 義功《よしかつ》（猪三郎）が若年で一一代藩主となっていることに鑑みれば、この慣行が必ずしも対馬宗家の相続を縛り続けたわけではなかったことが分かる。大森映子氏は義功が若年で後継者となったことに関して「宗家相続のひとつの転換点」と見ている（同「対馬藩宗家の仮養子史料—近世中期の相続問題を中心に—」〈二〇一〇～一二年度科学研究費補助金・基盤研究（B）「藩世界と東アジア世界—西日本地域を中心に—」研究成果報告書『対馬・沖縄調査報告集』研究代表者：紙屋敦之、二〇一二年〉一六頁）。

(7) 鶴田啓「「朝鮮押えの役」はあったか」（佐藤信・藤田覚編『前近代の日本列島と朝鮮半島』山川出版社、二〇〇七年）二一〇頁。

(8) 吉村雅美「一八世紀の対外関係と「藩屏」認識—対馬藩における「藩屏」の「役」論をめぐって—」（『日本歴史』七八九、二〇一四年）五六頁。

(9) 「宗重正家記」（東京大学史料編纂所所蔵4175-1020）。

(10) 石川寛「対馬藩の自己意識—「対州の私交」の検討を通じて—」（九州史学研究会編『境界のアイデンティティ—『九州史学』創刊五〇周年記念論文集　上—』岩田書院、二〇〇八年）三一二～三一三頁。

(11) 荒野泰典「大君外交体制の確立」（同『近世日本と東アジア』東京大学出版会、一九八八年〈初出一九八一年〉）一六一～一六二・二一〇～二一一頁。

(12) たとえば、義真は義方へ朝鮮通交を譲る直前に江戸参府を果たし、幕府老中らへ挨拶して回った（元禄一四年〈一七〇一〉六月、本書第四章参照）。その際、直前に実現したばかりの「御金拝借之儀」などについて「御尋も可被遊哉」と思い、「御覚書」を懐中に忍ばせて挨拶に臨んだ。しかし「何方ニ而も御尋之義無之」、拍子抜けした模様である（「御隠居様御参府ニ付御老中様方江御対面覚書」〈長崎県対馬歴史研究センター所蔵「宗家文庫史料」記録類1-1-S②-58〉）。それほど幕府にとって関心がなかったということであろう。

(13) 荒野泰典「幕藩制国家と外交—対馬藩を素材として—」（『歴史学研究』別冊特集、一九七八年）一〇〇頁。一部を書き改めたものが荒野前掲「大君外交体制の確立」二三四～二三五頁に掲載されている。

(14) 借財は何も全て幕府からではなかったが、文久二年（一八六二）時点において四〇万両を超える幕府からの拝借金があったことを踏まえれば（田代和生「対馬藩経済思想の確立」〈同『日朝交易と対馬藩』創文社、二〇〇七年〈初出二〇〇〇年〉〉八五頁）、少なからぬ量を占めていたことは確実であろう。なお幕末維新期における対馬宗家の借財問題については、田保橋潔「明治維新期に於ける対州藩及び藩債に就いて」（同『近代日鮮関係の研究　下巻』〈宗高書房、一九七二年〈初出一九四〇年〉〉）や森山恒雄「対馬藩」（長崎県史編集委員会編『長崎県史　藩政編』長崎県、一九七三年）一一七四～一一八一頁に詳しい。

（15）満山雷夏が対馬宗家の朝鮮通交を「官交」（公儀の役儀としての通交）と「私交」（内証の通交）という相対概念として捉え、「官交」としての朝鮮通交のみを担うべきといった立場から「私交」を否定したのは（石川前掲「対馬藩の自己意識」三〇四頁）、まさに朝鮮通交の「役」化が進行し、「家役」が藩内で支配的になっていた様子を窺わせる。

（16）「寛永丙子信使記録　二」（東京国立博物館所蔵 QB3299-2）寛永一三年八月四日条。

あとがき

令和五年（二〇二三）は私にとって三つの意味で忘れられない年となった。

一つ目は本書の出版が決まったことである。令和三年（二〇二一）にようやく博士号を取得した。修士課程を修了して実に一〇年が経過しようとしていた。勿論、いつかは博士論文を書きたいといった気持ちはあった。ただ毎日の仕事にかまけて研究が進捗しない日々が続いた。そうした中で九州大学に進学以来、お世話になっている佐伯弘次先生と酒席をともにする機会があった。「私が退職するまでに博士論文を書きなさい」――予想だにしない展開に狼狽したことを今でも覚えている。先生のご退職まで一年と少ししかなかったからである。興味の赴くままに書き溜めてきた論文たちを集めて「ああでもない、こうでもない」と格闘する日々。何が言えるのかを必死に模索した。人は追い込まれてこそ力が発揮できるものだと改めて痛感した。

コロナ禍で行われた博士論文公聴会は何もかもが異例だった。主査は岩﨑義則先生、副査は佐伯弘次先生・森平雅彦先生・国分航士先生。オンラインを併用しながらの口述試験には終始慣れなかったが、何とか佐伯先生との約束を果たすことができた。しかし、博士論文はいわば土壇場で書き上げたもの。手を加えるべきところが沢山あった。その後、弘前大学への異動が決まり、心機一転、史料を読み直して博士論文に手を加えようとしていた矢先のことであった。吉川弘文館からの出版が決まったのである。嬉しい反面、不安の気持ちの方がずっと大きかった。プレッシャーで胃が痛い毎日が続いた。弱音を吐く私を〝叱咤激励〟してくださったのは編集部・永田伸氏である。この場を借りて謝罪と御礼を申し上げたい。

二つ目は娘が生まれたことである。結婚して以来、妻には迷惑をかけ続けている。私の仕事の関係で初めから離島生活を余儀なくされたが、文句一つ言わず付いてきてくれた。娯楽という娯楽がない島。私は好きで対馬にいたが、一般人の妻にはきっと退屈だったに違いない。せめてもと思い、休日には遠出したり、山に登ったり、季節の花を見に行ったりした。それで彼女の心が満たされたかどうかは分からない。けれどもそれが私にできる最大のことだった。

弘前への異動が決まると、今度は行ったことのない東北へ引っ越すことに。学期後期からの着任であったためにまもなく雪が降り始めた。その年は大雪で、早速東北の洗礼を受けることになった。九州では決して買うことのない道具を揃え、毎晩二人で雪掻きをした。翌朝になると雪掻きが〝無〟になることに途方に暮れながらも、妻はここでも文句一つ垂れなかった。引越しの原因を作った私の方が音を上げそうだった。

令和五年（二〇二三）三月に娘が誕生した。家が賑やかになったのは確かだが、両親に頼れない状況は私たちをより一層不安にした。裁量労働制であっても私は決まった時間に大学に行っており、出張で家を空ける日も多かった。本書執筆の際は研究室にほぼ籠りきりだったから、妻の負担は想像を絶するだろう。苦し紛れに私が家事・育児をすることもあったが、焼け石に水であった。夫らしいことは何一つできずに、それでも家庭を支えてくれる妻には頭が上がらない。本書はこうした多大なる妻の〝犠牲〟のうえに成り立っていることを自戒の意味も込めて明記しておきたい。

三つ目は祖母が亡くなったことである。私は小さいころから母方の祖父母っ子だった。理由は分からないが、物心付いたときにはすでにそうなっていた。小学生のときに祖父が亡くなった。それから祖母は二〇年近く一人暮らしだった。私の祖父母っ子ぶりは年を重ねても変わらず、県外の大学に進学しても、就職して対馬で暮らすようになっても、帰省した際は決まって祖父母の家に滞在した。実家よりも祖父母の家の方が便利だったことは確かだが、居心地がよかったというのが本音である。祖母との買い物、食事、会話。――何もかもが好きだった。その空気感に何度癒され、励まされたことか。

祖母が九〇歳を過ぎたころ私の実家は引越しをし、一緒に暮らすようになった。私にとっては帰省先が一つにまとまって大変都合がよかった。しかし、このころから会うたびに祖母の衰えを感じるようにもなっていた。元気なイメージしかない私は信じたくなくて、何度も目を背けた。そのうち私の弘前行きが決まった。祖母に会えなくなるのは覚悟のうえだったが、これまで通りの生活が続くものと勝手に思い込んでいた。娘が生まれ、慌ただしい日々を送っていた最中に急遽祖母の入院が知らされた。とてもショックだったが、すぐによくなると自分に言い聞かせて、あまり気にしないようにした。

余命という言葉を聞いたのはそれからもうまもなくのことである。頭が真っ白になって私は実家のある長崎に飛んだ。変わり果てた祖母の姿に涙が止まらなかった。日に日にできなくなることが多くなって、日々成長する娘とは対照的だったのが余計に悲しかった。祖母の温かい手を握りながら「今までありがとう」と何度もつぶやいて弘前に戻った。祖母が亡くなったのは九月の出張中だった。葬儀には出られていない。出なかったと言った方が正しいかもしれない。出張から戻った後、慰めてくれたのは娘だった。屈託のない笑顔で私を迎えてくれたのだ。そう言えば娘は卯年・三月生まれ・女性。祖母と全く同じだ。娘を懸命に育てることが祖母の弔いになると信じて。

本書は令和三年（二〇二一）一月に九州大学に提出した博士学位請求論文「近世日朝関係と江戸幕府・対馬宗家」がもとになっている。「あとがき」には本書執筆に係るあれこれを記すのがお決まりなのだろうが、令和五年（二〇二三）の衝撃が大きすぎて、私にはできなかった。私の対馬生活は一〇年以上にも及び、それだけでもここには収まりきらない。また修士課程から大学を変え、博士課程から研究テーマを変えたことについてもひとかたならぬ思いがある。それぞれの場面で支えてくれた人がおり、本来であればお名前を挙げて御礼を言わなければならないだろう。ここでそれは叶わないことから、別の機会を期することにしたい。

不十分であることは承知のうえで、本書によって自身の研究に区切りをつけることができた。ほかに対馬関係でやらなければならない研究がたくさん残っているが、弘前も対馬に負けないくらい歴史豊かなところ。新たに取り組むべき課題も見えてきた。対馬関係の研究を継続しつつ、弘前関係の研究にも少しずつ力を入れていきたい。一千キロ以上を隔てた両地域の研究を同時に進めていくことはきっと困難が伴うだろう。でも大丈夫。激動の令和五年（二〇二三）を乗り越えることができたのだから。

なお本書はJSPS科研費・研究成果公開促進費（学術図書）「近世日本の対朝鮮外交」（24HP5054、研究代表者：古川祐貴）を受けて出版するものである。また主として同・若手研究「近世日本の対朝鮮外交に関する構造的研究」（18K12503、研究代表者：古川祐貴）の成果であり、また同・基盤研究（A）「分散型大規模大名家史料群の高度学術資源化と地域還元」（19H00537、研究代表者：鶴田啓）、同・基盤研究（B）「通信使と訳官使の統合的研究――17-19世紀東アジア国際秩序と構造の視座転換――」（19H01307、研究代表者：池内敏）、同・若手研究「対馬宗家文書の研究資源化に関する研究」（22K13189、研究代表者：古川祐貴）、同・基盤研究（B）「「鎖国」と近世東アジア国際秩序の統合的研究――日朝関係を基盤・媒介項として――」（23K25363、研究代表者：池内敏）の成果の一部でもある。

令和六年（二〇二四）五月

柳川調興眠る弘前の地から

古川祐貴

ら・わ行

か 行

さ 行

た 行

な 行

は 行

ま 行

や 行

ま　行

や　行

ら・わ行

Ⅲ　研究者名

あ　行

た　行

な　行

は　行

た 行

な　行

は　行

ま　行

や　行

ら　行

わ　行

Ⅱ 人　　名

あ 行

か 行

さ 行

さ　行

索 引

Ⅰ 事 項 名

あ 行

か 行

著者略歴

一九八五年、長崎県に生まれる

二〇一六年、九州大学大学院人文科学府博士後期課程単位取得退学

現在、弘前大学人文社会科学部助教、博士（文学）

〔主要著作〕

「対馬宗家と朝鮮御用老中」（『日本歴史』八三一、二〇一七年）

「徳川将軍の外交印―朝鮮国王宛て国書・別幅から―」（松方冬子編『国書がむすぶ外交』東京大学出版会、二〇一九年）

「大韓民国国史編纂委員会所蔵「對馬島宗家文書」の形成」（『日本史研究』七一一、二〇二一年）

近世日本の対朝鮮外交

二〇二四年（令和六）十一月一日　第一刷発行

著　者　古《ふる》川《かわ》祐《ゆう》貴《き》

発行者　吉川道郎

発行所　株式会社　吉川弘文館

郵便番号一一三―〇〇三三

東京都文京区本郷七丁目二番八号

電話〇三―三八一三―九一五一〈代〉

振替口座〇〇一〇〇―五―二四四番

https://www.yoshikawa-k.co.jp/

印刷＝株式会社 精興社

製本＝誠製本株式会社

装幀＝山崎　登

ISBN978-4-642-04366-3